KB052507

성인 교육자 민세 안재홍

성인 교육자 민세 안재홍

초판 1쇄 발행 2019년 10월 31일

저 자 ㅣ 황우갑
발행인 ㅣ 윤관백
발행처 ㅣ 도서출판 **선인**

등 록 ㅣ 제5−77호(1998.11.4)
주 소 ㅣ 서울시 마포구 마포대로 4다길 4 곳마루 B/D 1층
전 화 ㅣ 02)718−6252 / 6257   팩스 ㅣ 02)718−6253
E-mail ㅣ sunin72@chol.com

정 가 27,000원
ISBN 979-11-6068-305-9 93900

※ 이 책은 평택시와 민세안재홍선생기념사업회의 후원으로 제작하였습니다.

성인 교육자 민세 안재홍

황우갑 저

도서출판 선인

사랑하는 아버지 故 황선주 베드로님과
어머니 양재순 마리아님,
효명중학교 재학 시절 은사이신
故 현재옥 선생님께
이 책을 바칩니다.

 이 책은 필자의 숭실대 박사학위 논문 「민세 안재홍의 성인교육
활동과 온정적 합리주의 리더십 연구」(2019)를 수정 보완한 것이다.
민세 선생 항일운동 수난 100주년이 되는 2019년에 이 책이 나올 수
있어 기쁘다. 무엇보다 짧은 우리의 인생에 나눔과 배려의 중요성을
일깨워 주신 하느님의 은혜에 감사드린다.

 책을 쓰면서 지금은 고인이 되신 두 분의 고마움을 생각했다. 필
자는 군대를 마치고 3년간 정신적 방황의 시간이 있었다. 4.19 세대
의 변모를 안타까워했던 김광규 시인의 시(詩) '희미한 옛사랑의 그
림자'처럼 1990년대에 사회에 진출한 80년대 학번들도 저마다 살길
을 찾아 변화를 모색했다. 군에서 제대한 필자도 예외는 아니었다.
직장을 찾아 몇 군데 입사 원서도 넣어보고 보기 좋게 낙방도 했다.
3년간 주변 사람들과 접촉을 피했을 만큼 정신적 방황도 심했다.
 1991년 초로 기억한다. 이 긴 고통의 시간에 하루는 돌아가신 선
친께서 신문에 돈뭉치를 싸가지고 방에 들어오셔서, 공부를 더 해보
는 것이 어떠냐고 했다. 대학원 첫 학기 등록금이니 다시 시작해보
라고 말씀하셨다. 그 때 필자는 자식을 사랑하는 부모의 마음은 이
해했지만 단호하게 거절했다. 이제 서른을 앞 둔 성인이니 다시는
부모님의 도움 받아서 공부하지는 않겠다고 말씀드렸다.
 하고 싶은 공부도 사회 경험을 쌓으면서 언젠가 사회에 유익한 주

제가 있을 때 다시 시작하겠다고 다짐드렸다. 선친은 평생 땅 한 평 사지 않으시고 4형제의 교육에 헌신하셨다. 6.25 때 학도병으로도 참전하셨고 사우디아라비아 모래벌판을 누비며 대한민국의 산업화를 겪어내신 선친은 1998년 65세에 타계하셨다.

또 한 분의 소중한 은사님이 떠오른다. 평택 효명중학교 3학년 시절인 1979년은 사회적으로 많이 어수선했다. YH사건, 10.26, 12.12 등 격동의 한 시대였다. 감수성 많은 이 시기 은사이신 故 현재옥 선생님이 생각난다. 이 분의 영향으로 책 읽기의 중요성을 알게 됐고 국어와 민족문화 발전에 힘쓴 조윤제, 최현배, 이희승 등에 대해 관심도 커졌다. 선생님은 당시 유신반대와 긴급조치 위반으로 도피 중이던 대학 은사이자 문학평론가 임헌영 선생의 도피를 돕기도 했다. 선생님은 이후 안산으로 학교를 옮기셨다. 1994년 여름 현 선생님께서 급성 백혈병으로 위중하다는 소식을 듣고 선생님과 함께 인연을 맺은 제자들과 일일 찻집을 열기도 했다. 입원 중이던 서울 순천향 병원 중환자실에서 죽음을 앞에 둔 선생님은 당신이 국어국문학과를 추천해 필자가 대학 진학한 것을 내내 미안해하셨다. 다른 실용 학문을 했으면 더 크게 빛을 볼 수도 있었다며 아쉬워했다. 그날 선생님을 붙잡고 눈물을 펑펑 흘렸다. 아직 이십대 후반의 나이, 무엇하나 제대로 이루어지는 일이 없던 불안한 시절이었다. 선생님은 1995년 여름 마흔 중반의 나이에 초등학교 4학년 다니는 딸 하나를 두고 하늘나라로 가셨다. 휴가 중 부음 소식을 접한 필자도 일정을 취소하고 장례식에 참석해서 마지막 가시는 길을 지켜봤다.

필자는 대학 졸업 후 20년만인 2007년 성공회대 문화대학원에서 반환예정 미군기지인 평택 알파탄약고 공간문화재생을 주제로 석사학위 논문를 썼다. 이 논문은 평택 반환미군알파탄약고의 보전 활용에 이론적 실천적 도움을 줬다. 그리고 다시 10년이 지나 2019년 숭실대 대학원에서 평택 출신 독립운동가 민세 안재홍의 성인교육 활동과 리더십 연구로 오십 중반을 넘어 교육학 박사학위를 받았다. 이 논문 또한 향후 안재홍 기념관과 역사공원 조성에 유효한 자료가 될 것이다. 늦게나마 선친 故 황선주 베드로님과 故 현재옥 은사님께 약속을 지킬 수 있게 되어 기쁘다.

책을 내면서 이 두 분 말고 감사드릴 분들이 너무 많다. 먼저 여러 가지로 부족한 사람을 제자로 받아들여주시고 논문 지도 내내 무한한 사랑을 베풀어 주신 최은수 지도교수님께 감사드린다. 교수님과의 만남은 필자의 삶에 커다란 은혜이자 행운이었다. 심사를 맡아 수고해주신 최성우 교수님, 유기웅 교수님, 김정일 교수님, 한상길 교수님께도 거듭 감사드린다. 박사 과정 내내 성인교육에 대한 이론적 실천적 고민의 기회를 주신 이경화 교수님, 기영화 교수님, 이기성 교수님, 전주성 교수님께도 고마운 뜻을 전한다. 함께 연구에 뜻을 모아 매학기 저녁 다양한 지혜를 함께 나눈 숭실대 평론회 선후배님들, 온정적 합리주의 리더십에 대한 이론 체계화에 힘쓰신 CR리더십연구원 이사님들과 박사 25기 동기들께도 감사의 뜻을 전한다.

안재홍기념사업회 김진현 명예회장님과 강지원 회장님, 서경덕 부회장님, 김향순 부회장님과 훌륭하신 여러 이사님들, 민세 연구에 토대를 놓으신 정윤재, 김인식, 윤대식 교수님과 지역에 대한 애정을 가지고 한국사 연구에 힘쓰신 이진한 교수님과 김방 국제대 총장님, 안재홍 선생 유족이신 故 김순경 자부님과 자손 안영돈, 안영진, 안영운, 안혜초, 안영준님, 평택시민아카데미 이한칠 교장선생님과 강대일, 김성규 선배님과 여러 선후배자원봉사 선생님과 후원자님들께도 고마움의 뜻을 전한다. 또한 40년 가까이 우정을 함께해온 효명 보통과 이충우, 홍기원, 류경표, 정하일, 신호식 군에게도 고맙다는 말을 전하고 싶다. 또한 지역 선배로 후배의 뜻을 격려해주시고 도와주신 이수연 회장님, 이경주 원장님께도 감사 인사를 드린다. 고향 역사인물인 안재홍 정신 선양을 위해 20년 변함없이 지원해주신 김선기, 송명호, 공재광 역대 시장님과 정장선 시장님, 실무로 인연을 맺은 문화예술과, 복지정책과 역대 국과장님, 계장님, 주무관님께도 감사의 뜻을 표하고 싶다. 민세 선생이 주필과 사장을 지낸 귀한 인연으로 안재홍 선생 홍보에 많은 관심과 지원을 아끼지 않으시는 조선일보 방상훈 사장님과 문화부 관계자님들, 평택시민신문 김기수 발행인님, 평택시사신문 박성복 사장님께도 고마움의 뜻을 표한다. 마지막 원고를 꼼꼼히 교정해주신 이상권 선배님, 윤희진 교감선생님, 박현복 선생님께도 감사드린다. 부족한 원고를 편집해서 한 권의 소중한 책으로 만들어 주시며 인문학 출판 발전에 힘쓰시는 도서출판 선인 윤관백 사장님께도 고마움의 뜻을 전한다.

끝으로 늦은 나이 공부를 묵묵히 지켜봐 주신 어머니 양재순 마리아님, 황우진·황우원 형님, 동생 황우오 님, 공병천 장인어른과 故 엄정옥 장모님과 처형, 처제, 매제에게도 감사의 뜻을 전한다. 그리고 늦깎이 공부를 열심히 응원해준 사랑하는 아내 공다현 안나, 하느님께서 주신 가장 귀한 선물이자 민세 선생의 백성 사랑 마음을 닮기

바라며 이름 지은 두 딸 황민서 세실리아, 황민진 세레나에게도 고마움을 표한다.

민세 선생처럼 남은 시간 성인교육자로 열심히 일하고 열심히 읽고, 배운 것을 세상 사람들과 더 많이 나누며 안재홍 선생의 정신을 일깨우는 데 힘쓰고 싶다.

2019년 10월
민세 선생 항일운동 100년을 기념하며
저자 황 우 갑 삼가 씀

목 차_____

민세 안재홍과의 인연

필자는 올해 36년째 경기도 평택에서 성인문해 교사로 비문해 성인학습자를 가르치고 있다. 1983년 고대 국문학과에 입학과 동시에 서울과 고향 평택을 통학하며 청년문화단체 송암회에서 야간학교 교사로 활동했다. 당시 역사 문제에 관심이 있어 동아일보 해직 언론인이었던 송건호 씨(후에 한겨레신문 창간 초대 사장)가 쓴 『한국현대인물사론』에 김구, 김창숙, 여운형 등과 함께 안재홍이 소개된 글을 본 적은 있었다. 이후 안재홍에 대해 큰 관심을 두지는 않았다.

대학생활 내내 평택에서 야학교사로 활동했고, 군대 제대 후에는 고향 평택에 뼈를 묻겠다는 마음으로 대학시절 함께했던 선후배들과 '모임터'(후에 평택시민아카데미로 개칭)를 운영하며 1993년부터 대표로 활동하고 있다.

1997년 10월 중순 전주 황토현문화연구소 주최 정읍·장성일대 문화답사에 참여했다가 일제강점기 이 지역에 영향력이 컸던 보천교의 폐허 가까운 본산이 있던 곳을 방문한 일이 있다. 보천교가 쇠락해져서 이 본산의 건물 목재를 뜯어다가 활용한 것이 서울 조계종 본사인 조계사다. 이날 보천교를 창시한 차경석의 손자 되시는 팔십 넘은 노인이 방문객들의 고향을 일일이 묻다가 연구자에게도 물어 경기도 평택에서 왔다고 하니까, "아 그곳은 민세 안재홍 선생의 고향이지요. 우리 선대 어르신들이 만든 시대일보에도 관여하시고, 국내 독립운동에도 큰 역할을 하신 분입니다."라고 말씀하셨다. 순간 '안재홍'이라는 말에 대학 재학 중 읽은 『한국현대인물사론』속에 민족운동가 안재홍이 다시 떠올랐고, 답사 후 돌아와서 경기도 평택이 민세의 고향이라는 사실을 처음 확인할 수 있었다. 그러나 지역 내 누구도 내가 서른 살이 넘도록 우리 고장이 민세 안재홍이라는 역사인물의 고향이라고 알려준 사람이 없었다.

민세는 1950년 한국전쟁 때 납북됐으나 고향 평택에서는 오랜 기간 월북자로 잘못 알려져 있어 언급이 금기시되었던 인물이었다. 대한민국 정부는 1989년 3월 1일(안재홍은 1965년 3월 1일 평양에서 별세했다) 안재홍에게 건국훈장 대통령장을 추서했고 이후 남한 사회에서 공식적으로 복권됐다. 이후 1991년 11월 동작동 국립묘지 무후선열제단에 위패가 봉안되고 1992년 평택에 있는 안재홍 생가가 경기도 문화재로 지정 됐다. 정읍 답사 이후 돌아와 1999년 4월 고향 선후배들과 모여 안재홍기념사업회 창립 준비를 위해 안재홍 연구로 박사학위를 받은 중앙대 김인식 박사를 초청, 기념강연과 함께 창립준비의 뜻을 모았다. 2000년 3월 1일 평택서 시민 청소년들이 참여하는 안재홍 추모식을 처음 개최하고 같은 해 10월 당시 평택시장이 초대 회장, 필자가 사무국장으로 '안재홍선생기념사업회'를 창립하여 지금까지 활동하고 있다.

안재홍 조명 사업에 20여 년 가까이 참여한 이유는 세 가지였다. 첫째, 당대 수많은 지식인들이 친일의 길을 걸어갈 때 9번에 7년 3개월간 옥고를 치르며 국내 항일운동의 선두에 섰던 안재홍의 제 모습을 드러내는 일을 통해 역사의 정통성을 바로잡고 싶었다. 둘째, 지역 정체성을 찾고 싶었다. 고향 경기도 평택은 일제강점기 때 일본군 기지, 해방 후에는 미군 기지가 오랜 주둔해온 곳이다. 최근에는 용산기지 평택 이전으로 국내 최대 미군 기지가 자리하고 있어 지역민들이 자기가 사는 곳에 대한 '역사 정체성'이 취약한 곳이다. 그래서 역사 인물 재조명을 통해서 지역주민들에게 지역에 대한 자부심을 느낄 수 있게 하고 싶었다. 셋째, 원칙과 상식에 기초한 제대로 된 기념사업을 하고 싶었다. 대개의 역사인물 기념사업이 창립과 함께 빠른 시간 내에 가시적 성과를 보기 위해 동상과 기념관 등 상징시설 건립에 집중하는 것이 일반적이다. 그러나 꾸준한 학술 연구 작업을 통해 인물을 재평가하고 자료 발간, 전문가 참여의 주제별 논문 간행 등을 통해 인물을 제대로 복원하는 일에 노력하고 싶었다. 그 이후에 고인의 정신을 알리고 실천하기 위한 다양한 평생교육 프로그램의 개발과 운영에 힘쓰고 마지막으로 기억의 상징물로서 기념관 등 상징시설 건립을 해나가는 것이 좋겠다고 생각했다.

필자는 평소 독립운동가나 언론인, 정치가로 알려진 안재홍이 성인교육과도 관련이 깊지 않을까 생각했다. 그래서 안재홍의 글을 모아 후배 언론인이자 역사학자였던 천관우가 정리한 민세안재홍선집을 자주 접했다. 여기에는 『조선일보』주필과 부사장 시절 안재홍이 문맹퇴치의 필요성을 주장한 글들이 다수 나온다. 이런 자료들을 읽으면서 현장에서 문해교사로 활동하고 있는 필자는 안재홍에 대한 남다른 관심이 생겼다. 고향 출신 독립운동가 안재홍의 일제강점기 성인문해교육 실천은 현장에서 활동하는 필자에게는 든든한 정신적 지주를 만난 것만큼 귀하고 반가운 일이었다.

성인교육자 안재홍에 대한 관심이 더해진 것은 2013년 받은 한 통의 편지 때문이었다. 그해 9월 『조선일보』 지면을 통해 민세상 수상자 모집 기사가 나갔다. 그 기사를 보고 한 분이 자필 편지를 보냈다. 발신인은 당시 칠십대 후반으로 인천 사는 이기연 님이었다. 편지의 요지는 자신이 1949년 3월 서울 돈암동에 있었던 서울중앙농림대학을 다녔는데 이때 학장이 안재홍이었다는 것이다. 편지에는 2년제 초급대학으로 교가와 학교 상황, 안재홍 학장의 말씀 등 기억나는 내용이 소상히 적혀있었다. 요청 사항은 안재홍 선생 약력에 서울중앙농림대학 학장을 지냈다는 내용이 없으니 꼭 그 사실을 기록하고 후대에 알려달라는 것이었다. 이 편지를 읽으며 1929년 『조선일보』 문자보급운동 전개, 해방 후 서울서 서울중앙농림대학 학장 활동이 머릿속에 하나의 정보로 연결됐다. 그리고 안재홍이 성인교육자로서로 뚜렷한 실천을 하며 살았다는 확신을 갖게 됐다. 이 연구는 그러한 관심을 확인하며 구체화하고 싶은 계기에서 시작됐다.

성인교육자 안재홍 조명의 필요성

2019년은 기미년 3.1운동 100주년이자, 상해 대한민국 임시정부 수립 100주년이 되는 해이다. 3.1운동은 한민족이 결연한 자주독립 의지로 '조선독립만세'를 외치며 일어선 항일운동으로 1876년 개항 이후 민족운동이 하나로 결집 폭발한 것이며 이후 민족해방운동의 분기점이 되었다[1]. 3.1운동은 비록 표면적으로는 일제의 탄압으로 실패하였지만 조선민족에게 독립에 대한 자신감을 심어준 항일운동사의 전환학습 경험이었다. 이에 그 민중적 뜻을 모아 1919년 4월 11일 대한민국 임시정부가 상해에 수립되어 독립운동을 펼쳐 자주독립국가를 세우고, 완성시킬 국가와 정부체제의 토대를 만들고 임시헌장 제6조에 '대한민국 인민은 교육납세 및 병역 의무가 있다'는 의무규정을 두었다[2].

이후 1945년 광복까지 국내외에서 무력·실력양성·문화·노동·농민 투쟁이 줄기차게 이어졌고 그 근간에는 3.1운동과 대한민국 임시정부가 자리 잡고 있다. 일제에 대한 저항에는 성인교육운동도 예외가 아니어서 일제의 식민지 교육에 맞서 뜻있는 선각자들이 근대적인 독립국가·자주국가 건설과 민족정체성 견지를 목표로 민족교육에 역점을 두었고, 대한 제국기 사립학교 설립운동·야학운동의 정신이 이어져 민립대학설립운동, 조선교육협회·조선여자교육협회 조직, 신간회·근우회의 민족교육 활동 등으로 구체화되었다[3]. 이런 교육에 대한 열정은 36년 일제의 압제를 물리치고 광복을 맞이하는 튼튼한 기초가 되었다.

한국 성인교육 사상 연구는 성인교육학의 흐름과 사상 체계화, 사회교육으로 상징되는 식민지 잔재 청산, 성인교육의 학문적 맥인 실학 정신 재조명이라는 과제를 안고 있다[4]. 이에 3.1운동과 대한민국 임시정부 수립 100주년을 맞아 항일 성인교육지도자들의 활동과 사상에 대한 관심과 이해가 필요하다. 그 이유는 그들의 '희생적 실천'의 중요성을 재인식하면 한국 성인교육이 어디서 시작되어 어디로 가는 것이 바람직한가를 예측할 수 있기 때문이다. 특히 숨 가쁘게 산업화·민주화·정보화를 이룩하며 1945년 독립한 국가 중 유일하게 근대화와 민주 혁명을 이룬 대한민국의 양적·질적 성장의 뿌리에 대한 성인교육 차원의 성찰이 필요하다.

이제 과거와 다르게 오늘날 성인교육은 급격한 사회 변화 속에서 다양한 변화와 도전과제를 안고 있다. 그 변화의 흐름의 주요 내용에는 탈 정형과 탈 획일성, 자기주도성, 서로 주고받는 상호학습, 문제해결을 중시하는 현실 지향적 속성, 교육 대상과 목표·내용의 다양성, 교육에서 이루어지는 과정 중시, 학습구성원이 함께 참여하는 민주성, 삶의 경험중시 등이 있다[5]. 이런 시대 흐름에 제대로 대응하기 위해 다시 근본으로 돌아가 '무엇'과 '왜'에 대한 문제의식을 가질 필요가 있다. 한국성인교육의 과거 역사와 선구적 지도자들의 철학은 이런 근본 물음에 유효한 답을 줄 수가 있다. 특히 평생교육에 대한 철학적 탐구는 평생교육자와 학습자에게 교육에 대한 근본적인 원리와 함의, 문제점들을 해결해 나가는 기준을 제공해 준다는 점에서 의의가 있다[6]. 아울러 성인교육자의 교육철학은 교육활동을 위한 목표 수립, 내용 선정, 자료의 선택과 개발, 학습자와의 상호작용, 결과를 실천하기 위한 근거가 되기에 성인교육자 스스로 자신의 교육철학을 분명히 인식하는 것이 중요하다[7].

한국 근대 성인교육 지도자의 활동과 사상, 리더십 연구의 필요성은 3가지이다. 첫째, 한국의 성인교육은 학문의 정통성, 정체성 확보 차원에서 독립운동과정에서 성인교육을 실천한 근대 민족지도자들에 대한 다각적 조명이 필요하다. 구한말의 애국계몽운동 시기의 교육운동, 일제강점기 식민사관 극복과 한민족 본위 민중교육의 실천, 해방 후 신국가건설과 교육이념 제시와 실천으로 이어지는 성인교육운동사적 흐름에 근간을 두어야 미래 한국성인교육도 식민잔재청

산을 통해 올바른 학문적 자리매김을 할 수 있을 것이다. 따라서 근대 이후 성인교육 지도자들이 일본과 다른 민족 주체성을 찾기 위한 노력, 일제 강점으로 인해 한민족의 고유성이 존중받지 못한 상황에 대한 대응, 80% 가까운 조선인 문맹 상황 하에서 민중의 삶과 교육 여건을 개선하기 위해 실천했던 다양한 교육방법 등에 대한 관심과 이해가 필요하다.

둘째, 한국 근·현대 성인교육 사상에 커다란 영향을 준 실학사상의 현대적 계승 노력이다. 서양 성인교육사상은 Comenius, Pestalozzi, Grundtvig와 같은 근대 성인교육자들의 영향 속에서 성장 발전했다. 한국의 성인교육도 같은 시기 박지원, 정약용, 박규수와 같은 성인교육자들이 근대성에 대한 인식과 대응에서 출발했다. 실학은 전통 성리학에 대한 준엄한 자기비판 위에서 쓰임새 교육을 강조했다. 이런 실학에 대한 재인식은 1930년대 중반 조선학운동에서 구체화됐다. 일제 식민현실에 맞서 실학의 쓰임새 교육을 중시한 조선학의 정신은 온갖 방면으로 조선을 연구·탐색하고, 조선의 고유한 것, 조선 문화의 특색, 조선의 독자적인 전통을 천명하고 학문적으로 체계화한 결과, 세계문화 속에 조선의 색을 짜 넣을 수 있게 된 것이다[8].

셋째, 한국의 성인교육은 국제화, 다문화, 통일 시대에 전통의 가치를 소중히 여기면서 서구의 선진 경험과 가치를 지속적으로 수용, 새로운 가치를 창조해나가야 한다. 21세기의 독특한 사회현상의 하나가 융복합의 지향이다. 21세기는 새로운 복합의 중요성이 커지는 시대이다[9]. 어떤 개인과 사회와 국가와 생명체조차 다른 것과의 연관성을 떠나 홀로 존재할 수 없으며 이런 융복합화 현상은 더욱 가속화될 것이다. 최근 들어 동양적 사유에 대한 교육적 관심은 서구

의 개인주의·원자주의 세계관에 대한 유효한 대안으로 제시되고
있다. 이제 한국적인 주체적 성인교육 사상 정립을 위해 동양 전통
의 성기성물(成己成物)의 가치를 표방하는 것은 공동선을 지향하는
미래지향적 움직임이며, 향후 연대적 인간론을 토대로 교육학 연구
와 실천으로의 전환10)이 필요한 것과 맥을 같이 한다. 이를 바탕으
로 과거 낡은 것으로 무시되어 왔던 동양적·한국적 가치에 바탕을
둔 성인교육 사상의 창조적 정립도 가능할 수 있을 것이다.

　성인교육의 정체성 확립, 실학의 쓰임새 교육 정신 계승, 전통적
가치와 현대적 가치의 융합을 통한 창조라는 한국성인교육의 과
제에 비추어 볼 때 재조명해야 할 인물이 민세 안재홍(1891.11.30~
1965.3.1)이다. 안재홍은 일제강점기 국내항일운동을 이끈 민족운동
가·언론인·역사학자로서 해방 후에는 정치인·정치사상가로서 그
분야마다 굵직한 자리를 차지한 '고절(高節)의 국사(國士)'였다11). 안
재홍은 '동경삼재', '조선 삼재'로 알려진 이광수·최남선·홍명희12)
등과 함께 근대 석학의 대명사로 평가받던 인물이었고13), 여운형·
조만식·송진우와 함께 일제강점기 국내에 남아 끝까지 일제에 타
협하지 않은 민족지도자 가운데 한 사람이었다.

　안재홍은 해방 직후인 1945년 11월 선구회의 가상 초대 내각 선호
도 조사에서 초대 문교부장관 선호도 1위에 오르기도 했다. 당시 조
사는 내각제를 전제로 대통령에는 이승만, 내각 총리에는 김구, 내무
장관에는 여운형이 1위로 뽑혔다14). 신생 대한민국 정부수립 시기
국가 교육을 이끌 지도자로 안재홍이 문교부장관 선호도 1위에 올
랐다는 것은 안재홍이 동시대 사람들에게 교육과 관련해서 깊은 인
상을 남겼거나 관련한 실천 활동을 꾸준하게 해왔을 가능성이 컸다.

그러나 안재홍의 성인교육 활동에 대한 조명은 미흡했다. 한국 근대 성인교육사상의 지평을 넓히기 위한 성인교육자 안재홍 연구는 우선 성인학습자 안재홍에 대한 이해에서 출발해야 한다. 이를 통해 그가 어떤 과정을 통해 학습 경험을 축적했는지를 밝혀보고 이는 자연스럽게 성인교육자로서의 다양한 활동을 이해하는 토대가 될 것이다. 또한 성인교육 활동을 통해 형성된 구체적인 성인교육 사상의 내용과 변천 과정을 살펴본다면 성인교육자 안재홍에 대한 이해의 폭을 넓힐 수 있다. 그리고 학습 경험의 축적과 성인교육 활동, 사상의 주창과 실천은 성인교육자로서의 리더십 발휘와 깊은 관련을 가지고 있다. 즉 성인교육자 안재홍을 이해하려면 개인의 학습 경험, 성인교육 활동, 사상과 리더십에 대한 유기적 관계 파악이 중요하다. 이에 따라 이 연구의 목적은 그동안 제대로 조명되지 않았던 안재홍의 학습 경험, 성인교육 활동과 사상, 그리고 리더십 특성을 분석하는 것이다. 이를 통해 성인교육자로서 안재홍이 독립과 통일에 헌신한 민족지도자였다는 사실이 재조명되기를 기대한다.

1. 안재홍의 생애

배움으로 세상의 변화를 읽고
철저항일을 준비

〈사진 1-1〉 민세 안재홍(1891~1965)

안재홍은 조선개국 500년을 맞이하는 1891년 11월 30일 경기도 진위군(현 경기도 평택시) 고덕면 율포리에서 순흥안씨 안윤섭의 차남으로 출생했다. 1927년 6월 발행된 잡지 『동광』의 현대인명사전에는 당시 경성부(서울) 공평동 75번지에 살고 있으며, 부친은 농업, 처는 이정순, 광무 9년(1905년) 결혼해서 아들 둘, 딸 하나를 두고 있으며 독서를 좋아하고 취미는 등산으로 소개되어 있다[15].

〈사진 1-2〉 민세 안재홍 고택 봄 풍경

안재홍은『조선일보』기고를 통해 자신이 태어나고 자란 고향 진위군에 대해 아래와 같이 소개하고 있다

> 나의 시골 진위군은 들판이라, 두릉리의 촌락은 해창강 북쪽 오리의 땅에 있어 야트막한 산록에 질펀하게 몰아들었으니 앞에 월명산(月明山)이 있어 올라서면 근방 수백 리의 산천이 보인다. 월명산 위에 초가정자의 묵은 터 있으니 선친이 독서하던 곳이다. 여기서 보면 서남으로 진위, 안성 양강의 물이 합해서 바다에 닿으니 마주하는 빛이 유전변환(流轉變幻)의 정감을 일으킨다. 북으로 수원군의 독성산성은 도원수 권율이 오산, 수원의 임진 침입군과 혈전하던 곳이다(『조선일보』, 1934년 9월 16일자).

안재홍의 고향 평택 고덕은 조선에서 곡창으로 이름 높고 임진왜란 때에 삼도근왕병이 모여든 진위평야에서 멀지 않은 한가로운 농촌이었다. 그는 사형제중의 둘째 아들로 태어났고 어릴 때 조부 안상규의 총애 속에 자라났다. 그의 조부가 시골 농촌 출신으로 패기가 있어 흥선대원군의 문객(門客)으로 서울에 머무르며 지낸 인연도 있었다[16].

안재홍의 어려서 꿈은 역사학자였다. 그는 훗날 한 잡지 인터뷰에서 어린 시절 자신의 꿈이 '조선의 사마천'이었음을 밝혔다.

우리 집은 대대 근황당(勤皇黨)이기 때문에 나는 그 시절의 애국사상을 받아 조선역사의 불비를 항상 느끼고 조선의 사마천이 될 생각이 있었소(『동광』, 1931년 9월호).

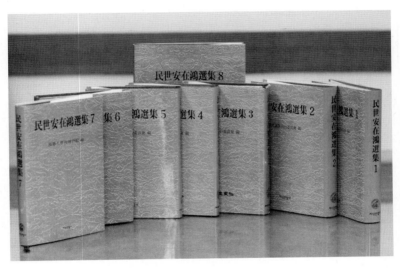

〈사진 1-3〉 안재홍선집 전8권

그는 다섯 살 때부터는 대원군, 민비, 독립협회 하면서 어른들이 쑥덕거리고 눈 둥그레지며 또 난리 나겠다고 하는 속에서 어려서부터 퍽 불안함 속에 자라났다. 17세까지 집에서 한학을 하던 민세는 1907년 평택의 사립학교인 진흥의숙에 입학했고, 다시 수원의 기독교계 사립학교로 전학했다가 서울 황성기독교청년회(현 서울YMCA

의 전신) 중학부에 입학했다. 그는 경술국치가 있던 1910년 8월 여름 졸업한다. 경술의 변이 있자 모든 다른 학생과 같이 눈물을 흘리며 스스로 공부를 그만두고 자기와 조선인의 활로를 먼 선진국에서 찾으려고 미국 유학의 길을 떠나려고 하다가 월남 이상재의 권유로 일본 유학을 결심한다. 그는 일본으로 유학 갈 당시 상황을 이렇게 회고하고 있다.

> 故 월남 이상재 선생에게 가서 그 사연을 말씀드리고 압록강을 건너 걸음걸음 미국으로 가겠다고 말씀하니 선생이 한참 들으시더니 생각은 매우 좋은데 독립은 아직 하루 이틀에 되는 것이 아니고 그러한 열성(熱誠)이 있어 변치 아니할 자네라면 미국 가기 전에 먼저 일본 유학을 가게! 기초 지식이 없는 터에 곧바로 미국을 가더라고 동양 사정과 일본의 국정에도 어두워져서 안 될 것이니 먼저 일본을 가게! 일본을 가서 잘 공부한 후에 미국에는 추후로 가도록하면 좋을 것일세. 이렇게 일러주시는데 아버지는 시골서 쫓아 올라와서 이 다음에는 어찌되었건 지금 당장 미국으로 도주(逃走)한다는 것은 그만두고 일본유학이나 가라고 말씀하므로 나는 그때부터 일본행을 결심하고 떠났다(『신천지』, 1946년 8월호).

1910년 9월 일본 동경으로 가서 아오야마학원에서 어학을 준비하며 동경의 조선인 YMCA에 관여했다. 동경 유학 시절 그는 조만식, 장덕수, 김성수, 송진우, 신석우, 문일평, 김병로 등 훗날 민족운동에 주도적으로 참여하는 인사들과 교분을 쌓았다[17]. 1911년 3월 조만식, 송진우, 이광수, 장덕수 등과 함께 동경에 체류 중이었던 이승만과 만났으며 그 후에 이승만이 하와이에서 발행하는 『태평양잡지』

에 기고했고 일본 지국일도 맡았다. 그해 9월 와세다대학 정경학부에 입학했고 10월 조선인 유학생 학우회를 조직하고 삼한구락부(三漢俱樂部)를 만들었다. 민세는 당시 메이지대학에 유학 중인 고당 조만식과 함께 동경 재일 유학생 사회에 뿌리 깊은 지역 분파주의를 비판하고 통합운동에도 힘썼다.

〈사진 1-4〉 동경 유학 시절 이승만 박사 송별기념회 사진
(오른쪽 위 원 속의 인물이 민세)

또한 김병로가 편집을 맡은 유학생 잡지인 『학지광』에 송진우, 김성수 등과 함께 글을 게재하기도 했다. 그는 이 동경 유학 시절 공부하는 틈틈이 동경 우에노 공원(上野公園) 교외 타키노가와(瀧野川), 오지(王子), 이타바시(板橋) 일대, 신주쿠(新宿)역 저편으로 요도바시(淀橋), 나가노(中野) 등을 소풍으로 거닐거나 단풍 구경, 밤 줍기

등을 하기도 했다. 또한 이 시기 그는 별자리에 대한 흥미를 느껴 천문학자들을 찾아다니며 공부한 적도 있었다.

안재홍은 신망이 두터운 당대 조선의 덕망 있는 젊은 인격자로 동경 유학 시절 사오백 명의 유학생 번지와 전화번호까지 모두 외우고 다닐 만큼 비상한 머리를 지녀 육당 최남선의 동생 최두선이 '번지 박사'라는 별명을 붙여줬다고 한다[18](황석우, 1932).

〈사진 1-5〉 일본 와세다대학 유학 시절 친구들과 함께
(앞줄 오른쪽 첫 번째가 민세)

안재홍은 23세 되는 1913년 와세다대학 3학년 진학하는 여름에 중국여행을 했다. 당시 중국에서는 1911년 이후 신해혁명이 진행중이었다. 그는 상해에서 신규식이 이끈 독립운동단체 동제사에 가입했다. 또한 당시 상해에 있던 동년배의 청년 지식인 이광수, 홍명희, 조소앙, 문일평 등과 만났다. 당시의 상황을 민세는 훗날 아래와 같

이 회고하고 있다.

> 나는 뱃길로 상해에 건너가 남경 한구 아직 소란한 까닭에 다시
> 뱃길로 청도로 가서 제남, 천진, 북경, 산해관 등을 거쳐 봉천(심
> 양)을 돌아 안봉선으로 안동현에 와서 서울에 돌아온 일이 있었다.
> 상해에서 허다한 우리 혁명선배와 동지를 만났으나 그 빈곤 자못
> 딱도 하였고 북경의 동지들은 더욱 빈곤하였으며 만주의 농민동포
> 는 언뜻 보아도 참혹하였다. 노자조차 다 떨어져서 초라하게 돌아
> 오는 백면서생 나에게 하소연하던 수난동포의 정경이 가끔 눈앞에
> 서 선하게 되살아난다(『신천지』, 1950년 1월호).

안재홍은 이 여행을 통해서 해외 독립운동의 어려움을 인식하고
평생 국내에 남아있는 민중들과 함께하며 국내 독립운동에 헌신하
겠다는 다짐을 했다.

> 스물세 살 때에 남중국으로 남만주의 일부를 훑어보고 돌아온
> 칠십 여일의 여행은 나에게 시베리아, 태평양 하는 낭만적인 공상을
> 씻어 버리고 고국에 집착하겠다는 결심을 굳게 하였다(『신동아』,
> 1936년 5월호).

안재홍은 24세인 1914년 여름 와세다대학 정경학부를 졸업하고
귀국한다. 돌아와서 당시 신문관을 경영하던 육당 최남선과 상의하
여 문화 사업을 위해 수 만원의 돈을 조달하려고 몇 백석의 추수밖
에 못하는 자기 집안 전 재산을 저당하고자 부친에게 이 이야기를
하니 연로한 부친은 이러한 안재홍의 생각을 청년의 치기(稚氣)로

〈사진 1-6〉 민세가 사용했던 고향집 우물

일소(一笑)에 부치고 허락하지 않았다. 이에 분개한 안재홍은 집안에서 자신의 큰 뜻을 이해치 못하니 자신에게 나눠준 것을 가지고 전부 투자해서 무슨 일을 해 보겠다 결심하고 토지문서를 들고 사업자금 조달을 위해 동분서주했으나 뜻을 이루지 못했다.

이어 그는 1915년 5월 인촌 김성수가 인수 운영하는 중앙학교에 학감(교감)으로 취임했다. 이해 7월에 장남 정용이 태어난다. 여기서 교장 유근 등과 함께 조선산직장려계 활동에 참여한 것이 빌미가 되어 일제의 압력으로 1917년 초에 사임하고 그해 봄 모교인 중앙기독교청년회 교육부 간사로 인재 양성에 힘쓴다. 이 무렵 대종교로 개종한다. 1917년 5월 부친 안윤섭이 사망해서 고향에서 부친상을 치른다. 당시 매일신보에 안재홍의 부친상 기사가 실려 있다.

중앙청년회 간부 안재홍 씨는 지난 25일 오시에 엄부 안윤섭 씨의 상을 당했다. 진위군 고덕면 두릉리 시골에서 상을 치르고 29일 그 마을 선영에서 장례를 지냈다(『매일신보』, 1917년 5월 30일자).

〈사진 1-7〉
안성 고성산 무한산성에서(1918)

1918년 5월 차남 민용이 태어난다. 이 시기 그는 고향 평택에서 역사서를 읽는 일에 몰두했고 1918년 7월 평택 인근의 안성 고성산에 오른 당시 사진 자료를 통해볼 때 주변 지역 여행을 하며 조용히 자기성찰의 시간을 가졌던 것 같다.

　　왕년에 기미(1919년)의 직전 고향에 칩거(蟄居)하던 때에 사서
(史書)를 섭렵(涉獵)하였던 일이 있었다(『조선일보』, 1930년 1월
29일).

〈사진 1-8〉 민세 안재홍 고택과 두릉리 마을(2016)

곧은 붓으로
비타협적 민족주의를 실천

〈사진 1-9〉 서대문 형무소 수감 당시의 민세(1938)

안재홍의 삶은 1919년 이전과 이후로 나눠질 만큼 그의 삶에서 1919년은 커다란 전환을 이루는 시기였다. 그는 3.1운동에서 조선독립의 희망을 보았다. 그는 3.1운동에는 소극적이었지만 그가 목도한 거족적 3.1운동의 기억은 대한민국 임시정부에 대한 관심으로 이어지고 이후 1945년 해방의 그날까지 경이적인 9차례의 옥고를 견디는 단단한 정신적 기반이 되었다. 그는 이 시기 항일운동가, 언론인, 사학자, 문필가 등으로 종횡무진 활동하며 일제를 날카롭게 비판하며 민족의 각성을 촉구했다.

고향에서 칩거하며 우울한 나날을 보내던 안재홍은 1919년 고향 평택에서의 3.1운동에는 가담하지 않았다. 당시 그는 29세이었는데 3.1운동 선두에 나서기를 꺼렸다. 당시 안재홍은 다니던 직장인 서울중앙학교에서 쫓겨나 실의중(失意中)에 부단히 시국대책을 연구하는 상황이었다. 아무것도 못하고 상심만 했던 그는 3.1운동에 나서면서 징역살이를 하기에는 자신이 너무 가엾다는 생각이 들었다[19]. 그러나 1919년 3월 9일 고향 평택의 현덕면 계두봉에서 시작된 기미 만세운동의 감동을 아래와 같이 회고하고 있다.

> 내가 3월 1일이 훨씬 지난 그믐경 어느 날 밤, 어느 농촌 높다란 봉우리에 우두커니 홀로 서서 바라본 즉, 원근 수백리 높고 낮은 봉과 봉, 넓고도 아득한 평원과 하천지대까지, 점점(點點)이 피어오르는 화톳불과, 천지도 들썩거리는 듯한 독립만세의 웅성 궂은 아우성은, 문자 그대로 인민항쟁이요 민족항쟁이었다(안재홍선집간행위원회, 1983, 413쪽).

전민족이 일어나 자주독립을 외친 3.1운동에 자극을 받은 안재홍은 서울로 올라왔다. 중앙학교 교장 유근 집에 머물면서 연병호, 송내호 등과 함께 상해임시정부를 지원할 목적으로 1919년 7월 대한민국청년외교단을 조직하고 총무로 활동했다. 그는 상해임시정부 안창호 내무총장에게 임시정부의 단결을 촉구하고, 해외 주요국가에 외교관을 파견할 것을 건의하고 군자금 모금을 지원했다[20]. 그러나

11월에 발각 체포되어 이병철, 조용주, 연병호, 김마리아, 황에스더와 함께 1차 옥고를 치른다. 이 사건으로 안재홍은 징역 3년형에 처해진다.

그는 1922년 대구 감옥에서 나와 고향에 내려가 요양한다. 1924년 1월 연정회 조직협의에 참여하였으나 무산되었고, 4월 언론집행압박탄핵운동의 실행 위원으로 활동했다. 5월 최남선이 사장으로 있던 『시대일보』논설기자로 입사하였으나, 7월에 『시대일보』경영난에 보천교(普天敎)가 개입하여 일어난 분규로 퇴사하였다[21]. 이어서 1924년 9월에는 혁신『조선일보』에 주필겸 이사로 입사했다. 안재홍은 당시 '조선일보의 신사명'이라는 사설로 『조선일보』가 식민지라는 조선인의 엄연한 현실적 고락과 함께하겠다는 새 출발의 결의를 다졌다.

> 아아 만천하 조선인 동포여! 여러분은 현대를 떠나서 있을 수 없는 조선인이요 조선을 떠나서 있을 수 없는 세계인이요 현 조선과 현시대의 사명을 떠나서 그의 존재의 의의를 해석할 수 없는 시대해결, 시대창조의 사역자들이다. 그리고 조선일보는 이러한 현대의 조선인과 그의 성패와 고락과 진퇴와 편안함과 근심을 함께하는 이외에 그의 존재와 발전의 필요와 의의와 사명이 없을 것이다(『조선일보』, 1924년 11월 1일자).

『조선일보』는 1920년 3월 6일 대정친목회의 기관지로 조진태, 예종석 등이 중심이 되어 창간되었으나 재정곤란으로 1921년 송병준에게 넘어갔다. 이어 1924년 신석우가 송병준으로부터 다시 매수해서 월남 이상재를 사장으로 지면의 대혁신을 단행하고 조선민중의 신문이라는 목표로 새 출발 했다. 안재홍이 활동하던 이 시기 1929년에만 『조선일보』는 정간 22회, 압수 24회, 30년에는 압수 14회, 삭제 30회의 수난을 겪는다[22]. 당시 신문 운영의 어려움과 함께 경영난으로 늘 힘들어하던 『조선일보』 시절 안재홍은 1만 원의 거금을 투자하며 『조선일보』 회생에 노력했다[23]. 당시 큰 기와집이 1천 원, 쌀 1말이 3원이었으니 그는 상당히 많은 돈을 『조선일보』에 지원했다. 『조선일보』를 중심으로 맹활약하던 안재홍은 훗날 조선 전체에서 통합 신문을 만들 때 가장 적합한 가상 언론인 선호도 조사에서 사장에 윤치호, 송진우, 주필에 장덕수와 함께 선정될 만큼 언론계를 중심으로 큰 영향력을 발휘했다[24].

〈사진 1-10〉 『조선일보』 시절 사옥 앞에서(왼쪽에서 두 번째가 민세)

안재홍은 1925년 4월 처음으로 열린 조선기자대회에서 부의장에 선출되었다. 1925년 5월 외동딸 서용이 태어난다. 그해 9월에는 백남운, 백관수, 박승빈, 조병옥, 홍명희 등과 함께 '조선사정연구회'에 가입하고 12월에는 이상재, 신흥우 등과 함께 '태평양문제연구회'에 참여했다. 『조선일보』 시절 안재홍에 대해 지인들은 그의 초인적 기억력을 높게 평가했다. 이런 기억력은 그가 사설, 시평 등 시사 관련 글쓰기를 하는데 커다란 장점으로 작용했다.

조선일보 재직 시에도 김동성, 민태원, 방태영, 성의경 등과 더불어 그룹이 되어 가끔은 식도원 별장에 모여 마작이나 가투(歌鬪) 놀이를 하면서 나도 함께 휴식을 즐긴 일이 있었다. 마작은 신 씨가 대장이지만 가투는 민세(안재홍)를 당해내는 이가 없었다. 시조 낭독은 언제나 내가 읽기 마련인고로 일껏 목청을 돋우어 한 짝의 첫 줄을 읽어 내리기도 전에 벌써 끝구가 적힌 짝을 펄쩍 집어 버린다. 시조 백수쯤 어렵지 않게 외우는 초인적 기억력을 가졌다.(최은희, 1991, 448~457쪽)

〈사진 1-11〉
평동 자택에서

그는 1927년 2월 15일 창립한 신간회의 총무간사에 선출되었고, 전국 각지를 돌며 신간회지회 창립을 독려하며 강연을 통해 일제 침략의 부당성을 역설했다[25]. 민세는 1927년 3월 신간회 창립 직후 초대회장을 지낸 월남 이상재가 서거하자 정인보, 홍명희, 민태원 등과 함께 그 유고를 정리 간행하는 월남기념집 편집위원에 선출되었다[26]. 또한 신간회경성지회 창립대회 의장을 맡아 신간회 조직 전국화에도 기여했다[27]. 1927년 8월 일본제국의 멸망을 암시하는『조선일보』사설 '제왕(帝王)의 조락(凋落)'을 집필했으나 일제에 의해 압수당했다. 11월 재만동포옹호동맹 위원장에 선출되었다.

〈사진 1-12〉 신간회 나주지회 창립대회에 참석한 안재홍(1927.9.25)
(앞줄 왼쪽에서 아홉 번째가 민세)

그러나 1928년 1월『조선일보』사설 '보석지연의 희생'에 대한 발행인 책임으로 구속 금고 4개월의 형을 받았다[28]. 그해 5월『조선일보』사설 '제남사건의 벽상관' 집필로 구속되어 금고 8개월의 처분을 받았으며『조선일보』는 무기한 정간 처분을 받았다. 1929년 1월 출소 이후『조선일보』부사장에 취임했고 3월에는 생활개신운동, 7월에는 문자보급운동을 시작했다. 10월 8일에는 서울 휘문고등학교에서 자신이 제시한 생활개신운동의 하나로 제1회 '경성-평양 경평축구전'을 개최하여 스포츠를 통한 민족의식 고취에 힘썼다[29]. 그러나 그해 11월 광주학생운동 진상보고 민중대회사건으로 다시 구속되었다. 1930년 1월『조선상고사관견』을『조선일보』에 연재하고 7월에는 백두산에 올라『백두산등척기』를 연재했다. 그의 백두산행은 조선과 중국의 국경을 정한 백두산정계비를 마지막으로 확인하고 기록을 남겼다는 역사적 의미도 가지고 있다.

그는 이 백두산 천지 등반을 자신의 인생에서 가장 감격스러웠던 일로 회고하고 있다.

스스로 돌아볼 때 감격 깊은 고비는 적지 않게 겪어왔으나 한 번도 통쾌하여 자랑할 만한 장면을 만들어 보지 못한 것이 불행한 나의 일생이었다. 나는 가끔 친구와의 이야기 중 일생을 통해서 통쾌하던 장면을 인생과 사회에서 겪어본 일 없고 오직 백두산 등척(登陟)에서 여러 날 일정의 끝에 무두봉(無頭峰)에서 천리요해(千里瑤海)로 생각케 하는 발아래의 천지(天池)의 물을 내려다보면서 남북만리 아득하고 질펀한 대운해의 광명을 전망하던 그것밖에는 견줄 만한 인생과 사회의 통쾌한 일을 불행하게도 한 번도 못 겪어 보았다(신천지, 1950년 1월호).

〈사진 1-13〉 백두산 천지에서(1930)
(왼쪽에서 두 번째가 민세)

안재홍은 1930년 6월부터 다음해 5월까지 뤼순감옥에서 복역 중이던 신채호의 『조선상고사』를 『조선일보』에 연재하게 했다. 1931년 3월 만주동포구호의연금을 유용했다는 구실로 옥고를 치렀고, 1931년 4월에 조선농구협회(현 대한농구협회 전신) 초대 회장으로 취임했으며30), 5월에 『조선일보』6대 사장에 취임했다. 그는 사장에 취임하면서 『조선일보』는 언론으로서 가장 거대하고 또 충실한 선구적 교향(交響)을 쉴 새 없이 외쳐야 하고 이것은 당시 조선에 있어서 바꿀 수 없는 역사적 과제라고 강조했다[31].

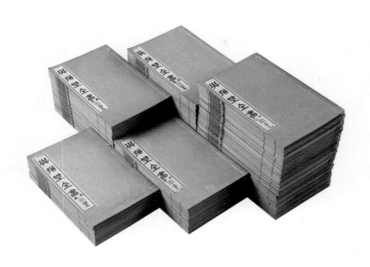

〈사진 1-14〉 안재홍과 정인보가 교열 간행한 신조선사본 여유당 전서(1938)

안재홍은 1932년 8월 보석으로 출감했다. 이후 병요양을 마치고 1934년 9월 다산서세 99주기를 기념하며 위당 정인보와 함께 다산문집인 『여유당전서』 교열 간행과 충무공 이순신 현창 운동 등에 참여했다[32].

당시 안재홍은 다산 정약용을 조선 학술사상 태양과 같은 존재로[33], 무(武)의 이충무공과 함께 할 문(文)의 제1일자요 조선민의 운명을 반영한다고 평가했다[34].

〈사진 1-15〉 한산도 제승당 이충무공 기념비 제막식에 함께한
안재홍과 정인보(1948)

안재홍은 1935년부터 『조선일보』 객원으로 신문에 각종 글을 연
재했다. 1936년 군관학교 사건으로 옥고를 치르다가 1937년 보석으
로 풀려나 이후 고향 평택 향리에서 『조선상고사감』 등 조선상고사
관련 저술에 몰두했다[35]. 1938년 4월 부인 이정순과 사별했다. 그해
5월 흥업구락부사건으로 3개월간 옥고를 치르고 나왔으나 다시 군
관학교사건 형의 확정으로 2년형이 선고되어 재수감되었다[36].

1941년 김부례와 재혼하고 1942년 12월 조선어학회 사건으로 생애
9번째 옥고를 치른다. 1944년 4월 모친 남양 홍씨가 별세했다. 이해
12월부터 여운형과 함께 일본의 패망 후 시국수습문제가 불거지자
민족자주, 상호협력, 마찰방지의 3원칙을 제시했다. 1945년 5월 민족

〈사진 1-16〉 조선어학회 사건으로 수난당한 인사들이 해방 후
조직한 십일회 모임(앞줄 왼쪽에서 세 번째가 민세)

대회 소집안을 제시하고 일제에 응수하였다. 이후 일본의 암살 위협
으로 숙소를 자주 옮겨다니다가 감격의 해방을 맞았다[37].

해방 후 좌우합작의
통일민족국가 수립에 헌신

　　전 민족적인 투쟁과 연합국의 도움으로 1945년 8월 15일 조선민족은 해방을 맞아했다. 해방 이후 5년간 안재홍은 통일국가수립운동에 매진했다. 그는 저서와 언론기고, 방송과 강연, 다양한 조직 활동을 통해 좌우이념 갈등을 해소하고 자본주의냐 사회주의냐의 택일이 아닌 민족에 기초해 계급 갈등을 넘어선 통일 민족국가를 수립하기 위해 고군분투했다. 이 시기 안재홍은 민족의 바람직한 미래를 고민하며 '신민족주의'를 주장했으나 현실 권력을 얻는 데는 실패하고 그 자신마저 납북되어 역사 속에 사라지는 비운을 맛보아야했다. 일제가 보낸 자객의 암살 위협을 피해 서울 시내 각지를 돌며 은거하던 안재홍은 1945년 8월 15일 해방을 맞이한 그 다음날인 8월 16일 오전 10시 경성방송국(현 KBS)에서 국내민족지도자를 대표해 첫 해방연설을 하게 되었다.

　　여러분! 우리 조선민족은 지금 새로 중대한 위기의 기로(岐路)에 서있습니다. 이러한 민족성패가 달린 비상한 시기를 맞이하여 만일 성실과감(誠實果敢)하고도 총명주밀(聰明周密)한 지도로써 인민을 잘 파악하고 통제함이 없이는 최대의 광명에서 도리어 최악의 과오를 범하여 대중에게 막대한 해악을 끼칠 수가 있기에 우리는 지금 가장 정신을 가다듬어 한걸음 한걸음 나아가고 또 뜀박질 하여 나아가는 것이 필요합니다. 과거 사십년 간 총독정치(總督政治)는 벌써 과거의 일이고 조선과 일본 두 민족은 정치형태가 어떻게 변천(變遷)되든지 자유호양(自由互讓)으로 아시아 제민족으로서의 떠 매고 있는 각자의 사명을 다하여야할 국제적 제 조건 하에 놓여있는 것을 똑바로 인식하여야합니다. 우리들은 수난의 도정(途程)에서 한걸음씩 가시덤불을 헤쳐 나아가는 데에 서로가 공명동감(共鳴同感) 하여야 합니다(『매일신보』, 1945년 8월 17일자).

이후 그는 여운형과 함께 '조선건국준비위원회'를 결성하면서 건준의 이름을 직접 짓고 잠시 부위원장도 맡지만 건준이 좌경화로 흐르자 바로 탈퇴한다. 그는 9월 20일 신생 대한민국의 국가건설 방향을 정리한 『신민족주의와 신민주주의』를 탈고했다. 또한 신민족주의를 핵심정강으로 하는 국민당을 조직하고 중앙집행위원장에 선출되었다[38]. 그해 12월 신탁통치반대 국민총동원중앙위원회 부위원장으로 활동했다.

1946년 2월 주한미군사령관 자문기관인 '남조선대한민국대표민주의원'에 선임되었고 『한성일보』를 창간하여 사장에 취임했으며 4월에는 국민당을 한독당에 통합하고 중앙상무위원으로 활동했다. 7월 여운형, 김규식과 함께 좌우합작 대표로 지명되었고, 10월 한국 최초로 『한성일보』 중국어판을 발행했다. 12월에는 미군정 과도입법의원의 관선위원에 선출되었다.

〈사진 1-17〉 남조선 과도정부 입법위원 1주년 기념(1947.12.12)
(앞줄 왼쪽에서 두 번째가 민세)

1947년 2월 미군정행정부의 한국인 최고책임자인 민정장관에 취임했다[39]. 당시 미군정청 공보과에서 발표한 안재홍 신임 민정장관에 대한 소개 자료에는 일제강점기 항일지도자, 일류급지도자로서 그의 삶을 높이 평가하고 있다.

> 안 씨는 조선독립운동사상 제일류의 지도자이며 또한 일본의
> 조선통치 시대를 통하여 조선에 남아있던 분들 중에 한 사람이다.
> 일본인의 손에 9회에 걸쳐 투옥되었으나 끝까지 조선독립을 위하
> 여 싸워왔다. 씨는 열렬한 애국심으로 인하여 수년간 일본인에게
> 가혹한 취급을 받았다. 민정장관은 정부의 행정부분에 있어서 조
> 선인 관리로서 최고위이다(『조선일보』, 1947년 2월 6일자).

〈사진 1-18〉 민정장관 취임연설(1947.2)

　민정장관 시절 그는 신생 대한민국 정부 수립을 위한 준비에 힘썼
다. 또한 1947년 8월에는 민정장관으로 조선산악회를 통해 비밀리에
독도조사대를 파견하면서, 독도수호에 크게 기여했다[40]. 또한 대한
올림픽 후원회 회장으로 1948년 8월 런던올림픽에 출전하는 선수들
을 지원하기 위한 모금 활동으로 한국 최초로 복권을 발행했다. 그는
1948년 6월 대한민국 국회가 개원하게 되자 함께 민정장관을 사임하
고 『한성일보』 사장으로 복귀했다.

〈사진 1-19〉해방 후 대종교 교육 행사수료식 기념사진
(앞줄 맨 왼쪽이 민세)

이 시기 언론 발전에 기여한 공이 인정되어 서재필과 함께 조선언
론인협회 명예회장에 추대되었다[41]. 1948년 9월 신생회를 설립 신생
활구국운동을 전개했다. 1949년 5월 대종교 정교 및 원로참의원에
선출되었고, 서울 돈암동에 서울중앙농림대학을 설립하고 초대 학
장으로 활동했다. 1950년 5월 2대 국회의원 선거에 평택에서 무소속
으로 출마하여 당선되었다. 그러나 6월 25일 한국전쟁 때 한강 다리
가 폭파돼 친지 집에 은거했다가 발각되어 북한군에 납북되었다. 납
북 당시 상황을 『한성일보』 기자였던 엄기형 씨는 아래와 같이 증언
하고 있다.

안재홍 사장은 1950년 봄 덕수궁에서 열린 저와 아내 이정상 씨
결혼식 때 주례를 봐주신 분이지요. 1950년 6월 25일 이후 안재홍
사장은 몇 군데 피신처를 알아봤는데 찾지를 못했지요. 부인 김부

레 여사가 저의 신혼집에도 오셨는데 방이 하나라 어쩔 수 없었어요. 결국 집에서 연금 상태였고 다행히 아내 이정상 씨가 그 집에 왕래할 수 있었어요. 안 사장께서 아내에게 몰래 단파 라디오를 주시면서 가서 전황에 대해 듣고 그 내용을 알려 달라 해서 여러 차례 다녀온 기억이 납니다. 그 뒤 8월 초 후암동 민세선생의 친지 댁에서 선생이 납북된다는 사실을 전해 듣고 달려갔는데 인민군 소좌와 인민군이 주변 호위를 하는 선생을 차에 태워서 납북 당하시는 모습을 보았어요(엄기형 증언 영상녹취 자료, 2011).

〈사진 1-20〉 민정장관 시절 행사장에서

〈사진 1-21〉『한성일보』사장 시절 밀양 영남루에서(1948)
(왼쪽에서 여섯 번째가 민세)

〈사진 1-22〉『한성일보』사장 시절 김해 김수로왕릉에서(1948)
(뒷줄 왼쪽에서 일곱 번째가 민세)

남북 이후 평화통일운동에 노력

안재홍은 생애 마지막 15년을 북한에서 살았다. 아직 분단이라는 제약으로 인해 그가 이 시기 북한에서 구체적으로 어떤 활동을 했는지는 자세하게 알려져 있지 않다. 그러나 납북 이후에도 평화통일운동에 힘쓴 것은 자료로 확인되고 있다. 민세는 납북 이후에도 조소앙, 조헌영, 박열 등과 함께 '재북평화통일촉진협의회'에서 최고위원으로 활동하며 남북이 무력통일을 포기하고 연방제를 거쳐 단계적 통일로 나가야 한다고 주장했다[42].

그는 1965년 3월 1일 오전 10시 평양 적십자 병원에서 위암으로 별세했으며 북한 정권은 이 사실을 해외 통신을 통해 알렸다. 장례위원장은 안재홍과 함께 신간회 최초 조직 결성에 핵심으로 참여한 홍명희가 맡아 장례를 치렀다. 그의 유해는 평양시 용성구역 매봉산록 특설 묘역에 안장되었고 사회장으로 치러진 장례식에는 각계 유명인사가 다수 참석하고 장지에 이르는 길에는 조문객들이 장사진을 이루었다[43].

현재 그의 묘는 이후 이장하여 납북인사 묘지인 평양 '재북인사묘역' 정중앙에 위치해 있으며 묘비명에는 북한에서의 마지막 직함이었던 재북평화통일촉진협의회 최고위원이라는 직함과 함께 '애국지사'라고 새겨져있다. 비록 납북으로 제한된 활동을 했지만 안재홍은 북한에서도 끝까지 민족주의자로 활동하며 민족에 바탕을 둔 평화통일운동에 노력한 것으로 평가받고 있다[44]. 북한 정권도 안재홍의 항일독립투쟁을 높이 평가하고 있으며 김규식·조소앙·정인보·박열과 더불어 남북한이 함께 인정하는 24명의 독립운동가 가운데 한 사람이다[45].

〈사진 1-23〉 민세 평양묘소 사진(2006.10)

남한에서는 1965년 3월 9일 서울 진명여고 강당에서 각계인사가 운집한 가운데 항일운동을 함께한 이인 초대 법무부장관이 장례위원장으로, 이승복이 부위원장으로, 한글학자 최현배의 조사와 이은상 시인의 조시를 낭독하며 유해 없는 9일장을 치렀다.

〈사진 1-24〉 서울 진명여고 강당에서 열린 안재홍 유해 없는
장례식(1965.3.9)

생애를 통해 볼 때 민세 안재홍은 민족에 대한 사랑을 온몸으로 실천하며 민족통합을 최우선 과제에 놓고 철저항일과 민족통일을 실천했던 열린 민족주의자였다. 안재홍은 민족의 과거를 연구하고 일제에는 끝까지 비타협을 실천했으며, 민족통일을 위해 좌우의 이념갈등을 해소해보려고 용기 있게 나선 지식인이었다. 또한 다른 민족에 대해서는 배타적 태도를 버리고 개방적 태도로 상대성을 존중

하며 미래에 대한 깊은 혜안을 가진 민족 지성이자 교육지성이었다.

　안재홍은 일생에 걸쳐 일관성이라는 삶의 원칙을 실천했다. 일제 강점기와 해방 5년, 납북으로 이어지는 그의 고단한 삶은 일관된 원칙이 지도자의 삶에서 얼마나 중요한 것인지 성찰하게 한다. 대개의 경우 현실의 이익에 따라 부초처럼 흔들리는 것이 보통 사람들의 삶이라면 분명 그는 거대한 뿌리를 땅속 깊이 숨긴 우뚝 솟은 민족 사랑의 거목이었다.

〈사진 1-25〉 장례식에서 추도사를 낭독하는 이인 초대 법무장관(1965.3.9)

〈사진 1-26〉 동작동 국립묘지에서 열린 납북독립유공 민족지도자
위패 봉안식(1991.11.21)

〈사진 1-27〉
서울 국립 현충원
무후선열제단에 있는
민세의 위패

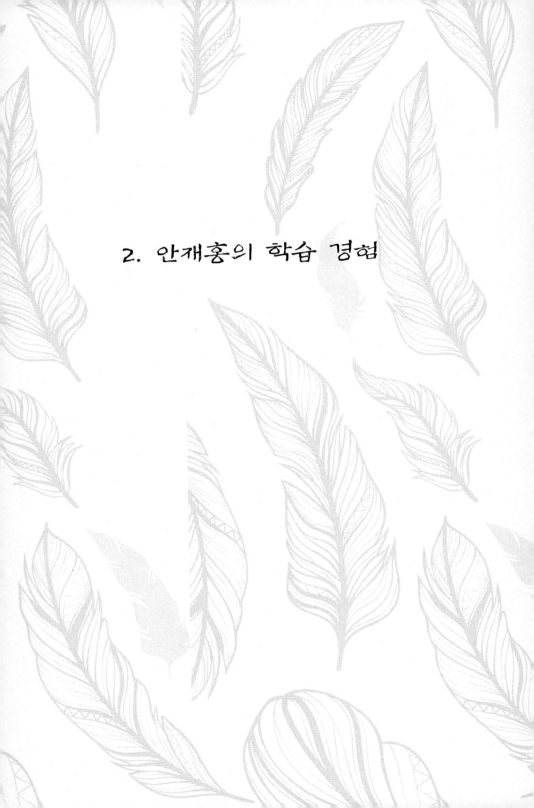

2. 안재홍의 학습 경험

근대 신학문 수용으로
세상을 보는 시야를 넓힘

〈사진 2-1〉 와세다대학 재학 시절의 민세

학습은 살아있는 유기체에서 영속적인 능력 변화로 이끌고 단지 생물학적인 성숙이나 노화에만 기인하는 것이 아닌 어떤 과정이다[46]. 안재홍의 일생에 걸친 부단한 학습 경험을 설명하는 데 특히

'전환학습'이라는 개념이 유효하다고 본다. 전환학습은 문제가 있는 준거 틀을 보다 포괄적이고 성찰적이며, 감정적으로 변화 가능하게 바꿔주는 과정으로 인생의 중요한 사건과 관련해서 갑작스럽게 사고습관을 바꾸게 하는 획기적인 성격과 시각의 변화와 사고습관의 전환을 가져오는 통찰력의 점진적인 일련의 사건들의 누적적인 성격을 모두 가지고 있다[47]. 안재홍은 일평생 자신이 처한 시대에 대응하면서 다양한 학습 이력을 가지고 시대의 당면 과제 해결에 충실하게 노력했다.

안재홍은 17세 전까지는 전통적 유학지식의 습득에 집중하고 그 이후에는 서울 유학과 이어진 일본 유학을 통해 신학문을 습득하는 데 힘쓴다. 이 시기 안재홍 학습 경험의 특징은 유소년기에는 한학 습득에 힘쓰고 그 이후는 다양한 신학문의 기초 습득과 일본 유학중 당시 신학문인 정치경제학 학습에 몰두한다는 점이다. 이런 학습 경험은 후에 안재홍으로 하여금 전통과 근대의 경계 사이에서 고민하며 다양한 이론적 실천적 활동을 하는 토대를 제공한다. 그는 전통 유학에 대한 폭넓은 이해를 통해 조선적인 것에 대한 비판과 긍정적 성찰을 하는 동시에 정치경제학 등 서구학문을 접하면서 서양 선진 문화의 장점을 조선의 관점에서 이해하고 비판적으로 수용하는 능력을 길러나갔다.

안재홍은 어린 시절부터 책 읽기를 좋아했다. 안재홍은 6, 7세가 되어 천자문을 읽었는데 이때 문리(文理)를 얻어, 가르쳐주지 않아도 전권을 그 자리에서 통독했다. 10세 남짓해서부터는 상당한 독서력과 독서 취미도 가지고 있었다. 『통감』, 『사기』를 읽게 되자 안재홍의 가슴에 어떠한 감회가 용솟음쳐서 때때로 석양을 몸에 받으며 산기슭에 누워 경국제세(經國濟世)의 끝없는 그림을 그렸고 『사기』를 읽으면서 조선의 사마천이 되겠다고 결심했다.

어느 날 친구들과 아산만에 가서 시를 읊조리고 귀가하는데 그의 재주를 알아본 선생이 웃으며 여기에 문창성(文昌星)이 비추었으니 반드시 근처에서 문장가가 이름을 떨칠 것인데 돌아보건대 그럴만한 재주 있는 사람은 재홍밖에 없으니 반드시 힘써 공부해서 훗날 이름을 떨치라고 격려했다[48]. 그는 어려서부터 농업에 종사해온 아버지와 할아버지, 어머니의 삶을 가까이서 지켜보았다. 또한, 이 때 독학을 통해 익힌 선현의 말은 꼭 지켜야 하는 것으로만 여겼다. 그는 이 시기 『소미통감(少微通鑑)』이나 『동국사략(東國史略)』을 즐겨 읽었다[49].

안재홍은 17세 봄까지도 고향의 한학서당에서 독서하면서 충의지사(忠義), 혹은 충효(忠孝)에 상당히 열렬한 감격성을 가진 소년이었다[50]. 그는 소년 시절에 자취와 흔적이 사라진 조선역사 계승을 위해 관련 책을 편찬하는 것으로 자기의 책무를 삼겠다는 희망을 가져 본 적도 있었다[51].

〈사진 2-2〉 안재홍이 다닌 평택 고덕면 율포리 사립 진흥의숙터

소년 시절부터 다양한 독서와 자기 주도 학습의 경험을 통해 뚜렷한 가치관, 세계관을 형성하고 배움에 대한 강한 의지를 습관화한 안재홍은 이후 고향 마을을 떠나 사립 평택 진흥의숙과 수원의 사립 학교에서 함께 배우던 친구들의 기개, 식견, 사상이 생각보다 깊지 않아 실망했고, 서울로 올라와 황성기독교청년회 학관 시절에는 서울의 퇴락함과 일본어 학습을 자랑스럽게 여기거나, 공부보다 주색잡기에 빠진 친구들을 보면서 크게 실망했다52). 어려서부터 학습에 대한 강한 의욕을 보였던 안재홍은 17세에 처음 들어간 고향 평택 고덕면 율포리 사립 진흥의숙 진학에서의 실망감을 아래와 같이 회고하고 있다.

> 17~8세에 처음 십 리도 못 되는 사립학교(진흥의숙)에 갈 때에는 부모님의 교훈하는 말도 있었고 7~8군내의 이름 있는 집안의 청년들이 모인 곳이므로 반드시 친구로서 스승으로 삼을 만한 벗(師友)으로 될 이가 있을 것을 은근히 기대하였다. 그들은 대체로 모두 나라에 대한 걱정을 하는 정열을 가진 사람들이요, 시국에 대해서도 아마 모두 큰 관심과 연구를 하는 사람들일 것이라고 믿고 있었던 것이다. 그러나 그 기대는 어림없도록 깨져 버렸다(『신동아』, 1936년 5월호).

그는 수원의 기독교회에서 경영하는 사학에서 수개월이나 단발 수학하는 동안 애국심 혹은 애국사상이란 것에 퍽 고무되어 끝에 서울 황성기독교청년회 중학부에 입학한다.

> 나는 그때 황성기독교청년회 중학부 학생이었다. 이십 세 된 중학생은 상당한 노학생이지만 그 당시에는 삼십 세 된 중학생이 드

물지 않았기 때문에 이십 세면 나이로는 보통이었고 삼학년은 졸
업할 반이었다(『신천지』, 1946년 8월호).

정직하고 유능하고 자립적인 인사들을 배출하는 것을 목표로 하는
황성기독교청년회 학관은 안재홍이 입학할 당시인 1907년에는 16세
이상의 학생을 모집했고 보통과, 어학과, 공업과, 상업과, 야학과가
있었다. 시험은 국한문, 독서, 작문을 치른 후 입학을 허가했다[53].

〈사진 2-3〉 안재홍이 재학 당시의 황성기독교청년회학관(1909)

이곳은 독립협회 운동 이래 뜻있는 지사들로 이상재, 남궁억, 윤
치호 등 일대의 지도자들이 모두 모인 곳이라 안재홍은 여기에서 학
생으로서 긍지도 갖게 되었다[54]. 안재홍이 이 시기 체험한 학습 경
험의 의의는 크게 세 가지로 생각해볼 수 있다. 첫째, 이곳에서 그는

선각자들로부터 얻은 지식을 바탕으로 항일의식을 쌓으며 다양한
신학문 분야의 학습에 몰두했다.

　　나는 한 가지 고지식한 버릇이 있어 어른이나 스승에게 가르침
　　받아 배운 일은 반드시 그대로 실행하여야 하는 것이라는 일종의
　　생활신조를 가지고 있어서 수신, 역사, 지리, 창가, 기타 모든 시간
　　에 선생으로부터 얻어들은 애국적 사상 감정은 그대로 나의 정열
　　과 의지로 되어 나는 분명 하나의 정열적인 애국청년이었다(『신천
　　지』, 1946년 8월호).

〈사진 2-4〉 월남 이상재(앞줄 왼쪽에서 다섯 번째)와 초기 YMCA 지도자들

　그는 이 시기 다양한 독서를 통해 신지식을 습득하고 기울어져 가
는 조국의 현실을 염려하면서 전환 학습의 경험을 했다. 이 시기 그
가 읽은 책은 독립운동사, 건국지, 영웅전, 망국사와 정치 외교에 관
계된 분야가 많았다. 또한 당시 신지식인들이 즐겨보던 중국학자 양

계초의 『음빙실문집(飮氷室文集)』 등을 독파했다. 또한 대한매일신보, 황성신문도 애독했다. 그러나 황성기독교청년회 학관 학생들과의 교유 속에서 조선사회의 현실을 냉정히 분석하고 대안을 찾아가려는 진지함이 부족하다는 것을 느꼈다.

> 다음으로 경성(서울)의 객창에서 얻은바 경험도 역시 동일하였다. 그 주위에 전개되는 사회의 풍모로나 또는 함께 공부하는 대부분의 학생들을 통해서 보는 조선인의 현상이 대체로 너무 진지성(眞摯性)이 없는 엄벙덤벙하는 축인 것을 볼 때 그것이 퍽은 하염없는 노릇이라고 느껴졌다(『신동아』, 1936년 5월호).

안재홍은 1910년 이 학교를 졸업할 즈음에 한일강제병합이라는 충격을 경험한다. 그러나 이 충격 앞에 좌절하지 않고 조국 독립을 위해 노력할 것을 다짐한다. 이 시기를 회고하는 글에는 한일병합 당시 20세였던 열혈 청년 안재홍의 투지와 훗날 실천으로 구체화되는 항일 열정을 느낄 수 있다.

> 나는 청년회 중학부의 여름방학에 지금은 평택군인 향촌에 돌아갔다. 그런데 모든 선배 동무 또는 늙은이들의 '망한다'는 말을 죽기 싫게 듣기 싫어하면서 '우리나라는 결코 망하지 않는다'고 빡빡 우기는 것은 나와 나의 형 안재봉이었다. 그래서 한 이삼십 리 혹은 사오십 리 되는 군내와 인근 군의 인척 친구가 있는 곳을 돌아다니면서 조국은 망하지 않는다고 역설했다. 요컨대 우리의 조국이 그대로 독립을 회복하여 나아가야 하지 망해서 될 일이냐? 하는 나의 뜨거운 주관이 그대로 객관화하는 조국불멸의 열망이 들었던 것이다(『신천지』, 1946년 8월호).

이 시기 안재홍은 기독교 정신에 대한 깊은 이해를 가졌고 비록 훗날 대종교로 개종은 하지만 평생 예수를 존경하는 인물 중 첫 번째로 마음에 품고 살았다. 그는 기독교도는 빵을 주면서 그 정신의 길, 신념의 길, 사상의 길을 열도록 굳건한 단결의 기초 위에 구제와 해방의 사도가 되어야한다고 생각했다[55].

20세의 혈기왕성한 청년 안재홍이 고민 속에 친구들과의 토론을 통해 항일운동 준비를 위해 돌파구로 찾은 것은 일본 동경 유학이었다. 그는 식민지 본국의 수도 동경에서 매우 정열적으로 유토피아적인 미래에 대한 동경, 부형의 절제와 지도에서 벗어난 자유로운 개성의 생활과 도덕적 분방을 마음껏 누릴 수 있었다.

〈사진 2-5〉 안재홍이 동경 유학 때 어학연수를 했던 아오야마어학원

이 동경 유학 시절 그는 열심히 지식을 탐구하고 수첩에는 몇 가지 생활 원칙을 적어 아침, 저녁으로 늘 들추어 보고, 장래의 일생에 하여야 할 일을 적어두고 자주 펴보았다. 이런 고민 속에 신경쇠약에 걸려 고생을 하기도 했다.

〈사진 2-6〉 안재홍이 다녔던 와세다대학 교정

훗날 이 시절 회고의 글에는 식민지 청년이자 지식인으로 당대 사회현실에 대응하기 위한 방법을 찾고자 불면의 시간을 보낸 그의 고뇌가 그대로 드러나 있다.

학과보다 흥망사(興亡史)를 읽어 계속 일어나는 사건의 과정이
어찌될 것인가를 마음 졸여 어림해보고 그리고 일기장에는 오늘은

할 일을 꼭 하였는가? 못하였는가? 잘못한 일이 있는가? 잘한 일이 많은가? 잔뜩 잔뜩 공과표를 적어두며 어떤 때는 단잠이 아니 들고 거의 온밤을 새우도록 누워 고시랑대며 내처 생각만 하였다. 그 결과 자못 격심한 신경쇠약에 걸려 한 일 년간은 그 섭양(攝養)에 매우 조심을 아니하면 아니 되게 될 시기도 있었던 것이다(『신동아』, 1936년 5월호).

〈사진 2-7〉 와세다대학 유학 시절 친구들과 함께
(오른쪽 앉은이가 민세)

〈사진 2-8〉 민세와 재일동경 유학생들이 자주 모였던 우에노 공원

안재홍은 동경 유학 중 여름이면 경성 황성기독교청년회 학관에 들러 당시 해외 정세와 동경 유학생들의 활동 등도 후배들에게 알려 주었다.

윗반의 안재홍 선생 형제 한 분과 아랫반의 우리 형제가 각각 한반에서 공부했다. 월남과 우사 김규식 선생의 훈도를 받았다. 그는 해마다 여름이면 모교에 들러 동경 유학생들의 활동상황과 해외 소식을 보고하였다(이관구, 1981, 570~574쪽).

안재홍의 청소년기와 청년기에 걸친 학습 경험은 지리적으로 학습 경험의 공간이 평택에서 서울로, 다시 동경으로 점점 확대되는 것을 알 수 있다. 또한 학습 내용도 전통 유학 습득에서 단발 후 신학문 습득으로 이어지는 학습 축적과정이 눈에 띠며 이러한 시공간적 학습 경험의 확대는 훗날 항일운동 과정에서 그가 조선역사 탐구에 바탕을 두고 실천한 민족교육과 문화능력의 제고를 통한 지적 항일투쟁 활동의 든든한 기초가 되었다.

옥중학습이 지속되며
자아 인식을 확대

　안재홍은 항일운동의 과정에서 9번 합하면 7년 3개월간의 옥고를 치렀다. 그의 여러 관련 자료에는 감옥 경험의 회고도 다수가 있다. 감옥은 그에게 삶의 새로운 의지를 다지는 전환학습의 공간이었다. 그의 여러 저작들은 입옥할 때마다 공정한 독거방(獨居房) 생애에서 유유히 냉철 공명한 자기와 현실을 향한 회고와 비판을 통해 작성된 것이다[56].

　안재홍은 긴 감옥생활 속에서 독서에 열중했다. 1919년 1차 옥고 때 대구감옥에서 3년 넘는 옥살이 중에 역사서, 그중에도 조선역사 문헌을 많이 보았고, 『신약성서』, 『노자』, 『장자』, 톨스토이 『간이성서』, 『불경』, 『예수의 인격』 등을 읽었다. 이 시기 일본사, 동양사, 서양사 등을 통독했고, 중국 『유가십삼경』도 통독했으며, 사마천의 『사기(史記)』를 일본어판으로 본기 · 세가 · 서 · 열전 등 원문대로 읽고 『주역(周易)』 등을 통독했고, 『유마경』, 『무량수경』, 『법화경』 등을 통독 혹은 섭렵하였다. 안재홍은 감옥에서의 독서 경험을 통해 수형생활로 인한 어려움을 극복하고 삶에 새로운 활력을 얻었다.

> 나기미의 해에 남옥(南嶽)에 매인지 수 삼년에 답답하되 원(願)
> 에 따라 시원할 수 없고 덥되 때맞춰 서늘할 수 없고 추위와 주림
> 과 온갖 괴로움과 부자유가 나를 만족시키지 않을 때에 온갖 정염
> (情炎)으로 스스로 걷잡을 수 없는 상황에서 새로이 독서를 하매
> 수일에 몇 장 만족할 수 있고 만일 대담하게 독파하면 수 시간에
> 몇 백 장이라도 풀풀 넘길 수 있었나니 이는 독서에서도 새로운
> 기원(紀元)이었고 인생으로서도 더욱 큰 고비를 넘어선 것이었다
> (『학등』, 1935년 11월호).

또한, 안재홍은 옥중학습을 통해서 인생에 대한 깊은 통찰과 인간
적 성숙의 경험을 했다. 그는 "허망한 현실을 그대로 알면서 영원불
변의 정진의 세계를 걸어가는 것이, 인생을 살아가는 태도이어야 하
고, 허망과 집착, 초월과 정진이라는 모순된 두 개의 세계에서 영원
창조라는 노력과 가치 있는 생애를 유지하는 것이, 인생을 일원화
(一元化)하여 살아가는 독자적인 경지인 것이다. 죽어야 하면 죽고,
살아야 하면 살고 하나도 나의 욕망에 집착하지 말자"고 다짐했다.
옥중독서는 이후 일제 식민사관에 맞서 한국고대사 연구에 몰두
하고, 민세주의 혹은 신민족주의와 같은 자신의 정치철학을 정립하
는데도 큰 도움이 됐다. 일제 말기에 집필한 안재홍의 『조선상고사
감』은 루이스 모건의 『고대사회』를 탐독하면서 착상을 얻었고[57], 또
한 레닌주의와 여러 종의 유물사관 학습과 역사서 섭렵에 자신의 실
천적 생애를 통해서 얻은 경험을 날로 삼아 민세주의와 신민족주의
론을 체계화할 수 있었다. 그는 독서와 다양한 옥중학습을 통해 조

선민족의 강인함에 대한 확신을 가지고 일제에 저항 결의를 다졌다.

> 나는 일제강점기 기미운동에서 한번 수감되고 필화(筆禍)로서 두 번 수감되고 세 번째 신간회운동과 조선일보의 필화사건을 겸해 수감되어 있을 때 철창 찬 밤 홀로 앉은 몸이 병약한 중에 마음이 아픈 가운데 우연히 역사를 뒤지다가 당나라가 고구려 백제를 때려눕히고 28만 명과 삼만 호 수십만의 우리 조상들을 잡아가는 그 쇠사슬이 현대에서 일제의 손으로 바뀌어 나 자신과 무수한 열혈의 동포를 끌어가는 것이라고 생각할 때에 통한함을 금치 못했다. 그리고 우리 조선민족이 문약(文弱)하다느니 비굴(卑屈)하다느니 하고 자타 아울러 모멸(侮蔑)하는 편이나 그것은 그릇된 편견이라고 단정했다(『한성일보』, 1948년 11월 26일자).

안재홍은 문필가로 일평생 많은 글을 남겼다. 현재 남아있는 육필 원고나 서예작품을 보면 그의 필체는 어떤 글자는 한다하는 명필(名筆)도 못 따를 만큼 잘 쓰고, 어떤 글자는 초등학교 1학년만큼도 못 쓰고 원고지 밖으로 새나가는 일도 많았다[58]. 안재홍은 글쓰기 습관도 특이해서 원고지를 펴놓고 점치는 사람처럼 무슨 글자든지 생각나는 대로 써서 그 글자가 좋은 자가 나오면 그대로 쓰고 만일 무슨 부정적인 글자가 나오면 원고지를 찢어버렸다[59].

그는 여러 사건 경험에서 얻은 11개 항목의 실천적 좌우명을 가지고 있었는데 그 가운데 세 번째가 독서에 대한 것이다. 그의 독서 좌우명은 '일생을 일하고 일생을 읽으라'였다. 그는 독서와 인생의 관계는 긴요하다, 우리 사회에서 독서는 학자나 선생님만 하는 것으로 아는 폐단이 있다며 독서의 중요성을 강조했다[60]. 그는 독서가

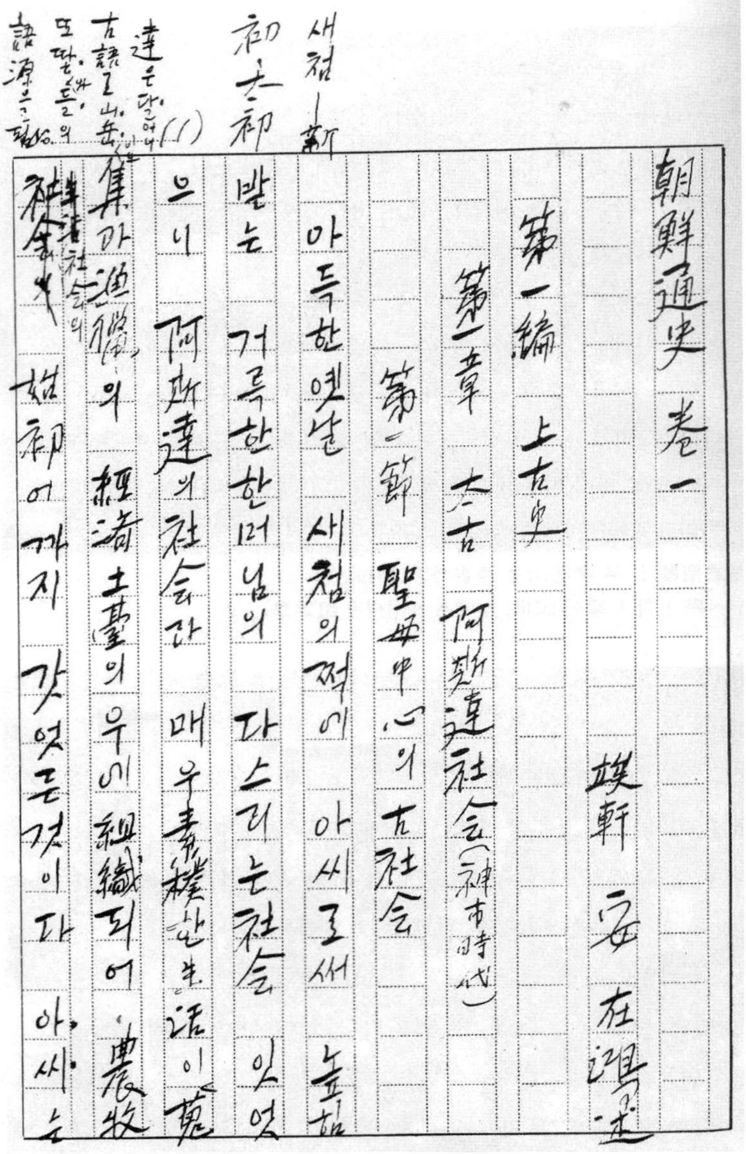

〈사진 2-9〉 안재홍 조선통사 초고(1941)

침체된 나에서 벗어나 자신을 다시 인식하는 소중한 학습의 경험이며, 누구나에게 필요한 학습의 기초라고 강조했다.

> 언제나 독서는 자아인 인생을 객관의 경지에서 새로 발견하는
> 것이요, 옛사람의 자취에서 졸고 있던 혹은 침체되었던 위대한 나
> 를 다시 인식하는 것이다. 남성이건 여성이건 누구나 독서에서 새
> 로운 지혜와 식견과 새로운 세상을 개척하여 가는 것이다(『학등』,
> 1935년 11월호).

그는 책 읽는 것을 칼을 가는 일에 비유했다. 조선민족은 전사(戰士)와 같은 자세로 독서하는 것이 중요하다고 봤다. 죽음을 각오하고 일백 번 다시 살아서 적군과 사활의 싸움을 하여야 할 것이며 항복은 곧 자멸을 초래한다[61]고 강조했다. 그래서 그는 부단한 독서를 강조한다. 절대독립이라는 시대가 요구하는 것을 택하고 배움과 독서에 전력하자고 호소했다.

> 우리는 독서하는 사람이 되어야 한다. 무릇 시대가 요구하는 대
> 로, 자기의 취미에 맞는 대로, 또 자기의 천분에 적합한 대로, 모든
> 기술 · 정책 · 제도 · 원리 · 사상의 제가서(諸家書)에 관하여 자기
> 가 담당할 과목을 선택하고, 또 전력하여야 할 것이다(『조선일보』,
> 1926년 9월 17일자).

성인학습자 안재홍의 독특한 옥중학습 경험은 그에게 긍정적 자기인식의 토대를 제공했다. 옥중에서의 학습은 녹록치 않은 상황이었다. 고문과 구타, 더위와 추위, 배고픔과 절대 고독을 참으며 안재

홍은 시련을 통해 더욱 더 단련되었다. 그가 옥중에서 주로 탐독한 책은 인생에 대한 성찰을 담은 동서양의 고전이었다. 안재홍은 다양한 동서양 역사서 탐독을 통해 훗날 자신의 학문적 성취의 토대를 마련했다. 안재홍에게 감옥은 여러 부류의 민중들과 만나는 인생의 또 다른 학교이자 그들과 함께 평생을 함께하겠다는 다짐을 구체화하는 공간이었다. 그는 일제강점기 상해임시정부 주석 김구로부터 몇 차례 해외망명을 권유받은 적이 있다고 회고하고 있다. 그러나 끝까지 국내에 남아 언론과 민중교육, 조선학운동을 통해 민중계몽에 노력한다.

> 물론 그(백범 김구)의 인물 내력에 관하여는 내가 기미 전후부터 많이 들었고, 1931년에는 그의 서신을 받은 일도 있었으며, 내가 1934년경 조선일보에서 물러났을 때 해서(海西)지방의 모 친구가 일부러 나를 장수산과 구월산 여행에 초청하여 산사 쓸쓸한 등불 아래, 창밖에 궂은비조차 내리는 이슥한 밤에 김구 선생이 나의 해외 망명을 권유하여 왔다는 통보를 하여준 일이 있었다. 그 후에도 서울의 평동 작은집에서 어떤 청년이 찾아와 마찬가지 소식을 전하여 준 바 있었으나, 나는 결국 감옥생활을 반복하면서도 이미 뚝 떠나 그에 응하지 못하였다(『신태양』, 1949년 8월호).

백범 김구가 여러 차례 그에게 망명을 권유했다는 것을 보아 그가 임시정부에 망명해서 활동했다면 교육이나 문화 관련 요직을 맡아 임시정부의 토대를 굳건히 하고 임정요인으로 자신의 위상을 부각하는 계기가 될 수도 있었겠지만 국내에 남아 조선민중과 함께하겠다는 그의 결심은 광복의 그날까지 굳게 지켜졌다. 이런 일관성의 토대는 옥중에서의 학습을 통한 부단한 자기 성찰에서 가능했다.

〈사진 2-10〉 광복절 경축행사장에서 김구 선생, 이승만 박사와
함께 한 민세(1947.8.15)

국내외 현장 학습으로
민족의식 고취에 힘씀

〈사진 2-11〉『조선일보』 사장실에서(1931)(왼쪽 첫 번째가 민세)

터키 사마르칸트를 출발해서 중국 시안까지 4년에 걸쳐 1만 2천km
를 횡단한 Ollivier는 실크로드 걷기의 의미를 모든 고독한 나날들이
지나가고 노력과 시련, 예외적인 일들을 통해서 진정으로 자기 자신
의 모습을 찾을 수 있는 계기라고 술회했다[62].

안재홍도 걷기 여행을 통해 자아를 성찰하고 민족의 현실을 개선
하고 바람직한 미래를 꿈꿨다. 안재홍은 취미가 등산이며 국토답사

일 만큼 국내외 다양한 지역을 탐방하고 많은 글을 남겼다. 자료를 통해 확인된 바에 의하면 안재홍은 1913년 첫 답사에 이어 1935년까지 총 14회의 국내외 답사를 다녀오고, 관련 경험을 『조선일보』 등 신문 매체를 통해 기고하고 단행본을 발행한다.

만 리를 넘는 그의 답사는 주로 걷기라는 수단을 통해 이루어졌다. 그는 청년들에게도 국토순례의 중요성을 강조했다. 그에게 있어 여행이란 관념의 세계를 벗어나서 참신한 관찰의 세계에 혹은 냉정한 객관의 세계를 섭렵하기 위한 가치를 느끼는 일이었다[63]. 이는 단순하게 취미나 한가로운 여가가 아닌 시대 현실을 냉정하게 인식하기 위한 부단한 현장 학습이기도 했다.

〈표 2-1〉 안재홍의 국내외 현장 답사 기록

구분	연도	내용
1	1913년 여름	여름에 중국여행
2	1916년 5월	중앙학교 학생들과 함께 행주산성, 강화도 답사
3	1925년 2월	사리원, 평양에 이르는 취재 답사
4	1926년 4월	부산, 통영, 지리산, 전주 답사
5	1927년 3월, 7월	해서지방 답사
6	1927년 7월	원산, 함흥 일대를 답사
7	1929년 9월	예천, 문경새재 답사
8	1929년 9월	광주 서석산(무등산)일대 답사
9	1930년 5월	평안북도 정주 오산학교를 답사
10	1930년 7월~8월	백두산 답사
11	1934년 6월	황해도 구월산, 장수산 답사
12	1934년 7월~8월	속리산 남해충무공 유적지 답사
13	1935년 봄	동경 강연회를 겸한 답사
14	1935년 5월	인왕산 일대 답사

출처: 안재홍 기행 관련 1916년 ~ 1935년 수기(手記) 및 언론기고 자료

그는 수많은 답사를 통해 가난한 조선 인민의 외로움과 방황을 보면서 구체적 현장경험을 통해 민족독립의 가능성과 희망을 발견하고 일제에 대한 부단한 저항의지가 솟아오르는 것을 알리고 싶었다[64]. 그에게 있어 국토여행은 조선심(朝鮮心)을 사랑하고 우리 국토를 예찬하고 조상 생활의 뜻 깊은 자취를 뒤지고 더듬는 매우 귀중한 사업이라는 의미를 지니고 있다[65]. 14회에 걸친 안재홍의 국내외 현장답사 기록을 정리하면 〈표 2-1〉과 같다.

안재홍은 우리 산하를 답사하는 것이 문화민족으로서 꼭 해야 할 일이라고 강조했다. 그는 당시 국내에 진출한 일본인들이 오히려 우리 산하를 더 자주 여행하는 것에 대해 우려를 표시하고 국토 답사를 통해 진취적 기상을 키워나갈 것을 호소하고 있다.

> 우리 산하를 찾는 것은 문화민(文化民) 생활의 필수 조건이다. 산에 오르고 물을 건너고 수풀을 헤치고 들을 지나 시냇가에 땀을 씻고 바람을 받고 성벽에 기대어 지난 자취를 묻고 강산을 바라보아 참신하고 웅원(雄遠)한 감정을 일으키는 것은 예로부터 산하를 찾는 사람만이 가지는 인생의 씩씩하고 상쾌한 멋이다(『조선일보』, 1935년 8월 1일자).

안재홍의 여행은 단순한 유람이 아닌 부단한 현실 인식을 공고히 하기 위한 경험학습의 하나였다. 안재홍의 여행을 통한 일평생에 걸친 부단한 평생학습은 크게 4가지 성인 학습적 의미를 가지고 있다.

답사를 통해 조선의 객관적 현실
냉정하게 자각하기

안재홍은 두 차례 해외 답사를 통해 조선의 객관적 현실을 비교, 파악하고 이에 대한 구체적 대응 방안을 고민했다. 안재홍은 일찍이 해외 선진국의 현황을 알기 위해 아시아 소수 민족을 한 코스, 미국, 유럽 등 자본주의 국가를 한 코스, 사회주의가 발흥한 소련 등을 한 코스로 하여 국가와 그 지역 지도자를 만나고 싶다는 소망을 밝혔다[66].

이는 제1세계인 선진국에서 2세계인 사회주의 국가, 제3세계인 아시아 피압박민족의 현실을 현장에서 살펴보면서 조선의 현 단계를 자각하고자 하는 열망 때문이었다. 그는 1913년 중국 상해에서 봉천(현재 심양)에 이르는 40일간 여행을 통해 조선인의 경제적 토대가 빈약하고 중국에 진출한 조선인 기업이 없다는 것과 망명 중인 독립운동가들의 활동 토대가 매우 취약하다는 것에 실망한다.

> 남북 중국 각 지방을 순회하면서 조선인의 경제적 토대가 예상보다 상당히 빈약하다는 것이었습니다. 상해, 천진, 북경, 봉천 등 각 도시에서도 그 당시에 당당한 조선인의 영리기관조차 거의 없었고 따라서 그 정치운동(독립운동)의 토대가 빈약한 것이었습니다(『삼천리』, 1931년 7월호).

1935년 봄에는 일본 메이지대 동창회의 강연 요청으로 20여 년 만에 동경 여행을 다녀왔다. 이 여행을 통해 자본주의 국가로 번영을 누리고 있는 일본의 발전상과 군국주의로 나가려는 야심이 드러나

〈사진 2-12〉재일 한인유학생들의 항일운동 거점이었던 와세다대학 스코트홀. 1927년 이곳에서 신간회 동경지회가 창립되었다.

는 징후를 곳곳에서 발견하면서 식민지 조선의 낙후한 현실에 대한 자기반성이 필요함을 역설했다.

　이 감상은 말하자면 부럽고 또 부럽고 부럽다 못해서 자연스럽게 슬픈 생각조차 들고 무엇인지 내가 잘못해서 우리들(동경 유학생과 필자)이 함께하는 만남이 매우 불행하게 되거나 한 듯이 일본의 진보(進步)와 번창(繁昌)을 볼수록 나 홀로 끝없이 한스러운 감정을 느끼게 하는 것입니다. 대도시를 필두로 중요한 공장시설이 멀리 서로 바라보일 만큼 늘어서서 상공입국(商工立國)의 현대 자본주의화한 외관이 아주 정제되어 있고, 비록 농촌의 주택이라도 모두 반듯하게 정제되어 이십여 년 동안 동경은 6~7배에 가까운 팽창을 이뤘습니다. 현재에는 국가비상시라는 시국의 영향에 끌려 만사가 모두 군국식(軍國式) 혹은 전투식(戰鬪式)의 형태(形態)로 되었으니 이것도 간과할 바 아니고 흥미 있는 점입니다(『삼천리』, 1935년 7월호).

안재홍은 국내 여러 지역 답사를 통해서 우리 국토의 내면적 아름다움을 느끼고 이를 언론 지면을 통해 소개하는데 힘쓴다. 예를 들어 1926년 경부선 기차를 타고 경성에서 부산까지 각 역의 봄 풍경을 묘사한 '춘풍천리'는 그 대표적인 예이다. 그는 긴 여정의 끝을 전주에서 마치며 자신이 목도한 우리 문화유산과 국토 곳곳의 아름다움을 예찬하고 있다.

청일전쟁의 명소로서 나에게도 인상이 얕지 않은 성환역의 부근에서는 벌써 여러 그루의 수양버들을 보았다. 신탄진 강머리에서 두건 쓴 사공이 좁고 긴 목선에 4~5명의 흰옷 입은 남녀를 싣고 맑고 푸른 강물을 건너려는 것을 보며 무르녹은 시심에 잠기려 하였다. 대전역을 지나 사방에 솟은 산악(山岳)을 바라보며 한참 장엄한 기분을 느끼는 가운데 나무 베는 남자가 작은 아이와 함께 길가에서 쉬는데 나무지게에는 마른풀이 한 짐이고 옆에는 붉게 타오르는 진달래가 한 묶음이다(『조선일보』, 1926년 4월 20일자).

호남 제일관은 안으로 보이는 풍남문(豐南門)의 이름이다. 성위에 까맣게 솟은 이층 누각을 지나, 발이봉(發李峰)의 남쪽 기슭 옥류동의 비탈에 있는 한벽루(寒碧樓)에 올랐다. 누각이 다소 퇴락(頹落)해서 현판조차 없어졌고 누 아래에는 편편한 암벽이 오륙

길 떨어져서 옥류동의 물속에 잠겼다. 옥류동(玉流洞)은 추천(楸川)의 상류로서 남원의 만마동(萬馬洞) 굽이치는 물이 사십여 리를 가서 이곳에 이르기에 붙여진 것이니 조약돌이 쫙 깔린 계곡으로 흘러 맑게 흐르니 마치 주옥(珠玉)과 같다(『조선일보』, 1926년 6월 1일자).

또한 안재홍은 지리산 답사 과정에서 들과 산에 핀 우리 꽃 무궁화의 '무궁(無窮)'이 한자에서 유래한 것이 아닌 순수국어라는 어원에 대한 소개를 통해 우리 국화의 소중함과 조선 자연의 아름다움과 멋을 알리고자 했다.

여기에서 비로소 무궁화(槿花)를 본다. 무궁화의 다른 이름은 훈화(薰華)이니 산해경(山海經)에 군자의 나라는 북쪽에 있고 훈화초가 있다고 한 것은 즉 무궁화(槿花)를 이름이요, 무궁화(無窮花)라고 한자로 쓰지만은 '무궁'은 본래 순수한 조선말이다(『조선일보』, 1926년 5월 20일자).

일제는 식민지 동화정책을 통해 우리 전통 마을 공동체를 해체하고 민족의 자존감을 약화시키려고 했다. 이에 맞서 안재홍은 일제강점으로 인해 사라져가는 조선 전통적 설화나 문화유산의 소중함을 다시 해석하고 그 중요성을 일깨우려고 노력하고 있다. 그는 남원에서는 조선인의 영원한 고전인 『춘향전』 정신을 일깨우고자 성춘향과 이몽룡의 신분을 초월한 사랑과 지조에서 의기(意氣)의 중요성을 성찰한다.

〈사진 2-13〉 부산 해운대에서(1948)
(앞줄 왼쪽에서 여섯 번째가 민세)

국민적 애정사와 아름다운 사람의 슬픈 이야기가 서로 걸려 끝
없는 무한 정서를 자아내니 이것이 남원성에서 남다른 감회를 느
끼게 하는 이유이다. 약간이라도 비분강개(悲憤慷慨)가 없다면 더
불어 의기(意氣)를 말할 수 없다(『조선일보』, 1926년 5월 30일자).

안재홍은 여행을 통해 일제의 군국주의가 점점 강화되는 현실을
지켜보면서, 일본 이주민의 한반도 진출로 삼남 지방의 조선인들이
농토를 버리고 계속 북쪽으로 이주하는 상황을 비판적으로 인식하
고 소위 일제의 북진책에 대해 통렬하게 비판한다.

〈사진 2-14〉 남해 금산에서(1948.10)
(두 번째 줄 오른쪽에서 세 번째가 민세)

남진이냐? 북진이냐? 이는 저네들이 그 자본적 제국주의(資本的帝國主義)를 단행함에 있어 어느 정도 망설이던 문제이다. 그러나 조선으로부터 만주 몽고 대륙까지 진출하게 된 저네들의 북진책이 근본적인 국가정책으로 아주 굳어버린 것은 이제 다시 말할 여부도 없는 것이다. 그러나 지금 저네들은 이 조선 안에서도 다시 북진의 북진책을 실행하는 과정에 있는 것이다(『조선일보』, 1927년 8월 9일자).

일제는 한반도 남쪽 마산, 진해 지역에 대규모 군사기지를 건설하면서 군국주의의 야욕을 지속적으로 드러냈다. 여행 중에 안재홍은 군사기지 주변을 답사하고 이런 사실들을 알리고 민족의 각성을 촉구한다.

〈사진 2-15〉 백두산 천지에서(1930) (앉아있는 사람이 민세)

진해항은 동양의 대표적인 최적 항구로 항내에는 세계의 군함을 집어넣을 만하다 하거니와 이제 일본이 이곳에 군항을 설치하고 규슈(九州)의 사세보항((佐世保港)과 함께 남해의 제해권을 갖는 근거지로 삼고 있으니 이것이 일차 보지 않을 수 없는 이유이다. 바다 가운데 보이는 일본중포병대(重砲兵隊)의 막사들과 해안의 연병장은 저들의 군국주의 배치의 치밀함을 알게 한다(『조선일보』, 1926년 4월 30일자).

일제는 1914년 행정구역 개편과 함께 당시 한글로 되어있던 조선의 전통 마을 지명을 없애고 일본식 한자로 새로 부르게 하였으며, 당시 조선총독, 일본 고위관리 등의 이름과 일본 지역 이름을 우리나라 각 지역의 지명에 붙여 민족의식을 약화시키려고도 했다. 안재홍은 이런 식의 이름 짓기를 봉건적 침략의식의 표현으로 보고 이는 민족적 모멸감을 더 크게 할 뿐이라고 비판하고 있다.

> 이것은 인간의 이름 짓기 좋아하는 버릇을 가장 노골적으로 표현한 것이요 일본인의 봉건적 침략의식을 가장 적나라하게 표현한 것이다. 제등만(齋藤灣)과 유길치(有吉峙) 같은 것은 그의 치기(稚氣)가 웃을 만한 천박한 표현이라 할 것이다. 명산 멋진 경치와 누각 정자에 이름을 기록하고 가는 것은 가장 유치한 자들이다. 다만 남는 것은 조선인의 민족적 모멸감을 조장할 뿐이다(『조선일보』, 1926년 5월 1일자).

안재홍은 지방을 다니면서 기차역, 열차 등에 일본어만 사용해서 조선인으로 하여금 언어혼란으로 교통상의 커다란 불편과 손해를 감내하는 현실을 비판하고 조선어 병기의 필요성을 강하게 주장한다. 당시 80% 가까운 한글 문맹상황에서 일본어 표기의 확대는 조선 사람에게는 이중 삼중의 불편이 아닐 수 없었다.

> 늘 문제되는 바이지만 일어로만 기차용어를 쓰고 조선어로 해주지 않는 것은 괘씸한 일이라고 생각된다. 일어 아는 사람이 많은 대도시의 전차(電車)에서도 반드시 조선어를 사용하거든 큰 지방을 통행하는 기차에서 일본어만 전용(專用)해서 지방 사람들 더욱이 부녀승객들이 많은 곳에서 교통상 과실을 당하고 뜻밖의 손실을 당하게 하는 것은 괘씸한 일이다(『조선일보』, 1927년 3월 21일자).

안재홍의 여행에서 특히 강조되고 있는 것은 민족정기 확립이다.

그는 충무공 사적을 여러 차례 답사했고 가장 존경했던 인물이 충무 공이기도 했다. 어려서부터 고향 평택의 집 앞 월명산에 올라가면 남쪽으로 아산 영인산 자락에 충무공의 묘소가 자리하고 있어, 그에 게 아버지가 '저기가 이충무공의 묘소이다'라고 늘 이야기했기에 어 린 시절부터 충무공은 그에게 어른이요, 스승이요, 존경의 [67]대상이 었다.

〈사진 2-16〉현충사에서 함께한 조선어학회 회원들(1935)
(두 번째 줄 오른쪽에서 다섯 번째가 민세)

그는 충무공을 자유혼이요 투혼이요, 생명력의 아름다운 전당(殿 堂)이요, 그대로 영원한 민족발전의 희망이라고 평가했다[68]. 1931년 아산 현충사 재건 등 충무공현창운동에도 앞장선 그는 1926년 한산 도를 처음 답사하며 식민지 현실로 인해 충무공 사적이 퇴락해지고 그 정신을 배우려는 노력이 미진함을 안타까워하며 충무공 기념사업의 필요성을 호소했다.

국가와 백성을 위해 힘써 충성을 다하였으니, 아아 세상과 백성의 삶을 걱정하는 사람들 어찌 이 분의 영령을 받들어 추모하지 않겠는가? 이 분의 탄생일에는 청년의 선구자로 이곳에 참배하는 자가 한 사람도 없으니 그것은 생각을 하지 않았기 때문일 것이다. 내년 봄에는 반드시 청년제군의 감격에 쌓인 기념이 있기를 바란다 (『조선일보』, 1926년 5월 6일자).

〈사진 2-17〉 아산 이충무공 묘소 앞에서 독서중인 민세(1948)

1934년 8월 다시 여수 전라 좌수영을 찾은 안재홍은 임진왜란기 일본군과 맞서 불패의 신화를 만들며 조선을 위기에서 구한 충무공의 리더십을 다시금 조목조목 따져보고 그 정신을 배우자고 호소한다. 그는 충무공의 리더십을 구체적으로 분석하고 전략전술, 면밀한 군정, 창안, 식견, 지혜, 충실, 애민, 인격, 덕, 판단력, 담대함, 열정, 책임감, 경제능력 등 14가지 충무공 정신에서 나라를 다시 찾을 수 있는 핵심역량을 찾고자 했다.

충무공에게는 초인적인 전략전술과 면밀한 군정(軍政)의 재주와 과학적인 발명 창안의 지혜와 위난과 급작스러움을 미리 헤아리고 준비하는 주도면밀한 식견과 어려움을 알아 지키고, 지키고 익힐 것을 알아 싸우는 지모(智謀)와 완급의 기회와 크고 작은 임무에 조금도 착오 없는 충실함과 백성을 위함에도 뛰어난 기량을 보이는 애민의 능력이 있다. 또한 명나라의 사나운 장군도 그에게 경탄하며 복종하게 하는 인격적 수완과 천하 군민에게 우러러 공경하고 사랑으로 복종하게 되어 하늘의 뜻으로 제사하는 덕과 전쟁 중 위험한 간계를 미미 간파하여 섣불리 꾀에 빠지지 않는 판단력과 여러 군사와 더불어 바다에 넘는 대군을 대적하되 항상 가슴에 여유가 있는 담대함(雄)과 홀로 앉아 걱정으로 늘 잠 못 이루며 고민하는 열정(烈)도 있다. 또한 두 어깨 한나라 백성을 떠메고 있으되 한 손으로는 형제의 부모 없는 외로운 아이를 어루만지기에 소홀함 없는 책임감과 한 몸으로 무너지는 하늘을 지탱하는 큰 능력을 소금 만들고 사냥하고 고기 잡고 질그릇 만들고 집 세우고 농사하고 무기 만들고 무역을 시키는 등 없는 데서 있게 하고 가난한 데서 넉넉케 하는 그 경제적 능력의 뛰어남을 아울러 옛날과 이제 동서에 없는 우리의 자랑인 것은 또 한 번 다시 인식하고 싶다(『조선일보』, 1934년 9월 11일자).

안재홍은 진주성과 촉석루를 답사하며 임진왜란기 왜군에 맞서 6만 명이 함께 싸우다 장렬하게 순절한 진주대첩의 정신을 일깨우고 배우자고 호소한다. 이 글을 쓸 당시가 일제강점기이고 검열이 심했던 당시 상황을 고려하면 항일순국의 역사현장에서 느낀 감회를 알려 스러져가는 민족의식을 일깨우고 치열한 자기성찰의 기회를 갖고자 한 안재홍의 의도를 알 수 있다.

　　육만의 백성이 모두 죽고 진주성은 빈터를 만들었으니 처참하 지 아니하랴? 촉석루로부터 남북 양안에 시신이 서로 걸치고 청 천강(菁川江)으로 무봉(武峰) 아래까지 오 리 사이에 죽은 자가 강에 막혀 내려갔으니 처참치 아니하랴? 동서고금 이러한 참극(慘 劇)도 또한 드문 것이라 내 어찌 다만 감회일 뿐이랴?(『조선일보』, 1926년 5월 10일자).

　그는 또한 지리산 자락 남원을 답사하면서는 고려 말 왜구의 침략을 물리친 황산대첩비를 돌아보고 승전의 현장에서는 국난에 다 함께 민관에 맞서 승리한 그 열정에 대한 자부심 확인을 통해 민족의 자존감도 높이고자 했다.

　　이곳이 황산대첩(荒山大捷)의 전장이오 이성계의 화수비(花樹 碑)가 있으므로 이리(화수리) 이름이 생겼다. 당시의 외구가 함양 으로부터 팔랑치를 넘어 남원산성을 치고 후퇴해서 운봉에 불 지른 후 인월역에 주둔, 기세가 자못 창궐(猖獗)하자 태조 이성계, 안열 등과 함께 남하, 황산의 서북쪽 녹정봉(麓鼎峰)에 올라 기세를 살 피고 험준한 곳에 들어가 적을 꾀어내 힘든 싸움을 한 지 수차에

마침내 적은 참패해서 오직 육칠십 인만 살아남았다고 하니 황산의
대첩은 곧 이를 말하는 것이다(『조선일보』, 1926년 5월 26일자).

이 밖에도 안재홍은 황해도 해서지방을 여행하면서 임진왜란 육
전 3대첩의 하나인 연안 대첩비를 답사하고 임진왜란의 연패 이후
이정암이 이끈 해서승첩(勝捷)의 의미를 되새기고[69], 진도 용장산성
에 올라서는 고려 몽고침입기 강화도를 떠나 끝까지 고려의 자존심
을 지키고자 노력한 삼별초의 해상혈전(海上血戰)의 강인한 저항정
신을 잊지 말 것을 호소하고 있다[70].

안재홍은 1930년 7월 31일 백두산 정상에 오른다. 그에게 있어 20여
일에 걸친 백두산행은 한가로운 여행이 아니라 민족의 성산에서 조
선과 일본은 하나의 조상이라는 동화정책에 맞서 단군정신을 다시
조명하고 식민지 현실이라는 멍에를 벗기 위한 대정진의 노력과 '민
족은 죽지 않는다'는 것을 일깨우기 위한 구도의 길이자 저항의지의
확인이었다.

그렇다! 거푸거푸 닥쳐오는 해륙세력(海陸勢力)의 대침입 아래
천백 번 다시 나서 생존의 대항쟁을 하던 세계에도 드세고 질긴 조
선의 백성들은 지쳤노라. 쉬어가듯 이제 낙후자의 재수난을 치르고
있는 것이다. 이 역사가 물려준 무거운 멍에를 메고 현대의 청년들
은 비킬 틈 없는 대정진(大精進)을 하고 있는 것이 산과 바다에 넘
치는 아픔으로 되는 것이다(『조선일보』, 1930년 8월 30일자).

걷는 경험은 자아를 중심으로부터 외곽으로 분산시켜 세계를 복
원시키며 인간에게 자신의 연약함과 동시에 그가 지닌 힘을 일깨워

주는 계기를 만든다[71]. 안재홍의 1만 리가 넘는 14회 이상의 답사는 그가 지닌 개인의 힘과 우리 민족이 지닌 저력을 발견하고 알리고 일깨운 소중한 학습 경험이었다. 일평생 술과 담배와 미식을 멀리한 그는 걷기 답사 실천을 통해 민족독립의 희망을 발견했다.

〈사진 2-18〉 백두산 등반을 마치고(1930.8)

3. 안재홍의 성인교육 활동

교육기관을 통한
성인교육 지도자 활동

일제강점기 당시 어느 전문학교 교수는 안재홍이 일제의 탄압으로 언론활동을 더 이상 할 수 없다면 그를 민족 큰 도서관의 관장으로 계시게 하고 싶다는 의견을 피력한 적이 있다[72]. 안재홍의 활동과 관련해서 현재 남아있는 여러 자료를 통해 그동안 소홀하게 다루어진 성인교육에 대한 남다른 관심과 열정을 확인할 수 있다. 안재홍의 성인교육 활동은 교육기관을 통한 성인교육지도자 활동, 다양한 사회단체와 학습조직을 통한 성인교육 활동으로 나눠볼 수 있다.

안재홍은 1914년 일본 와세다대학 졸업 후 돌아와 처음에는 최남선의 권유로 출판 사업에 관심을 보이다가 경제적 어려움 등으로 뜻을 이루지 못한다. 이후 와세다대학 동창인 인촌 김성수의 권유로 1915년 첫 직장인 중앙학교 학감을 맡아 청년 인재양성에 힘쓴다[73].
당시 교장은 안재홍의 고향 진위(평택)와 가까운 용인 출신의 유근이었다. 학감은 현재의 교감 직위다. 이 때 그는 현재 수고(手稿)로 남아있는 『강도일지』라는 글을 남긴다. 이것은 안재홍이 쓴 첫 기행문으로 1916년 5월 학감시절 중앙학교 재학생 150여 명과 함께 3박 4일의 일정으로 행주산성과 강화도 마니산 일대를 답사하고 쓴 기행문이다. 여정 자체가 임진왜란 사적지나 단군유적지인 것으로 보아 이 글을 통해 20대 중반의 청년학감 안재홍이 중앙고 학생들에게 우리 역사에 대한 이해를 통해 민족의식을 고취하고자 했음을 알 수 있다.

　　오전 10시 반에 일행은 마니산을 향했다. 걸음걸음 힘차게 오르는 중앙의 건아들. 오— 한배, 한배, 우리들의 한배, 우리 배달나라 사람들의 한배! 모든 것의 임 되시는 우리 한배, 우리들을 굽어 살피시오. 우리들의 죄 많은 어린 자손들을 용서하여 주시오! 나는 눈물 한 줌, 한줌 한 마디로 정성 다해 예물을 드렸다. 가거라! 가거라! 너희가 빨리 가서 바삐 배우고, 어서 일하거라! 하시는 거룩한 말씀이 두 귀에 쟁쟁하다(안재홍, 1916, 12쪽).

〈사진 3-1〉
마니산 첨성단에서(1949)

한글수호와 민족문화 발전에 기여한 국어학자 이희승도 중앙학교 시절 제자이다. 안재홍은 1942년 그와 함께 조선어학회 사건으로 수난을 겪는다[74]. 안재홍은 학감으로 있을 당시 설립자 김성수가 요청하여 중앙학교 장학생으로 일본에 유학 중인 춘원 이광수에게 장학금을 보내기도 한다[75].

〈사진 3-2〉 민세가 학감으로 제자를 기르던 중앙고

이 시절 그가 교육을 통해 항일의식을 일깨운 제자 중에는 훗날 의열단을 이끌며 일제가 포상금을 가장 많이 걸었다는 독립운동가 약산 김원봉이 있다. 안재홍은 1936년 김원봉의 요청으로 그가 중국 상해에 세운 군관학교에 독립운동에 참여할 청년 학생들의 모집을 돕다가 2차례 옥고를 치른다[76]. 안재홍은 이때 조선산직장려계에 일반계원으로 가입하여 활동하는 등 학교 안팎에서 교육과 사회 활동에 적극 참여하였는데, 1917년 3월 5일 조선산직장려계의 임원·계원 등이 보안법 위반으로 검사국에 송치당하는 사건이 발생하였다. 안재홍은 이 사건과 평소의 언동이 문제가 되어, 중앙학교의 교장으로 조선산직장려계의 협의원으로 활동한 유근과 함께 1917년 3월경 중앙학교를 사임해야만 했다[77].

후에 안재홍은 1919년 3.1운동에 참여했던 제자 이병우의 중국 망명을 돕기 위해 거금 150원을 지원하기도 했다.

중앙학교 학감 사직 이후 그는 1917년 모교인 중앙YMCA(현 서울YMCA) 교육부 간사로 잠시 활동한다. 일제강점기 한국기독교 민족운동은 민족구원 사상, 민주민권 사상, 구민경제 사상, 민족문화보존 사상에 입각해 비폭력, 정신적 각성의 도덕주의, 독립을 위한 점진주의 방법론을 실천했다[78]. 1913년 독립협회 계열 청년들의 요구로 창립한 황성기독교청년회(중앙YMCA의 전신)는 서당교육이 아닌 기초 근대교육과 직업교육이 연계된 실업교육을 실천하여 민족교육 발달에 기여했다.

안재홍이 간사로 활동하던 1917년은 일제의 탄압으로 1916년 중앙YMCA로 명칭을 변경하고 중학부는 폐지되고 영어, 일어, 공예과와 노동과 학습을 병행하는 노동야학이 있었다[79]. 길지 않은 기간이지만 안재홍은 여기에서도 항일지도자 초청 강연 등 성인교육을 통해 청년 인재 양성에 힘쓰며 든든한 기독교 인맥을 형성하게 된다.

1917년 봄 안재홍은 훗날 신간회에서 함께 활동한 만해 한용운을 초청하여 '활수양(活修養)'이라는 주제로 강연회를 개최하였다. 만해 한용운은 1927년 2월 창립한 신간회경성지회장으로 함께 활동했다.

당시 기독교 중추 기관에서 불교계명사를 초청 강연한 것은 최초의 일이었고 이 때문에 일제의 감시가 더 심해졌다고 한다[80]. 이런 점은 안재홍의 타 종교에 대한 개방적 특성을 보여주는 사례이기도 하다. 안재홍은 기독교의 만민평등의 이념과 자기희생의 정신을 높게 평가했다[81]. 이는 YMCA에서의 학습과 교육경험이 안재홍의 삶에 깊게 각인된 것으로 볼 수 있다.

안재홍은 일제강점기 내내 여성교육의 중요성을 강조했다. 그 일환으로 그는 1934년 12월 여자의학전문 인재 양성의 중요성을 깨닫고 (재)여자의학전문학교 발기준비위원회 위원으로 참여했다, 이 사업의 성공을 위해 당시 추진의 핵심인 고계(高啓)재단과의 교섭에도 핵심 교섭위원으로 적극 나선다[82]. 일제강점기 당시 경성의전과 세브란스, 평양과 대구의전과 경성치과의전이 있으나 남자만 선발하는 현실을 비판하고 조선에서도 여성의 학문 및 직업 진출을 돕고 특히 여성 및 소아 상대의료에는 여성의료인 양성이 시급함을 역설했다[83].

안재홍은 1929년『조선일보』시절 전국적인 문자보급운동을 추진했다. 1937년 군관학교 사건 출소 이후 평택으로 낙향해서 옥고로 인한 고문 후유증을 추스르며『조선상고사감』집필 등에 바쁜 가운데에도 자신이 주창한 야간학교를 열어 두릉리 마을 청년·여성들에게 문자보급·상식보급 등 성인기초교육을 실천했다. 고향 고택바로 옆의 종덕초등학교 부지도 안재홍의 집안 땅을 희사해서 개교했을 만큼 교육에 대한 열정도 컸다[84]. 당시 안재홍에게서 한글을 배운 김봉겸 씨는 당시 기억을 아래와 같이 회고하고 있다.

제가 열두 살 정도 됐을 때지요. 여기 생가 사랑채에서 안재홍 선생이 마을 청년들에게 한글을 가르치셨어요. 숙제를 꼭 내주셨는데 다음날 안 해가면 꼭 회초리를 드셨어요. 너희가 이렇게 배우지 않으면 조선은 독립할 수 없다며 호되게 야단치셨어요. 평소에는 인자하신 분이었는데 회초리를 들 때는 아주 매서운 분이셨어요. 아침에 일찍 일어나셔서 월명산과 지금은 미군탄약고에 편입된 산 위에 자주 오르셨어요. 걷는 것을 좋아하셔서 서정리로 해서 부락산 고성산도 가셨어요. 사랑채에 계실 때는 공부만 하셨어요. 가끔 점심 때에 문이 열렸던 것이 기억나요(김봉겸 안재홍 증언 녹취자료, 2003).

〈사진 3-3〉
『조선일보』 문자보급운동 교재
(1930.7.10)

해방 후 안재홍은 정치활동으로 바쁜 가운데도 성인교육 시설 확충에 남다른 열정을 보였다. 해방 후 대종교의 지원 속에 단군정신에 기반을 둔 여러 대학들이 설립되었다. 홍익대학교, 단국대학교, 국학대학 등이 그 예이다. 안재홍은 1946년 5월 당시 국학전문학교를 국학대학으로 승격 시키려는 운동에 주도적으로 참여해서 준비단체인 지성회를 조직하고 위원장을 맡았다[85]. 조선어학회 회원으로 함께 활동했던 정열모 등이 참여한 국학대학은 위당 정인보가 초대 학장을 맡았으며, 후에 우석대에 통합되었다가 다시 고려대에 인수되었다.

안재홍은 일제강점기에 농민교육의 중요성과 특히 미곡 중심의 농업에서 탈피하고 과수, 축산, 원예 등 기술과 인력을 바탕으로 하는 다각농업을 주장했다.

> 산미(産米) 제일주의는 원래 해를 입는 일이 많고 다각농업(多角農業)이 합당한 방책이다. 백수십 년 상대에 있어 우리의 선구자들 중에는 다각농업과 공업화에 대해 이미 그 경세적 정견(經世的 政見)을 개진(開陳)했던 분이 있다. 농업, 잠업, 목축, 원예 등 다각농업의 실행은 진보적 기술을 요하는 사정이며, 이 외에도 농공(農工) 각종의 사정은 더욱 더 과학과 기술을 필요로 하게 된다 (『조선일보』, 1935년 6월 13일자).

그는 줄곧 실현 가능한 민립대학의 하나로 농민대학의 필요성을 제기했다. 70%가 넘는 농민이 대다수인 조선의 특수성을 고려하면 농촌·농민을 지도 교양할 농민대학 설립은 경비가 많이 필요치 않고 실현 가능하다고 보았고, 과목은 농림지식, 실습 중심의 3년 과정이며 농한기를 이용하는 특설과도 구상했다[86]. 해방 후에도 이러한 다각농업, 입체농업의 중요성에 대해 언론을 통해 강조했다.

> 조선은 농업국이다. 그러나 산악은 73%서 전답 되기 알맞은 땅 겨우 27%이다. 산악과 그 비탈을 더욱더 개간 활용함을 요한다. 조선의 쌀보리 편식을 고쳐 구근작물(球根作物)의 가루 식용을 장려하고, 소, 양, 돼지, 닭 등 유축농업(有畜農業)을 장려함으로써 산지가 잘 활용될 것이다. 입체농업을 논하는 자 있으니 미곡의 재배는 더 말하지 말고 호두, 은행, 밤 도토리, 상수리, 잣 등 기타 활엽수를 많이 심어야 한다(『한성일보』, 1948년 9월 24일자).

안재홍은 1948년 8월 정부수립 이후에 신생회를 조직하고 새로운 대한민국을 만드는데 힘썼다. 그는 1949년 1월 집 근처인 서울 돈암동에 2년제 초급 대학으로 농업 실습과 이론을 배우면서 저비용으로 공부하는 서울중앙농림대학을 세우고 학장으로 활동했다. 당시 실무를 맡은 부학장은 경북 울진 출신의 주세중 씨였다.

서울 돈암동에 위치했으며 맞은편 고려대가 보이는 야산 언덕에 있던 이 대학은 100명 정원으로 개척과와 실습과를 두었다. 학비는 매우 저렴했으며 재학생들은 가건물이었지만 전원 기숙사 생활을 했다. 초급 대학으로 자체 학생증과 모표, 모자 등도 있었다. 이 학교의 개척과는 남미 브라질에 황무지 개간을 위해 선발대를 파견하기도 했다. 실습과는 농번기에는 고향으로 내려가 농업에 종사하고 농한기에는 축산, 임업, 과수 등 관련 분야의 이론을 공부했으며 에스페란토어를 배웠다. 안재홍은 학장으로 농업국가 조선에서 입체농업의 중요성을 강조하는 강연과 교육을 했다.

〈사진 3-4〉 해방 후 조소앙과 함께 대중 강연중인 민세

사회단체와 학습조직 참여를 통한 성인교육 활동

안재홍은 일제강점기와 해방 5년의 시기 동안 다양한 형태의 사회단체와 학습조직에 참여, 성인 학습자이자 교육자로서 활동했고 이를 통해 다양한 성과를 냈다. 일제 강점기 신간회운동을 함께했던 민족변호사이자 해방 후 초대 대법원장을 지낸 김병로의 회고에 의하면 함께 일본 유학을 할 때 안재홍은 자신과 함께 금연회를 조직, 흡연의 문제점을 몸소 알리고 경제적으로 낭비가 없도록 노력했다. 금연회 참여는 훗날 안재홍이 평생 담배를 전혀 하지 않는 습관을 갖게 했다.

> 내가 동경에 건너가 학교에 다니던 때, 당시의 학우로 안재홍, 조만식, 송진우, 김성수 등 여러 사람들이 합의하여 금연회(禁煙會)를 조직한 일이 있었다. 그 회의 요지로 말하면 아무런 필요성도 없는 흡연을 절대 엄금하여, 경제적으로 낭비를 없이 하자는 것이었다. 한때는 회원이 약 65명 가까이 되었다(『삼천리』, 1936년 8월호).

안재홍은 1924년 『조선일보』 주필로 입사 후 조선 문제 해결을 위한 학습조직에 참여한다. 그는 1925년 함께 YMCA 활동을 했던 윤치호·유억겸 등과 함께 9개 나라 대표자들이 모여 태평양연안의 교육·산업·정치·종교·경제 등 여러 문제를 연구하는 태평양문제연구회에 핵심 위원으로 활동했다[87].

안재홍은 1925년 백관수, 조병옥 등과 함께 조선사정조사연구회를 조직해서 교육을 비롯해 상업, 공업, 농업, 법제 관련 다양한 분야에서 식민지 현실에 대한 체계적인 이해와 학술 조사, 연구를 통해 식민당국에 문제점을 지적하고 관련 자료 발간과 계몽에도 노력했다[88]. 이 시기는 안재홍이 언론을 통해 적극적으로 자신의 생각을 피력하던 시기여서 매우 바쁘게 움직였다.

〈사진 3-5〉『조선일보』 부사장 시절 집무실에서(1929)

안재홍은 일본 유학 당시 함께 활동했던 평양YMCA 총무 조만식이 주도했던 국산품 애용을 실천하면서 전국적으로 확대된 물산장려회 서울지역 이사로 활동한다. 당시 안재홍은 언론을 통해 이 운동을 지지하는 글을 발표해서 운동의 확산에도 기여했다.

> 조선인의 물산장려가 생존운동의 중요한 과제인 것은 부인할 수 없다. 조선인의 생산품을 입고 먹고 쓰자는 데에 인위적으로 꼭 국한한다는 것은 도리어 추진의 곤란함도 있겠지만 조선인의 생산을 무슨 방법으로든 다소 장려할 방도가 있다면 서슴지 않고 추진해야 할 것이다(『조선일보』, 1926년 8월 25일자).

1930년 당시 물산장려회 운동 관련 자료를 보면 이사장은 이종린이고 상무에는 일제의 서울 북촌개발에 맞서 대규모 한옥을 짓고 그 수익을 신간회, 물산장려회, 조선어학회 활동에 기부한 정세권이었다. 안재홍은 유광렬, 오화영, 문일평, 주요한 등과 함께 이사로 활동했다[89].

안재홍은 조선민립대학 기성회 재건과 조선교육협회 활동에도 참여했다. 조선민립대학 기성회는 조선인에 의한 조선인 본위의 민립대학을 설립하자는 운동이었다. 이상재, 이승훈, 김성수 등이 1922년 창립하였으나 일제의 탄압으로 어려움을 겪었다. 1926년 3월 안재홍은 한기악, 이종린 등과 함께 민립대학 설립운동의 부활을 시도했다[90]. 또한 1927년 『조선일보』 주필로 11월 '조선 교육주간'을 설정 홍보하는데 참여했다. 이는 11월 11일 1차 세계 대전 종전을 기념해서 미국에서 시작한 교육주간의 정신을 수용해서 조선인 본위의 교육, 문맹타파 운동을 고조, 대중교화의 수립을 촉진하고자 했다. 이 당시 그는 '조선교육주간' 결의문 기초위원으로 활동했다. 이 사업은 미국 교육회에서 당시 『조선일보』주필 안재홍에게 조선에서의 교육주간 설치를 권고해와 이루어진 일로 『조선일보』는 『동아일보』·조선교육협회와 함께 조선인 본위의 교육 실천을 주장했다[91].

안재홍은 1929년 5월 『조선일보』 부사장 시절 민중과 접촉하기 쉽고 그들에게 깊은 성과를 거둘 수 있는 지식·의식의 씨를 뿌려줄 현실 가능한 실천운동으로 색의단발, 건강증진, 상식보급, 허례허식 폐지, 소비절약 전개라는 5가지 과제를 제시했다. 그는 민족의 독립을 위해 오늘의 일, 현재의 일을 가장 충실하고 엄숙하게 할 것을 강조했다.

> 색의단발, 건강증진, 상식보급, 허례허식 폐지, 소비절약의 다섯 가지 과목은 평범한 듯 또 광범하다. 여기에는 수천 년이래 내려 오는 강고한 관습의 바위도 있고 전 시기에 걸친 빈궁의 병적 근원도 박혀있다. 이 생활개신의 5과제는 물론 쉬운 일이 아니요, 또 단시일에 완성할 수 없다. 그러나 봉건쇄국시대의 고루한 잔재인 사회의 제병폐에 관해 먼저 그 도덕적인 개신의 노력이 가장 긴급한 현하의 작업이 된다(『조선일보』, 1929년 5월 2일자).

안재홍은 현재 조선의 긴박한 과제가 문화의 수직적 상승운동이며 그 대안으로 상식보급운동이 민중 속에 뿌리박는 것이 긴절하다고 인식하고 있었다. 또한 1929년 7월 14일부터 실시한 일제강점기 최대 규모의 『조선일보』 문자보급운동도 적극 추진했다. 한국의 문해교육은 일제 강점 하 민족의식을 고취하고 민중 각성을 위한 수단의 하나인 민중교육운동에서 시작되었다[92]. 이 운동에는 첫 해인 1929년에 409명이 참여했으며 이 때 기초 한글을 깨우친 사람은 2천 849명이었다. 1930년에는 1만 567명이 한글을 깨우쳤다. 1931년에는 문자보급반 강좌를 개설하고 한글원본 20만 부를 인쇄하여 전국 300여 지국에 무료 배포했으며, 강습생은 2만 8백 명으로 늘었다[93]. 일제 강점기인 1930년 10월 국세조사에 의하면 당시 경기 · 충북 · 충남 · 전북 · 전남 · 황해 등 6도에서 한글 · 일어 독서 불능자는 남자 63.5%, 여자 89.5%로 총 76.1%가 문맹자였다[94]. 당시 자료에는 안재홍의 부인을 포함해서 일제강점기 주요 민족운동지도자의 부인들조차도 대부분이 문맹이거나 겨우 한글을 아는 정도로 특히 여성의 문맹 상태는 심각한 상황이었다.

여운형 씨 부인도 비록 신문의 언문난은 겨우 보지만 정규의 학력은 없는 분, 천도교 권동진 씨 부인도 여기에 해당하는 분이다. 송진우 씨 부인도 언문 정도, 방응모 씨 부인도 언문 정도, 최근 돌아가신 이동휘 씨 부인은 한글을 모르고 미국 이승만 씨 부인도 글자를 써 보이면 한글을 모르고, 김좌진 씨 부인은 언문 편지는 쓰며 김병로 씨 부인은 한글을 아는 자보다 모르는 자가 많다. 상해 김구 씨 부인도 역시 무식쟁이이고 홍명희 씨 부인도 언문 정도며 신흥우 씨 부인, 조만식 씨 부인, 길선주 씨 부인도 모두 문맹의 동지들이다. 김성수 씨 부인, 안재홍 씨 부인 모두 글 모르고 살아간 뱃심 좋은 분들이다. 조선사회의 대선생들께서 부인의 무식이 공표된다면 그 현실폭로의 비애에 양미간을 찡그리실 근심이 있을 것이다(『삼천리』, 1935년 6월호).

안재홍은 민족교육의 기초를 문맹퇴치로 보고, 민중의 배움에 대한 열망을 자극해야 진정한 민족독립의 토대가 형성될 것으로 보았다.

안재홍은 한글수호에 대한 남다른 애정을 가지고『조선일보』부사장 시절인 1929년 10월 31일 조선교육협회에서 발기인대회를 개최한 조선어사전편찬위원회에 동생 안재학과 함께 참여한다. 한글학자 주시경의 제자들이 주축이 된 이 편찬위원회에는 안재홍을 비롯하여 조만식, 김성수, 이승훈, 윤치호, 이종린, 허헌, 송진우, 신석우, 안희제, 박승빈, 유억겸, 김활란, 김법린, 백인제, 최규동, 이필주, 최두선, 이만규, 이상협, 민태원, 주요한, 한기악, 홍명희, 정인보, 정철성, 유각경, 박한영, 권덕규, 최현배, 김윤경, 장지영, 이병기, 정열모, 홍기문, 방정환, 백락준, 이광수, 양주동, 염상섭, 변영로, 현진건, 이은상, 전영택, 백관수, 이극로 등 당시 국내에서 활동하던 주요 지식인들이 대거 참여해서 한글사전 간행에 대한 뜨거운 관심을 표현했다[95].

안재홍은 이후 줄곧 조선어학회 회원으로 활동했다. 안재홍은 민족 정체성의 핵심어로 '민족정기'를 주장했으며 그 뿌리가 되는 것은 한글과 조선 역사라고 확신했다. 1934년 '조선어표준어사정위원회'에 이극로, 최현배, 이희승 등과 함께 참여, 일제강점기 민족문화와 한글수호에 힘쓰고 한글 맞춤법 제정과 우리말 큰 사전 간행에 힘썼으며[96], 안재홍 등이 참여한 조선어표준어사정위원회는 1935년 1월 2일부터 5일까지 충남 아산의 온양온천에서 회의를 개최하고 함께 현충사를 참배하기도 했다.

〈사진 3-6〉 조선어표준어 사정위원회 기념사진(1935)
(두 번째 줄 오른쪽에서 다섯 번째가 민세)

안재홍은 일제가 말살하려고 하는 민족정신의 상징인 한글의 중
요성을 일깨우기 위한 성인교육 활동에도 적극 나섰다. 우리말 사전
기초위원으로도 활동했으며, 1942년 10월 1일 일제가 날조한 조선어
학회 사건으로 옥고를 치른다[97].

조선 땅에서 자라난 조선 사람의 넋으로 심어져 나온 조선마음
의 결정인 조선말과 및 그의 표상이요 기호인 조선 글은, 조선 사
람의 운명 그것과 한 가지로 따라다닐, 조선 사람의 가지고 있는
최대한 보배요 최귀(最貴)한 기념품인 것을 생각할 때, 이날은 더
욱 새롭게 더욱 의의 깊게 기념하고 축하하지 아니할 수 없는, 민
족적으로 그리고 민중적으로 중대한 날이 되는 것이다. 이날을 이
름 지어 '가갸날'이라 하니, 조선 내 나고 조선 빛나고 조선 소리

울려나는 가장 조선적으로 된 조선인의 영원한 기념일(紀念日)이
되어야 할 것이다(『조선일보』, 1926년 11월 4일자)

안재홍은 최흥종이 주도한 조선나환자구제연구회에도 적극 참여
했다. 1928년 최흥종의 노력으로 규합된 동지 38명은 취지문을 채택,
공포하고 조선나병근절책연구회를 발족시켰는데, 당시 『조선일보』
주필이었던 안재홍이 취지문을 기초했으며 그 내용은 민족의 자존
과 독립정신을 담고 있다. 이어 1931년 9월 24일 종로기독교청년회
관에서 조선나환자구제연구회가 정식 창립되었다[98].

> 조선인의 민중적 보건의 중요한 부문적 운동으로서 문둥병자의
> 격리보호와 그 병원(病源)의 근절운동 같은 것은 매우 긴급한 것
> 이다. 조선나환자구제연구회는 성립 직후 한동안 지연된 바 있었으
> 나 1932년의 계승사업으로 반드시 완성을 요하는 한 가지 조건이
> 다(『조선일보』, 1932년 1월 5일자).

『동아일보』가 실무를 맡아 1931년 5월 '충무공유적보전회'가 창립
되었다. 안재홍은 남궁억, 조만식, 한용운, 정인보, 김병로, 송진우
등과 함께 15인의 추진위원으로 참여했다[99].

일제강점기 언론계에서 충무공을 가장 높게 평가하고 추앙한 사
람이 안재홍이었다. 그는 충무공의 생신날이면 해마다 그의 기사와
사진을 잊지 않고 충실하게 지면에 게재하고 머리 위에는 충무공의
초상을 모시며 늘 흠모했다[100]. 그는 충무공에게 우리가 배울 점으
로 근신(謹愼), 주밀(周密), 정열(精烈), 진지(眞摯), 영명(英明), 강용

(剛勇)한 가운데에도 크고 작은 온갖 일에 힘껏, 재주껏, 지성껏, 할 수 있는 최대한의 능력을 남김없이 발휘한 절대적 책임지상주의를 꼽았다[101].

〈사진 3-7〉 현충사에서 함께한 안재홍과 홍명희

민세는 해방 후 건국준비위원회, 국민당 창당, 신탁통치반대운동 등 바쁜 정치일정 중에도 신생 대한민국의 교육 방향 제시에도 꾸준하게 관심을 가지고 조선교육연구회를 조직·활동했다. 신교육 운동을 표방한 이 단체의 중심인물은 안재홍을 비롯해서 안호상·손진태·최현배·조윤제 등이다. 대체로 식민사관에 맞서 조선 역사와 문화의 정통성을 강조해온 인물들로 일제강점기 안재홍과 조선어학회 활동에 참여하고, 조선학운동, 신민족주의 등에 상호 교감이 깊던 인물들이었다. '새 조선은 교육에서'라는 슬로건을 내걸고 민주주의, 역사·문화교육 연구를 목표로 활동했으며 민주주의 교육과 민족 교육을 강조하였다[102].

안재홍은 1945년 10월부터 활동했으며 해방 후 현재까지 한국교육에 영향을 끼친 미군정청 조선교육심의회에 정인보, 김활란, 백낙준 등과 함께 신생 대한민국의 교육이념을 제시하는 제1분과의 위원장을 맡아 활동했다[103]. 미군정은 1945년 9월 6일 조선교육위원회를, 11월에는 이를 확대해서 조선교육심의회를 조직하고 신생 한국의 교육이념, 교육제도, 교육내용에 대한 본격적인 방향을 수립한다. 6-3-3-4학제, 미국식 대학제도에 기초한 한국의 대학제도 등이 조선교육심의회에서 결정됐다[104]. 현재 대한민국의 국가교육이념은 홍익인간(弘益人間)이다. 이것은 1945년 12월 20일 조선교육심의회에서 확정되었다. 안재홍은 홍익인간의 건국이념에 기초하여 인격이 완전하고 애국정신이 투철한 민생국가의 공민 양성을 조선교육의 근본이념으로 제시하였다[105]. 현재 대한민국 교육의 근간을 이루는 국조 단군의 '홍익인간' 교육이념 확정은 당시 교육이념분과장이던 안재홍의 영향이 컸다[106].

안재홍은 일제강점기 생활개신운동을 주창하며 건강증진의 중요성을 강조한 적이 있다. 그는 1946년 6월 해방 후 귀국한 수백만의 해외동포와 오랫동안 전쟁에 시달린 전 국민의 보건과 후생에 힘을 쓰고자 교육·체육·종교계 인사가 창립한 국민후생협회에 주요 발기인으로 참여했다. 이 단체는 해방 직후의 혼란기에 보건 후생에 관한 연구조사와 보건 교육에 힘썼다[107].

또한 민세는 해방 이후에도 한글 사랑을 실천했다. 1949년 10월 일제의 억압으로 금지 당했던 한글을 널리 보급하기 위해 속성으로 지도자를 양성하는 한글문화보급회 명예위원장으로 한글 사랑을 실천한다. 조선의 말은 문화세계의 하나의 지극히 보배로운 존재인 것으로 말은 그것이 그대로 도의(道義)요 철학이요 끝없는 가르침이라고 강조했다[108].

경영학자 Senge는 학습조직이 따라야 하는 5가지 규율로 전체를 명확히 바라보는 시스템 사고, 개인 비전을 명확히 하고 심화하기 위해 에너지를 집약하는 개인적 숙련, 세상을 이해하고 행동하는 방식에 영향을 미치는 깊이 각인된 이미지인 정신모델, 조직 전체가 함께하는 목표나 가치로서의 공유 비전, 개인을 넘어서 함께 배우고 익히는 팀 학습을 제시했다[109]. 이를 안재홍의 성인교육활동에 하나씩 적용해보면 그는 배움과 학습, 교육의 중요성을 체질화하면서 부단히 개인적 숙련을 해나갔고, 식민지 현실 극복을 위해 다양한 학습조직에 참여하고 팀 학습도 게을리 하지 않았다. 아울러 독립과 통일이라는 공유 비전을 강조하며 두 과제 해결을 위해 정치적, 경제적 여건과 더불어 높은 교육수준과 민도의 중요성도 함께 바라보는 시스템 사고에 바탕을 두고 성인교육 지도자로서 정신 모델 구축에 힘썼다. 안재홍의 성인교육과 관련된 이런 일관된 활동들은 개인적으로서는 고단한 삶의 연속이었지만 조선이 독립을 성취하고 새로운 국가를 만들어 나가는데 든든한 기초가 되었다.

4. 안재홍의 성인교육 사상

근대 성인교육자와
성인교육사상

교육사상은 인간의 교육적 삶의 다양한 표현 양식을 체계적으로 파악하려는 사고나 태도를 말한다. 교육철학이 교육적 삶으로부터 일정한 거리를 두고 추상화된 논리와 일반 원리를 추구하는 반면 교육사상은 사회적·역사적 제약을 받는 날것 그대로의 당대 인간의 교육적 삶을 그 대상으로 한다[110].

따라서 성인교육사상에 대한 연구도 해당 인물의 성인교육적 삶을 미시적·거시적 측면에서 살펴보고 현재적 의의를 밝혀나가는 데 의미가 있다. 이를 성인교육의 측면에서 바라보면 성인교육자로서 한 개인이 왜 성인교육의 의미를 강조하고 구체적으로 실천하면서 어떤 깨달음을 성인학습자와 공유했는지에 대한 물음에 답하는 과정이기도 하다.

서구 근대 성인교육사상은 크게 6가지 흐름을 통해 발전해왔다. 인문주의 성인교육사상은 서양 고대 철학의 전통을 계승하고 자유로운 학습, 지식의 조직화, 지적 능력의 개발을 강조했으며, 진보주의 성인교육사상은 교육과 사회의 관계, 경험중심교육, 직업교육, 민주주의교육에 역점을 두었다. 행동주의 성인교육사상은 통제, 태도수정, 재강화를 통한 학습, 목적에 따른 관리를 강조하며 HRD 분야에 큰 영향을 끼쳤다. 또한 인본주의 성인교육사상은 실존주의와 인본주의 심리학 발달과 관계가 깊으며 자유와 자율, 능동적인 협동과 참여, 자기 주도적 학습을 강조해왔다. 급진주의 성인교육사상은 성인교육을 사회변화 성취의 수단으로 보며 사람들로 하여금 책임 있는 사회적 행동을 자각하게 하는 노력을 특히 강조했다. 분석철학에 큰 영향을 받은 분석철학적 성인교육사상은 성인교육 분야에서 사용하는 개념이나 주장, 정책 또는 설명 등의 명확성을 강조하고 있다[111].

서구 근대 성인교육은 기독교라는 종교적 신념의 실천 하에서 빈민과 노동계급에 대한 관심에서 시작되었으며 인간은 누구나 평생 동안 학습할 수 있다는 신념의 구체적 실천에 기반을 두었다[112]. 한국 근대 성인교육에 영향을 준 서구 근대 성인교육자의 활동과 사상에 대한 관심은 Comenius에서 시작한다. 17세기 성인교육사상의 선구자로 '범교육'을 강조한 Comenius(1592~1670)는 인간의 전 생애에 걸친 교육을 주창하고 지성·덕성·신앙의 조화를 강조하며 그 토대를 놓았다[113].

그가 주창한 범교육의 주요한 관심은 세상에 태어난 모든 사람들이 예외 없이 그들의 고유한 인간의 속성을 계발하기 위하여 교육을 받아야 한다는 것이다. 그는 모든 사람을 위한, 모든 것, 모든 방법을 실천하는 범교육을 강조했다. Comenius에게 있어 모든 사람의 교육은 여성들, 가난한 사람들, 장애자와 그들을 위한 교육을 포함하고 있다. 이러한 범교육의 목적은 모든 지식을 합리적으로 표현하며, 자율성과 자기 결단 능력에서 비롯된 합리적 비판 의식 및 능력을 기르고 새로운 인간성 회복과 생존의 터전이 되는 사회 개혁과 구원에 있다[114]. 이 시기 성인교육은 사회적 약자에 대한 관심과 이들의 계속 학습에 대한 다양한 형식·비형식·무형식 학습 지원을 통해 모든 이를 위한 학습의 정신을 실천해왔다.

18세기 빈민과 사회적 약자에 대한 교육을 강조하고 실천한 인물로 Pestalozzi(1746~1827)를 들 수 있다. 근대 국민대중교육론의 기초를 제공한 그는 죽음에 이르기까지 빈민에게 사랑의 손길을 뻗쳤고 교육이란 선천적으로 신이 인간 안에 소질로 깃들게 하여 준 여러 힘을 사랑의 손과 사랑의 대지로 부드럽고 조화롭게 발전시키는 것으로 인식했다. 그는 민족의 중요성을 강조했으며 국민교육을 강조하고 이를 가정교육·직업교육·평생교육·종교교육으로까지 확장하는데 기여했다[115].

이러한 Pestalozzi의 교육사상은 덴마크의 성인교육자 Grundtvig (1783~1872)에 큰 영향을 미쳤다. 성인교육을 통해 덴마크 근대사에 큰 영향을 미친 Grundtvig는 인간의 존엄, 자유, 평등, 계몽과 자유로운 상호작용을 중시하였다. 그는 위기의 덴마크를 구하기 위해 계급과 직업에 관계없이 모든 덴마크인이 다닐 수 있는 계절 학교이자 성인교육기관인 평민대학을 설립하였다. 그는 평민대학의 목적을 삶의 계몽에 두었다[116].

Grundtvig의 교육사상은 유대교 신학자이자 성인교육사상가 Buber (1878~1965)에게 영향을 주었다. 인간과 인간 사이의 진정한 '만남의 철학'을 강조한 그는 성인교육의 목적이 자신과 사회를 위해 기여할 수 있는 통일된 인격의 소유자를 양성하는 것과 개인과 공동체간의 관계 정립을 통해 참된 공동체를 형성하는 것이라고 주장했다[117]. 그는 성인학습자의 자율성과 경험을 강조하고, 진리의 발견 과정에 능동적으로 참여하고, 행동과 실행, 이론과 실제의 통일을 강조했으며 이 점은 Dewey와 같은 진보주의 성인교육자와 유사하다. 또한 전통적 교육기관에서는 특정 분야를 체계적으로 훈련시키지만 성인 교육기관은 사회시민으로서 봉사하도록 훈련시키는 것이 중요하다고 봤다. 따라서 이를 위해 성인교육에서 공동체적 책임과 비판의식의 계발을 특히 강조한다. 이러한 생각은 나중에 급진주의 성인교육자 Freire의 교육 사상에도 영향을 미친다.

Buber와 같은 시기에 태어나 활동한 영국의 Mansbridge(1876~1952)는 근대 성인교육의 개척자, 특히 노동자 교육의 선각자적 창시자로 기독교 윤리 이상주의, 대학 확장교육, 협동조합 운동의 세 가지 원천 하에서 성인교육의 혁신에 기여했다. 그는 당시 엄혹한 독점자본주의 현실에 맞서 빈곤 상태에 빠져있으며 삶의 희망을 상실한 노동자의 각성을 촉구하면서 그 대안으로 체계적인 노동자 교육을 이끈 선구적 인물이다. 뒤이어 영국의 성인교육자 Tawny(1880~1962)는 성인의 교육목적과 요구를 위해 신중하게 설계된 교육서비스 제공에 대해 철학적이며 실천적인 통찰력을 일깨운 최고의 문서로 평가받는 '1919 보고서'를 낸 영국 재건부의 회원으로 성인교육 정책에 큰 영향을 끼쳤다. 같은 시기에 살던 영국의 Yeaxlee(1883~1967)는 영국에서 금세기 최초로 처음으로 '평생교육'이라는 개념을 제시했다. 그는 수평적으로 일터와 여가, 지역사회 등과 같은 삶의 공간을 가로지르며 수직적으로는 요람에서 무덤까지 학습과 삶을 통합시키고자 했다[118].

『성인교육의 의미』를 저술하여 근대 미국 성인교육에 큰 영향을 미친 Lindeman(1885~1953)은 교육을 평생의 과정으로 여겼으며 비직업적 특성을 강조하고, 성인이 자기 자신을 새로운 상황에 적응시켜야 할 때 시작하고, 성인에 내재한 교육적 잠재력을 강조했으며 함께 행하고 생각하는 것을 중시했다(Jarvis, 2001)[119].

Lindeman은 사회과학연구에서 참여연구방법을 제시하고 이를 교육과 동일시하였으며 성인교육을 삶의 변화를 야기한 방법으로 인식하고 실천했다[120]. 이러한 근대 서구 성인교육사상가들의 특징을 정리하면 소외 계층에 대한 지속적인 관심, 전 생애에 걸친 성인교육의 필요성 주장, 일방적인 교육이 아닌 성인의 특성과 상황을 고려하는 교육과 다양한 성인 능력향상 프로그램을 제시했다는 점이다.

한국의 근대 성인교육의 맹아는 Pestalozzi와 같은 시기를 살았던 중농주의 실학자로 근현대 지식사회에 큰 영향을 끼친 다산 정약용(1762~1836)에서 찾을 수 있다. 정약용의 성인교육사상은 현실개선을 위한 진보주의와 실용주의적 특성, 중국 중심의 사고에서 벗어나 국사교육을 중시한 주체성 교육, 자기 성찰에 바탕을 둔 건전한 인격형성의 토대로서 도덕교육 중시와 창조적 교육관을 특징으로 한다[121]. 그러나 다산과 정조로 상징되는 실학 기반의 유교국가 혁신 노력은 정조의 갑작스러운 죽음과 다산의 18년 강진 유배로 좌절되었다.

실질적으로 한국의 근대 성인교육은 1876년 강화도조약 이후의 갑신정변과 동학농민운동으로 이어지는 자주적 근대화의 노력과 좌절, 그 결과로서 을사늑약, 한일강제병합을 거친 일제 강점이라는 민족의 수난과 그에 대한 능동적 대응이라는 특수한 환경에서 시작되었다. 1905년 을사늑약 이후 Pestalozzi의 글은 근대교육혁신가로서 최남선이 만든 잡지『소년』에 소개되었다[122][123]. 이후 Pestalozzi

의 교육사상은 한국의 교육사상가 안창호 · 이승훈 · 남궁억 · 최현배 등에게도 크게 영향을 끼쳤다[124].

또한 Grundtvig의 성인교육 활동과 사상도 1910~20년대 한국의 기독교 청년지식인들에게 영향을 주어 덴마크를 직접 방문, 사회 구조와 교육, 농촌운동의 사례를 배웠으며 그 결과 1925년 YMCA 농촌부, 1928년 YWCA 농촌부 설립으로 이어졌다. 오산학교의 설립자 남강 이승훈, 대종교 2대 교주 김교신, 농촌운동가 함석헌 등이 큰 영향을 받았다[125]. 이 시기 유대인 철학자이자 성인교육자 Buber에게 큰 영향을 받은 미국의 신학자이자 성인교육자 Niebuhr는 자신의 저서 『도덕적 인간과 비도덕적 사회』에서 조선과 같은 나라가 일본에 저항하는 것의 정당성을 적극 지지하기도 했다(Niebuhr, 2017)[126].

이만규는 『조선교육사』에서 한일병합 전까지 27년 동안은 봉건사상과 고전주의가 강한 힘을 가지고 있었고 국민교육의 이념이 확립되지 못한 한편 제도와 시설이 불완전한 가운데 성장하는 시기였고, 식민지 시대 36년 동안은 일본의 제국주의가 식민지를 만들려는 교육으로 시설이 늘고 제도가 정비되었다 하더라도 조선인의 자주적 민족 교육이 파멸되는 시기였다고 [127]평가했다. 일제는 식민지배 이후 조선인이 체계적인 교육을 받으면 정치적 독립의지가 높아질 것 우려하고 의도적으로 식민체제에 순응하는 인간을 만들기 위해 조선인에 대한 교육을 제한했다[128]. 이 시기 일제는 '국어'라는 이름으로 일본어 교육을 강요했으며 1937년 중일전쟁 이후 대륙 침략을 본격화하면서 한국어 사용 자체를 금지했고 한글운동에 대한 가혹한 탄압을 해나갔다. 현재까지 연구된 근대성인교육사상가는 김정규, 서재필, 이상재, 안창호, 조만식, 김성수, 임영신, 고황경, 유영모, 차미리사, 배민수 등을 들 수 있다.

북간도 민족교육을 이끈 김정규는 조선말기 시세의 격변에 자신만의 독특한 견해와 주장으로 이겨나가고자 노력했던 실천적 지식인이자 교육자였다. 그는 북간도라는 특수한 지역에 도학이념을 시대의식으로 전환시키고자 노력했던 모범적 인물로 위정척사의 사상을 깊이 통찰을 했고 교육을 통해 위정척사사상을 북간도에 이식시키려고 노력했다[129].

서재필 성인교육사상의 특징은 평등사상 실현으로서의 성인교육, 만인의 깨우침과 부국부강, 자기 스스로 학습하는 성인학습자, 쓰임새 높은 성인교육의 과정, 대화 중심의 자유학습이었다[130]. 이상재의 성인교육사상의 지향점은 도덕성에 기초한 하나님 나라의 구현, 민족의 독립과 근대적 시민국가의 건설, 평등한 유기적 공동체 구현, 사회 변화를 위한 근본적 토대로서의 교육, 사회평등기제이자 민중의 자발적 의식화 과정으로서의 성인교육적 특성이 있다[131]. 이승훈의 교육 사상은 기독교 사상의 구현, 민족주의 함양과 독립, 평민의 자립과 복합적 생활공동체 구성 등의 지향점을 가졌다[132].

안창호는 성인교육운동의 사상적 기반을 사회진화론과 기독교로 파악하고 당대 사회경제적 현실을 고려하지 않고 인격 수양을 바탕으로 교육과 산업의 진흥을 통해 독립이 가능하다고 보았다는 비판적 시각[133]과, 안창호의 사회교육사상을 개인의 변화와 사회의 변화에서 교육의 의의와 한계를 정확히 제시했으며 사회교육에서 의식화와 조직화의 효과적인 선례를 보여준다는 긍정적 평가도 있다[134].

일제 강점기 평양을 중심으로 활동한 성인교육자 조만식은 오산학교, 숭실전문학교 등을 통한 성인교육을 하였으며 기독교 민족지도자로서 변혁적 리더십을 발휘했다[135]. 김성수는 브나로드 운동의 전개, 물산장려운동의 지원과 언론을 통한 사회교육 역할 감당, 중앙학교와 보성전문학교 인수를 통한 계몽 교육과 민족교육 실천으로 한국 성인교육에 이바지했다[136]. 임영신은 일제강점기 중앙보육학교를 인수 운영하였고 해방 후 이를 확대하여 중앙여자전문학교를 설립하고 다시 4년제 중앙여자대학을 창학하고 확대하여 중앙대학교를 설립 한국 최초의 여자대학 학사를 배출하는 등, 여성인재 양성에 힘썼다[137].

고황경은 일제강점하 경성 자매원 설립운영과 해방 후 미군정청 초대부녀국장, 서울여자대학 설립 운영 등을 통해 여성 계몽운동과 여성 고등교육에 헌신한 여성성인교육자였다[138]. 유영모는 홍익인간의 이념에 의한 전통교육 사상과 동양사상, 낮은 자리 사상에 바탕을 두고 역동적인 변화 속에서 상생의 세계를 지향했으며 [139]1970년대 새마을운동은 전통사상과 기독교사상을 융합 수용한 유영모의 씨알 사상에서 영향을 받았다[140]. 차미리사는 1920년대 조선여자교육회, 조선여자교육협회 창립을 주도하고 근화여학교를 설립하여 여성들의 사회진출과 실업교육에 힘써 근대여성의식 고취와 여성인재 개발에 크게 기여했다[141].

조만식에게 영향을 받은 배민수는 일제 강점기 Grundtvig의 성인교육사상을 농촌 개혁에 적용하려고 노력한 인물이었다. 그의 성인교육사상이 갖는 가장 큰 의의는 당시 한국의 기독교와 교회를 적극적으로 사회교육 실천의 장으로 끌어들인 것, 협동조합운동과 같은 공동체 상호부조 활동을 지향하며 농촌을 경제적 피폐로부터 벗어나게 하려고 노력했다는 점, 그리고 사회적인 관점에서 농민 및 여

성의 계몽과 생활의 개선을 도모하여 신생활 수용에 앞장섰다는 것
이다[142]. 여성 성인교육자 최용신은 농촌계몽운동으로 문맹퇴치교
육운동 · 이상촌운동을 실천했고 비판적 저항운동의 측면으로 야학
운동과 기독교 민족계몽운동에 힘썼다[143].

〈사진 4-1〉 서재필 박사 귀국 환영회에서(1947)
(앉은이 오른쪽 두 번째가 서재필 박사, 세 번째가 민세)

안재홍의 일제 강점기
성인교육사상

일제 식민지교육 비판과 조선인 본위 교육론

안재홍은 일본에 조선을 흡수시키려는 일선융화(日鮮融和)에 바탕을 둔 교육방침은 정체성 없는 조선인을 만드는 '명령(螟蛉)-의붓자식' 교육이라고 비판하고 즉각 폐기해야 한다고 주장했다[144]. 일제강점기인 1927년 당시 조선에 설립한 각종 전문학교는 모두 일본인 본위여서 학생모집도 일부러 일본에서 입학자를 유치하여 일본인 절대 다수 우위의 재학률을 유지했다. 졸업한 이후에도 일본인에게 취업 우선권을 주어 대학을 졸업한 조선인 성인들의 생존권이 어려워지는 상황이었다[145]. 우선 안재홍은 이 문제에 대한 일제의 임시방편적인 개선을 비판했다.

고등보통학교(高普)와 전문학교와 대학과 기타 공학제로 된 각종학교가 모두 일본인 본위로 되고 그의 졸업 후 상황까지도 일본인 본위로 되는 상황으로서는 부문적 개혁론이 결국 연목구어(緣木求魚)의 탄식을 면치 못할 것 아닌가(『조선일보』, 1928년 3월 25일자).

그래서 신간회운동 시기에 그 실천과제의 하나로서 농민교육, 문맹퇴치교육과 같은 대중교화운동과 함께 조선인의 문화적 발전과 세계문화에 대한 독자적 특성을 발휘하기 위해서는 조선본위교육운동의 병행이 요구된다고 강력하게 주장했다.

> 대중교화수립의 운동은 당연히 조선인본위교육의 확보가 병행
> 되어야할 것이다 이것도 또한 조선인의 문화적 생명의 정당한 발
> 육과 세계 문화에 대한 독자적 특성의 견실한 발휘를 위해 가장
> 자연스럽게 요구되는 것이다(『조선일보』, 1928년 3월 27일자).

그는 조선교육 문제 해결의 하나로 직업교육의 중요성을 강조했다. 취직을 통한 생존의 영위에만 집착하지 말고 교육을 통해 사회에 대한 봉사와 책임의식도 키워나갈 것을 역설했다.

> 농업을 배움은 밥 먹는 외에 농업 기술자로서 사회민중을 섬기고
> 조선의 선구로 참신한 의식을 가진 자로서 기술을 베푸는 직업을
> 삼으면서 사회인으로 민족인으로 봉사의 생활을 구현해나가야 할
> 것이다. 직업을 찾는 마음속에서 시대와 사회에 대한 봉사의식이
> 꺼지지 않는 불꽃으로 피어있어야 할 것이다(『조선일보』, 1931년
> 3월 27일자).

1930년 당시 각종 전문학교에서 750여 명, 사범학교 상업학교 실업학교 기타 특수 중등전수학교 등에서 취업희망자가 8,500명을 넘지만 이 가운데 20%만 취직되는 현실이었다. 이 극심한 실업난의 가장 큰 원인은 일본인의 취직상 우선권에 있었다[146]. 1936년 상황을

보면 일제 당시 경기도의 경우 도비(道費)로 현재의 평생학습기관과 유사한 가정부인학교를 만들었는데 원래 대상자가 일본인이 표준으로 되어있어 조선여자가 입학한다 해도 좋아하지 않았지만 그나마 백 명에 네 명밖에 입학을 하지 못하게 해 조선인 성인교육은 크게 위축 받는 상황이었다. 또한 조선인의 국내 전문학교 입학이 어려워지자 동경 등 해외 유학 등을 가는 경우가 많았다. 부모가 몇 해 동안에 자신도 모르게 땅마지기를 팔아 가르쳤는데 졸업하고 돌아와도 취직할 길이 막혀 패가한 경우도 많았다[147](『조선일보』, 1936년 4월 1일자). 이에 우선 당시 일본인 절대 우위였던 전문학교의 입학에서 균등보장운동이 필요하고 이를 관철하기 위한 조선학부형의 각성과 운동 전개가 필요함을 역설했다.

> 취직의 길이 제한되었을 때 취학의 문부터 좁혀 놓은 것이니 전문학교 입학률 문제는 조선교육의 주요 현안이요 조선인 문화와 생활생존의 앞길에 걸쳐 쉽지 않은 사태인 것이다. 이에 조선학부형의 전문학교 입학률보장운동의 필요성을 제창한다(『조선일보』, 1936년 4월 1일자).

안재홍은 식민지현실에서 우리가 해야 할 현실적 노력 가운데 핵심으로 교육 제1주의를 강조했다. 이를 위해 다양한 학교교육에서 남녀 각층, 각과 교육의 다양한 확충과 보급, 정치와 산업 등 사회전반에서 실천적 교육훈련이 매우 귀중하다고 생각했다[148]. 그는 당시 조선교육의 최대 결점으로 조선어의 존중이 이루어지지 않고, 조선교재의 수집과 사용을 제한하고 조선역사에 대한 교육을 무시하는,

그래서 조선인 본위 교육이 이루어지지 않고 있는 점과 학식 본위의 주입주의 교육이어서 인격도야가 부족하다고 생각했다[149].

그는 대한제국시기에 경향 각지에 사립학교의 설립으로 민중에게 자유와 진취의 사상을 고취하던 것을 제1차 향학열로 보았으며 이것이 1910년 한일강제 병합으로 사그라들었다고 분석했다. 다시 1919년 3.1운동과 전국적인 민중의 기백과 생존의욕이 생겨 제2차 향학열이 생겼으나 일본인 취업우선 교육으로 인해 다시 약화되었다고 분석하고, 1935년 이후 비로소 배워야 살겠다는 진지한 각성에서 나온 제3차의 향학열의 의미는 배운 후에 나리 영감이 되거나 풍성한 월급쟁이가 되겠다는 것은 두 번째로 하고 우리 민족이 처한 식민 상황이라는 생존과 생활문제에 대한 냉철한 재각성과 재인식에서 출발해야 한다고 강조했다[150]. 그는 제3차 향학열의 불꽃을 이어나가기 위해 전국 각지에 고등보통학교, 실업학교, 가정 학교 등의 설립과 승격에 각 지역유지들의 참여를 호소했다.

> 전국 각지에 남녀중등학교로서 고보(高普)와 실업학교, 가정 학교 등의 설립 승격이 필요하다. 그리고 이는 각 지방에 사는 유력 독지가들을 중심으로 내 고향에서 내 자녀를 교육하겠다는 염원으로 그 학교의 설립을 계획 또는 실천해야 하는 것이다(『조선일보』, 1936년 3월 29일자).

민중기초교육 강조와 성인문해교육론

성인문해교육은 자기 계몽과 자기해방에 토대를 두어야 하며 대화를 통해 참여를 이끌어내고 자의식의 강화가 교육의 목표가 되어야 한다[151]. 안재홍은 일제강점기 민중성에 근간을 두고 민족해방의 수단으로 성인문해교육을 실천한 대표적인 민족지도자였다. 안재홍은 '민중과 함께 가라, 민중의 일을 함께 하도록 하라'는 좌우명을 가지고 일제강점기 식민지 현실 문제에 맞섰다. 안재홍은 일본 유학 중인 21세에 스스로 호를 민세(民世)라 짓는다. 이는 '민중의 세상'이라는 뜻이다.

> 내가 스물 한 살 되던 해―그때 나의 가슴속엔 소년혈기 때문인지 아주 큰 장대한 기대와 포부가 있었다. 그것을 표현시킴에는 아무래도 '민세(民世)!' 두 자밖에 없었다. 그래서 그때부터 스스로 민세(民世)라 호를 하였으니 이는 민중의 세상이라는 뜻으로 오늘날 해석하더라도 무방하다(『삼천리』, 1930년 1월호).

〈사진 4-2〉 민세(民世) 글자가 새겨진 안재홍 도장

안재홍은 1929년 7월 일제강점기 최대 문맹퇴치운동인『조선일보』문자보급운동을 주도한다. 훗날 조선어학회 활동을 함께한 당시『조선일보』문화부장 장지영이 실무를 맡아 추진한 이 운동은 1931년 이후 동아일보 브나로드운동과 함께 문자 교육을 통한 대표적인 민중계몽운동이었다. '한글날'(당시 가갸날) 제정을 기념해 각 지방에서 교양운동으로 시작한 이 운동을 안재홍은 가장 현명한 민중운동 과정상의 발전으로 장래에 대중적 지지를 얻는 토대를 구축할 것이라고 평가했다152). 그는 이전부터 문맹퇴치운동의 필요성을 강하게 역설하면서 이 일이 현재 가장 먼저 해야 할 일이라고 강조했다.

> 지금 우리의 할 일 가운데에 문맹타파(文盲打破)처럼 시급한 문제가 없습니다. 더욱 농촌에 있어서 그러합니다. 농한기를 이용 농촌의 부락마다 강습회(講習會) 혹은 야학(夜學)같은 것을 만들어 지식청년들이 글 모르는 사람을 가르치는 일에 일제히 노력하되 금년은 그 토대되는 우리글 보급에 힘쓰는 것이 가장 먼저 할 일이라고 생각합니다(『조선농민』, 1926년 11월호).

그는 문자보급을 대중문화 계발의 첫 걸음으로 인식하고 '아는 것이 힘이며 배워야 산다'고 호소하고 문자보급운동이 조선독립의 중요한 수단임을 확신했다.

> 인민은 단념과 무관심의 가운데서 무위의 상태에 있는 것이 최대해악이요, 우선 문자와 상식의 제일보를 나아가므로 최고의 선에까지 진출하는 대중으로 될 수 있으며 그때서야 그들은 일정한 목적의식을 가지게 되는 것이다(『조선일보』, 1929년 6월 16일자).

당시 문자보급운동의 결과 전국에서 신문사로 교재 보급 요청이 쇄도했고 안재홍에게도 전남 지도에서 홍순장이라는 사람이 직접 편지를 보내 교재를 요청하기도 했으며 안재홍도 친절하게 답신을 보냈다.

    안재홍 선생에게. 안 선생님. 소생은 오는 동한기(冬閑期)를 이 용해서 농민 야학을 개시코자 하오나 제게 알맞은 교과가 없어 이 에 묻습니다. 조선일보사 한글 원본을 이용하면 어떨까요. 그러하 면 보내줄 수는 있는지요. 자세히 가르쳐 주셨으면 합니다. 전남 지도 홍순장(洪淳長) 올림.
    그야 보내드리지요 원래 우편 비용만은 자기 부담하라는 규정 입니다. 안재홍 배(拜)(『삼천리』, 1931년 10월호).

문자보급을 위해 그는 시간과 장소를 가리지 않는 무형식 학습의 중요성을 강조했다. 그는 아는 대로 가르치고 배우는 것이 중요하며 언제나 어디서나 여건이 허락하는 대로 문자보급에 나서자고 호소 했다. 시공간의 구애를 받지 않는 학습을 통해 배움에서 가르치는 사람과 배우는 사람의 의지와 교감이 중요함을 강조하고 있다.

    가는 길이니 딴 힘이 아니 들고 자기 집에서 대청에서 나무 그늘에 서, 어디서나 할 수 있으니 처소와 장비가 필요 없다. 야간에는 등 화의 설비만 있으면 되고 힘닿는 대로 몇 사람이고 가르칠 일이다 (『조선일보』, 1929년 7월 14일자).

성인교육자는 고정불변한 지식을 습득하는 사람이 소유하지 않는

사람에게 전달하는 일이 바로 가르치는 일이라는 인식에서 벗어나
야 한다[153]. 즉 학습자와의 평등한 관계 마련과 학습 내용의 일방적
전달이 아닌 대화와 토론식 교육이 성인문해교육자 양성에서 중요
한 훈련 방법이 될 필요가 있다. 또한 성인문해교육의 현장경험과
실천을 통해 바람직한 미래에 대한 유토피아적 전망을 갖는 것이 중
요하다[154]. 안재홍은 문자보급운동에 참여하는 청년들에게 타인을
돕는 데서 참 애정과 참 힘이 생기는 만큼 이들을 서로 돕는데 힘쓸
것을 강조했다. 그는 배우는 학생도 동시에 더불어 남을 가르치면서
그의 잠재적 능력을 발견해주는 기쁨을 누릴 수 있다고 생각했다.

> 사람은 남을 돕고 서로 돕는 데서 참 애정과 참 힘이 생기는 것
> 이요 배우는 이들도 남을 가르침으로 해서 전에 몰랐던 잠겨있는
> 남의 힘을 새로 찾아내고 스스로 기뻐할 수 있는 것이다. 그럼으
> 로 참 앎과 참 힘을 스스로 얻으려는 사람들은 나가는 그것만큼
> 이웃 사람들을 가르치기에 힘쓸 것이다(『조선일보』, 1931년 6월
> 19일자).

그런 면에서 안재홍이 신념을 가지고 추진한 문자보급운동은 당
시 타협주의에 맞서 비타협과 절대독립이라는 조선의 구체적 유토
피아를 현실화하기 위한 가능한 실천이었다. 그는 아래로부터, 민중
에 의한, 민중을 위한, 민중의 교육이라는 지향점을 가지고 그들의
현실에서 출발하는 교육의 중요성을 강조했다.

쓰임새 교육의 강조와 농민교육론

안재홍은 실학자 다산 정약용에게서 많은 영향을 받았다. 이는 자연스럽게 실학의 실사구시 정신에 대한 관심에서 중농사상을 전개한 정약용과 마찬가지로 농업의 중요성과 농민교육의 중요성 강조로 이어진다. 안재홍은 평택 고향 농촌의 궁핍함에 대한 경험소개를 통해 이들의 비참한 현실을 개선하기 위한 구체적 대안 마련이 시급하다고 생각했다.

> 나는 농촌에서 자라났고 지금도 농촌에 원적(原籍)을 가지고 있으나 농촌을 노상 떠나있음으로 눈앞에서 본 궁핍한 상황이 많지 않습니다. 그러나 가끔 본 것만으로라도, 가을에 타작을 곧 하고서도 남의 것을 다 갚아주고 마당에서 비(箒)만 들고 돌아서는데 그래도 빚이 남아서 그대로 돌려 매면 묵은 빚이 이자로만 늘어서 새 빚으로 되는 것을 보았습니다. 또한 나 사는 마을의 한데 붙은 촌락은 한 오십 호 넘는데 평년에도 설전 식량이 떨어지는 집이 네댓 집 됩니다. 그러나 이 마을은 꽤 넉넉한 마을이라고 하는 렙니다. 이불이 없이 한겨울을 지내는 이가 적지 않습니다. 구들에 불이나 때고 서로 엉클어져 자는 것입니다(『동광』, 1931년 4월호).

안재홍은 조선 문제의 특수성은 농촌문제의 특수성으로 보았다. 농촌을 포함한 조선인의 경제적 쇠락은 피하기 힘든 현실이 되었고 이에 따라 우선 현 단계에서 농민에게 상식, 지식, 의식을 향상시켜 다음의 시기를 가장 유리하게 파악하는 일, 즉 농민교육을 위한 교양운동의 필요성을 강조했다[155].

안재홍과 같은 시기에 활동하며 1926년『성인교육의 의미』를 출간해 미국 성인교육의 기초를 세운 Lindeman은 성인학습자에게 교육은 삶 그 자체이며, 비직업적 목표를 가지고 삶 전체에 의미를 부여하는 행위이며, 학생의 요구와 흥미에 따른 일, 여가, 가족생활, 공동체 생활 등 상황을 중시하고, 학습자의 경험을 중시해야 한다고 했다[156]. 안재홍도 생활에 기초해서 경험과 삶에 의미를 부여하고 농민들이 자존감을 높이는 방법의 가장 중요한 수단으로 농민교육의 중요성을 강조했다. 그는 농민의 진정한 농민다움을 '농민도'(農民道)로 표현했다.

> 조선은 내 나라이다 나의 향토이다. 생활의 근거지이다. 문화발전의 토대이다. 세계로의 발족지이다. 이 나라의 논밭은 조선인이 먼저 갈아야하겠고 이 땅의 벌과 비탈과 진펄과 개골창은 조선인이 먼저 이룩하고 갈아먹어야한다. 그것을 할 수 없는 곳에 함께 일어나 지켜야 하고 싸워야 하고 고쳐가야 하고 편리한 것을 발명하여야 하고 새 제도를 세워야 하고, 이를 장애하는 어떤 놈들이고 부숴치워버려야 할 것이다(『조선일보』, 1926년 12월 5일자).

그는 조선인교육의 직업교육화와 민중교양의 일면의 방책으로 농민학교의 필요성을 주장했다. 이를 위해 다수 남녀를 직업화하고 생활화하게 교양 훈련하는 것이 필요하다고 역설했다.

〈사진 4-3〉독립기념관에 있는 안재홍 어록비(2009)

그는 또한 근로역작과 생활수단으로서 필요한 한 가지 재주를 반
드시 가지게 되는 것은 물론이요, 신고에 찌든 주름 잡힌 이마, 볕에
그을린 붉은 얼굴, 노작에서 굳어진 툭툭한 뼈대로써 농민의 현실에
기초한 경험학습도 강조한다. 그는 꾸준한 농민교육만이 조선의 절
대독립이라는 희망의 기초가 될 것이라고 확신했다. 먼저 청년지식
인들이 농촌으로 귀농하려는 자세는 좋으나 이념에 치우쳐 관념적
사상을 전파하는데 그치지 말고 농민과 같이 일하는 태도를 가지고
있어야 농민과 함께 호흡할 수 있다고 역설했다.

지금까지는 농촌으로 간다면 사상방면으로만 기우는 경향이 많
았다. 그러나 기술적으로 농민을 지도할 준비가 없어서는 안 될
것이다. 그 자신들이 일반농민과 같이 노작(勞作)에 종사할 결심이

있어야 할 것이다. 그렇게 하지 않으면 농민대중과 융합할 가능성
이 적고 또는 사회적 갈등을 면하기 어려울 것이다(『신민 50호』,
1929년 6월호).

그래서 학교를 졸업하는 청년 지식인들이 농촌으로 돌아가 농촌
계몽운동으로 야학과 강습소를 만들고, 문자보급을 실천하고, 차차
계몽의 수준을 높이며, 협동조합과 구매조합을 결성하고, 농민문고
와 지방 문고를 만들어 문화의 진취적 발전을 도모해야 한다고 강조
했다[157]. 또한 안재홍은 구체적 실천의 하나로 농민학교 설립을 주
장했다. 여기에는 보교(普校)의 졸업자도 입학할 수 있고 고보교(高
普校)의 졸업자도 다니면서 조선농업의 기술 지도와 조선농민의 상
식 계발, 조선농촌에 대한 특수한 조직을 운영하고 소비조합이나 협
동조합, 농촌야학 등을 관리해 나갈 필요가 있다고 보았다[158].
안재홍은 농민대학에 대한 구체적인 생각을 제시했는데 대지는
전답 십오 정보(町步)로 약 칠만 칠천 오백 원 정도의 비용이 들고
기타 비용을 합치면 10~15만 원 정도의 자급이 들 것으로 보았다. 과
목은 농림에 대한 지식과 기술, 실습적 경험, 농업과 농민의 상황을
알 수 있는 내용으로 농민대상 단과대학 형태도 검토할 필요가 있다
고 보았다. 이를 위해 농민대학에서 학생을 가르칠 교사 양성도 선
행되어야 하며 수학연한은 3년, 2년, 1년, 농한기 이용 특설과를 구
상했다[159].
이러한 안재홍의 농민교육, 평민교육 사상은 동년배로 같은 시기
에 활발하게 활동했으며 1927년 당시 85%에 달하는 중국의 문맹률
문제의 심각성을 깨닫고 생활교육운동을 실천한 타오싱즈(陶行知)

의 현실 인식 및 실천과 맥을 같이 한다. 미국의 교육학자 John Dewey의 제자였던 타오싱즈는 중국 교육의 구제는 농민을 위한 교육에서 출발해야한다고 보았다. 이를 위해 그는 생활이 곧 교육이며, 사회 전체를 하나의 커다란 학교로 보는 '사회는 곧 학교'라는 생활교육론을 주창하고 실천했다[160].

여성교육의 중요성 인식과 가정학교론

안재홍은 일제강점기에 교육, 농민과 여성, 조선 문화의 중요성을 여러 차례 강조했다. 이를 위해 그는 가정학교의 필요성을 강조했다. 그가 여기서 성인교육이라는 용어를 적시하고 있는 점이 흥미롭다.

> 조선의 교육상의 문제는 조선인 본위의 교양 및 성인교육의 제 조건과 가정부인들과 기타 미취학 젊은 여성을 위한 가정부인학교와 강습회를 만들어 교양의 확대보급이 중요한 한 가지 조건이라고 보았다(『조선일보』, 1935년 6월 14일자).

안재홍은 우선 모성의 중요성을 강조하면서 여성을 자식의 스승이라는 의미에서 모사(母師)라고 표현하며 특히 모성도의 확립이 요구된다고 강조했다.

> 모성애는 위대한 것이다 우리 조선인은 실패 인민으로서의 여러 가지 어려운 과정에서 그 부흥을 기원하는 근심스러운 상태이다. 마땅히 새로운 문화의 착하신 모성(母性)이 신생 조선의 여명

(黎明)의 환희(歡喜)를 우리들의 어린이에서부터 귀엽게 길러 내
줄 것을 바라면서 이 신시대의 어머니를 신문화의 여왕으로 등장
시켜야 하겠다. 착하신 문화적인 어머니들의 등장은 즉 여성교육
에 새로운 주력을 우리들에게 요구하고 있다(『조선일보』, 1935년
6월 15일자).

안재홍은 당시 자녀교양을 책임지고 있는 어머니들이 무학 내지
천학인 상황에서는 장래 조선이 일본에 이은 '제2의 민족'이라는 굴
레를 벗어날 수 없고 조선의 많은 어머니들이 자식을 때리고 자식들
은 소리쳐 울고 있는 상황이 지속되는 한 어두운 현실을 극복할 수
없다고 생각했다[161]. 가정 학교를 만들어서 보교, 고보, 전문학교를
졸업한 여성을 대상으로 가사와 가계 가훈과 가풍을 유지하는, 주부
되기에 적당한 식견과 기술을 경험하게 해서 건강한 가정을 만드는
것이 농민학교와 함께 조선의 미래에 매우 중요한 활동이라고 강조
했다[162]. 가정 학교를 위한 구체적인 방안도 제시하고 있는데 현재
고등학교 졸업 여성, 초등학교 졸업 여성, 기타 학교에 다니지 못한
여성 등을 대상으로 나누되 기숙사를 만들어 집중교육 프로그램을
만들어 실시하는 방안도 제시하고 있다.

연한은 특과 2학년제로 고보출신자를 수용하고 정과 3년제로 6년
제 보교 수학자를 수용하고 기타 별과와 강습회를 두어 기혼 여성
과 미취학 각층 여성을 수용한다. 또한 우수한 교육자가 있어 기
숙사와 강습원을 동일한 구내에 두고 아침저녁으로 기거를 함께하
여 그 모사적(母師的) 교화를 진행할 수 있다면 그 효과가 더욱 좋
을 것이다(『조선일보』, 1935년 6월 15일자).

안재홍은 외국의 가사전문학과는 4년제 대학이고 시설 내용이 좋으나 조선의 현실은 여성이 여고보(고등학교)를 졸업하되 일본인 우선입학의 현실로 인해 적당한 전문학교가 없고 해외유학은 더 어려운 일이기에 이런 여성을 대상으로 2년제 가정과가 필요하고, 간신히 보교(초등학교)는 졸업했으나 고보에 갈수 없는 여성들이 많은 현실에서 3년제 가정과가 필요하며 기타 시험에 떨어져서 미취학한 기혼 가정부인들을 대상으로 적당한 주야학제(晝夜學制)의 강습반을 두는 것이 필요하고 이를 경성, 평양, 대구, 광주, 함흥 등 대도시를 시작으로 전국에 확대해야 한다고 생각했다[163].

안재홍의 여성교육과 부인교육에 대한 관심은 성인여성교육기관 졸업식에 자주 참석한 것을 통해 알 수 있다. 그는 조선여자교육회를 창립하여 부인야학강습소를 운영한 차미리사가 설립한 근화여학교의 행사에 자주 참석하여 축사를 했다[164].

> 어제 30일 오전 10시부터 시내 근화여학교에서 고등과 제5회, 보통과 제8회 졸업식이 동교 고문이신 윤치호 씨의 사회로 열리게 되었는데 장내에는 사회 각계의 많은 참여와 재학생 일동으로 성황을 이뤘다. 윤치호 씨와 안재홍 씨의 의미 깊은 훈사와 졸업생과 재학생 사이에 주고받는 정에 끌린 작별가가 있은 후 11시경 폐식하였다(『조선일보』, 1929년 10월 1일자).

그는 근화여학교 개교 5주년 기념식에 참석해 그 노력을 격려했다[165]. 성인여성교육에 대한 안재홍의 열정을 확인할 수 있는 대목이다.

덴마크 평민교육 강조와 선진 교육 수용론

  안재홍은 조선인 본위교육, 정체성 교육을 강조하면서도 선진국의 사례에서 성인교육의 지혜를 배울 것을 강조했다. 1864년 독일과의 전쟁에서 패해 많은 국토를 상실한 덴마크가 교육자 Grundtvig의 평민대학운동을 통해 부강해진 사례를 보고 식민지 조선의 절대 독립을 위해 덴마크의 사례를 배우려고 애썼다. 덴마크의 교육자 Grundtvig는 민족 고유한 말과 문화를 온전히 품고 있는 평민의 삶을 발전시키기 위해 교육을 통한 덴마크 사회의 변화를 실천했다[166]. 안재홍도 조선어 보전과 민중본위 교육 강조, 민족의식과 문화의 중요성, 농민학교·여성가정학교의 설립, 해방 후 중앙농림대학 설립 등 삶의 역정을 볼 때 Grundtvig에게서 상당한 영향을 받았다.

  그는 일제강점기 해방 공간에 걸쳐 덴마크 교육의 장점을 여러 차례 글로 남겼다. 안재홍은 1931년 9월 덴마크 국민체조를 발전시킨 Bukh 일행이 조선을 방문해서 경성사범학교에서 시연 행사한 것을 계기로 덴마크 평민학교에 대한 관심을 촉구한다.

  북구의 작은 나라 농촌의 덴마크, 그의 교육, 산업과 근검개척의 모범적인 국민으로서 세계의 놀라움을 끌고 있거니와 Nile Bukh 氏 일행의 모범적인 연기와 그 극적인 생활상 표현은 일반 식자에게 적지 않은 흥미를 일으킬 줄로 안다. 덴마크 국민의 활동의 원천은 국민고등학교의 특수 적절한 교육에서 배양되는 소박, 견실, 근면, 활발한 기풍에서 나온 것이다(『조선일보』, 1931년 9월 7일자).

〈사진 4-4〉
군관학교 사건으로 서대문
형무소 투옥 당시 민세(1936)

또한 억센 조선의 건설을 위해 전민족의 다수를 조직적으로 훈련하기 위해 집단체조를 추천하고 이를 통해 신체의 억센 발육과 왕성한 진취적 기백을 고취하기 위해 덴마크 국민체조법의 보급을 강조했다[167]. 그는 Grundtvig의 국민고등학교 제도가 농예입국(農藝立國)의 덴마크인들에게 그 새로운 원동력으로 된 것으로 보고 일하면서 배우고 배우면서 일하는 근로역작의 교육으로 충무공의 예로 들어 조선의 교육을 민중전체로 확산하면서, 노동과 학습이 조화를 이루는 사회적 실용화를 실천해야 한다고 강조했다.

덴마크인의 국민고등학교 교육은 근로역작(勤勞力作)과 학교에서의 교육과 적당히 서로 연결되어 완성한 일상 실천의 유용한 교양이다. 이충무공이 한편으로 전쟁에 최선을 다하면서 한편으로 밭 갈고 고기 잡고 소금을 굽기에 힘썼으니 이것은 어느 국민이나

그 교육훈련의 산 모범을 삼을 만한 점입니다. 교육은 민중화하여
야 할 것이요 사회적 실용화하여야 할 것입니다(『조선일보』, 1935년
6월 9일자).

이런 안재홍의 선진 덴마크 교육의 수용과 특히 교육의 전계층 확
산에 있어서 일하면서 배우는 노작교육의 강조는 현재 관점에서도
성인교육에 시사하는 바가 크다.

안재홍 성인교육사상의
변화 발전 추이

안재홍은 민족주의와 사회주의라는 사상의 대립을 넘어 좌우협동을 통한 민족의 독립과 통일을 일관되게 주장한 민족주의자였다[168]. 그는 민족운동의 대표적인 이론가로 일제강점기인 1930년대 '민세주의'를 주창했으며 해방 후 이를 발전시켜 신생 대한민국의 국가건설의 정치·경제·교육·근로의 지표로 '신민족주의'를 제시했고 이 신민족주의의 핵심 이론 가운데 하나가 '다사리주의'였다. 이러한 민세주의와 신민족주의, 다사리주의로의 발전과정은 성인교육사상적 맥락에서도 다시 음미하고 평가해볼 만한 가치가 있다.

일제강점기 민세주의 교육론
: 열린 민족주의 교육 추구

안재홍의 호 민세(民世)가 1920년대 '민중의 세상', 즉 '민중과 함께 가는 세상'이라는 뜻이 있다면 1930년대 안재홍은 민세(民世)의 개념을 발전적으로 확장해서 사용한다. 여기에서 안재홍이 새롭게 정의한 민세란 '민족에서 세계로, 세계에서 민족으로' 라는 의미이다. 이는 종래의 민족주의가 폐쇄적 특성을 지니고 제국주의로 흘러가는 것을 비판하고, 조선의 민족적 주체성을 유지하되 다른 민족과 개방적으로 소통하는 열린 민족주의를 미래 비전으로 강조한 것이다. 그는 국제주의를 강조하는 공산주의를 '몰비판적 모조품'이라고 비판하고, 고유한 유일인 일도성과 국제적 연관성에서 귀납된 일원적 다양성을 바탕으로 하는 독자의 특수성을 강조했다[169]. 이러한 안재홍의 민세주의는 그 이전의 폐쇄적이었던 민족주의에서 벗어나 한국민족주의의 개방적 미래 비전을 제시한 것이다[170].

안재홍은 1930년대 유행처럼 번진 사회주의자들의 민족을 부정하는 국제주의를 비판한다. 또한 민족의 존재를 약화시키기 위한 수단으로 일본과 조선도 민족이라는 틀에 얽매이지 말고 국제주의의 대세를 따라야 한다는 당시 일제동화론자들의 국제주의 주장에도 민족을 우선하면서 정면으로 반박한다. 그는 국제주의가 미래 소중한 가치로서 의미는 있지만 현재 각 민족이나 개별 국가의 특성도 중요하며 그들 각자의 언어 풍속 습관 문화의 특수성도 존중되는 현실임을 먼저 자각해야 한다고 주장했다[171]. 민족의 중요성을 먼저 자각한 바탕 하에서 국제주의 흐름을 수용하자는 태도로 안재홍은 이것을 조선적이면서 세계적인 가치로 새롭게 인식해야 한다고 강조했다.

자신의 문화와 사상에서 조선적이면서 세계적이고 세계적이면서 조선적인 제3 신생적인-현대에서 세련된 새로운 자아를 창건하고 아울러 그들 자신에게 완전 타당한 신생적인 사회를 그의 적당한 장래에 창건하자는 숭고하고 엄숙한 현실의 필요에서 출발, 파악, 지속 또 고조되는 것이다(『신조선』 7호, 1934년 12월).

안재홍은 각 민족은 자기의 향토나 조국의 풍토를 토대로 공통의 생활 집단의 준칙을 근간으로 현실에서 서로 만나는 국제적인 제 세력, 문화와 교섭 융합을 통해 새로운 문화를 건설 창조해 온 것이 인류 역사발전의 흐름이라고 보았다[172]. 따라서 자기 역사와 문화의 영속성에 대한 자부심을 찾고 과거의 역사와 현실을 성찰하여 조선이 비록 문화의 불모지이나 냉정과 열정, 강한 의지를 가지고 새로운 발걸음을 내디디면 언제나 희망을 발견할 수 있다고 독려하고 있다[173]. 따라서 안재홍이 주장하는 민세주의는 민족에서 세계로, 세계로 민족에 돌아오는 민족적 국제주의 혹은 국제적 민족주의였다. 이는 1930년대 한민족이 나가야할 민족주의의 미래 좌표였다.

> 가장 온건타당한 각 국민 각 민족의 태도는 민족으로 세계에 – 세계로 민족에! 교호되고 조합되는 민족적 국제주의-국제적 민족주의를 형성하는 하는 장세이니, 일 국가 일 국민과의 관계에서 주면서 받고 다투면서 배우는 연속하는 과정에서 자기의 향상과 발전이 있고 획득과 생장이 있는 것이다. 그러므로 우리는 고루한 구조선에서 출발하여 세계의 끝까지 돌아 세계로부터 조선에로 재인식하여 다시 돌아오는 것이요, 악착스러운 무위 평범한 오늘에서 미래의 신시대까지 내달았다가 미래를 지나 금일에로 재결심에 의한 재출발의 오늘로 다시 돌아오는 것입니다(『조선일보』, 1935년 6월 7일자).

이는 우리의 현실이 비록 식민지라는 답답한 질곡 속에 있지만 조선의 고유성에 대한 자부심과 연구 탐색을 통해 미래의 희망을 가지고 나갈 때 우리의 앞길에는 발전이 있고 독립도 가능하다는 것이

〈사진 4-5〉 통영 답사를 마치고(1926)
(앞줄 맨 오른쪽이 민세)

다. 그의 민세주의는 결국 당시 사회주의 혁명의 고조로 인해 민족
부정론이 국내에도 널리 퍼지는 상황에서 사회주의자들과의 이념적
투쟁의 근거로 조선의 특수한 현실에 대한 자각에서 출발했다. 아울
러 1931년 만주사변 이후 일본의 대륙 침략이 본격화되는 상황에서
일본이 주장하는 조선과 일본은 하나라는 '내선일체'를 비판하고 조
선과 일본은 근본적으로 다른 역사와 문화와 언어를 가진 민족이라
는 점을 분명하게 하는 민족운동의 실천이론으로 평가를 받고 있다.
그는 국제주의가 역사발전의 중요한 의미가 있지만 조선과 같은 후
진사회에서는 역사발전의 특수성(일도성)이 존재하며 따라서 민족
과 국제를 함께 아우르는 정치문화의 중층성(中層性)과 병존성(並存
性)을 인식하는 것이 중요하다고 보았다. 이런 민족과 국제의 조화

를 추구하는 복합성을 인식한 것은 조선의 자연현상에서도 봄꽃 여름꽃 가을꽃이 계절별로 따로 피었다 지는 것이 아니라 상황에 따라서는 함께 필 수도 있는 자연 현상의 발견에서 교훈을 얻었다.

> 보라! 갑산 풍산의 북국 고지대의 자연은 따뜻한 한강 이남의 석류꽃 피는 지역과는 달라서 보리 이삭이 벼 이삭과 함께 누렇고 메밀꽃이 감자꽃과 같이 피어서, 여름 가을의 계절이 한꺼번에 전개되는 것이다. 그러나 누가 성급한 맹목적인 단일화 때문에 보리와 감자의 성숙됨을 배제하고 홀로 벼와 메밀의 역사적 단계임을 무시하는가(『조선일보』, 1936년 1월 1일자).

이러한 안재홍의 민세주의는 일제강점기 그가 성인교육의 실천을 위해 강조한 조선의 특수성에 대한 인식 즉 조선의 고유 역사와 문화, 언어에 대한 이해 등에 바탕을 둔 교육의 이념적 기초를 제공했다. 앞서 언급한 것처럼 그가 강조한 민족본위 교육론, 민중교육과 문맹퇴치, 농민교육과 농민대학론, 여성가정학교론, 서구선진교육 수용론 등의 바탕에는 그 기저에 민족의 현실에서부터 세계로 나가야 한다는 가치를 담고 있다. 또한 오늘날 민세주의는 열린 민족주의로 해석되어 성인교육에 있어서도 민족적 폐쇄성을 극복하고 다른 문화와 다른 민족과의 교류 협력 속에 한국 성인교육의 발전을 추구한다는 현대적 의의도 담고 있다고 볼 수 있다.

신민족주의 교육론 : 지력평등의 교육 강조

해방 후 안재홍은 일본 제국주의의 그릇된 망상이 자신과 주변 국가에 피해를 주고 있음을 비판하고 국제평화가 중요함을 강조한다.

마음에 먼저 병들어 가지고서 그릇된 생각이 아니고서는 안 될 일인 것이 이웃 나라를 해치고 국제평화(國際平和)를 깨트리고 나중에는 마침내 자기 나라와 백성까지 전쟁을 피해를 입게 한 것이니 그것은 틀렸고 틀렸다. 그러한 생각은 온 세계를 모두 원수로 삼아 함께 싸우고야 말 일이니 온 세계를 모두 원수로 삼는 생각은 그야말로 과대망상(誇大妄想)이요 그러고도 크게 넘어지지 않는 일은 있을 수 없다. 이러한 생각은 아주 씻어 없이할 그릇된 정신이다(『새교육』 1호, 1948년 7월).

〈사진 4-6〉 오른쪽부터 이승복, 조소앙, 안재홍

일제강점기 안재홍의 민세주의는 해방 후 신민족주의로 확대 발전되어 나갔다. 그는 1945년 8.15 직후 『신민족주의와 신민주주의』에서 새로운 국가건설의 방략을 제시했다. 안재홍의 신민족주의는 해방 후 대표적인 국가 건설론의 하나로 민주공화정체를 바탕으로, 경제균등을 실현하는 사회민주주의 노선 추구였다[174]. 안재홍의 신민족주의의 핵심은 한민족은 언어·역사·정치적 공통경험을 지닌 운명공동체이며, 해방정국에서 좌파 계급혁명을 부정하고, 민족의 원리에 따라 통일 민족국가를 수립하는 것이었다.

　　안재홍은 지력의 평등을 주장하며 교육의 중요성을 강조했다. 지력과 부력과 권력을 균등하게 하는 '삼균주의'가 자신이 주창한 신민족주의와 신민주주의의 기본요소라고 주장했다.

> 　　지력(智力)을 고르게 하고 부력(富力)을 고르게 하고 권력(權力)을 고르게 하는 것은 삼균(三均)이다. 지부권(智富權) 셋은 인간생활의 기본조건이요 이것이 골고루 분배 소유되는 균등사회 공영국가를 만드는 것이 삼균제도(三均制度)이다. 이는 신민주주의의 기본요소로 된다. 신민주주의는 그 실천형태에서 삼균주의(三均主義)라고 할 수 있다(『한성일보』, 1946년 12월 8일).

　　안재홍은 해방 후 공산주의를 비판한다. 공산주의가 개인의 자유를 무시하는 한계가 있어 인간의 본성에 어긋나며 무산계급독재를 전제조건으로 하는 데도 문제가 있고 1945년 조선과 같은 조건에서는 공산주의가 성립할 필요조건을 가지고 있지 않다고 주장했다[175].

〈사진 4-7〉 좌우합작 추진위원 기념사진(앞줄 왼쪽에서 네 번째가 민세)

따라서 그는 민족자활과 자주독립의 역사성의 철저한 인식과 민족자주와 국제협조의 정확한 인식 위에서, 민중문화의 보급 앙양과 성인교육과 농촌계몽의 다각적 추진으로 교육의 민주주의적 민중화를 실현해야 한다고 생각했다. 해방 후 신국가 건설운동 과정에서 내세운 신민족주의론에는 교육을 국가건설의 중요의제로 설정했다. 이는 해방 후 혼란기에 국가를 이끈 지도자들이 어떤 새나라 교육의 방향을 고민했는지를 보여주는 사례이다. 안재홍은 이 시기 성인교육의 중요성을 강조하고 일제 때부터 지속적으로 역설해온 교육의 생활화, 민중화를 통해 한 차원 발전한 개방적 문화국가를 만들어 나가고자 했다.

다사리교육론 : 모두가 함께 말하고 잘사는 교육

안재홍은 신민족주의의 핵심 개념으로 다사리주의를 강조했다. 이는 '다 사리어(말하게 하여), 다 살게 하다'라는 뜻으로 서구 민주주의의 자유(다 말하게 하다)와 평등(다 살게 하다)이념을 조선의 고유어로서 표현한 것이다. 즉 다사리의 핵심은 더불어 사는 것이고 다사리교육은 더불어 사는 교육이다. 그는 다사리가 조선 고유의 정치문화에서 개인의 의사를 마음껏 표현하고 백성들의 삶을 함께 향상시키는 회의에서 유래한 것으로 보았다.

> 다사리는 치리(治理)의 어의인 것처럼 정치회의이던 것이 명백하다. 그 방법에서 진백(盡白) 혹은 개백(皆白)을 일컬음으로 각 개인이 의사 있는 대로는 다 사리운다는 뜻으로 백성 전체의 뜻에 따라서 국정을 처리하는 것이요 그 목적인즉 국민 전체를 다살린다는 진생(盡生) 혹은 함존(咸存)케하는 공영국가를 만들자는 것이다. 다사리가 현대까지 존속하여 온 것은 그대로 정치이념이요 일종의 국가철학으로서 뚜렷한 민주주의적 또는 민생주의적 정치도(政治道)인 것이다(『한성일보』, 1946년 12월 11일자).

또한 다사리는 조선 고유숫자에서 5를 의미하며 이는 곧 세상을 다스리는 이치와 연결되어 있다고 주장했다.

> 오(五)는 다섯이니 다사리로 섭리(攝理)와 치리(治理)이다. 방법으로 만민이 '다사리어' 국정에 총의를 표명함이요, 목적으로는

만민이 모두 생활 및 생존하도록 하며, 정치의 이념이 본디 만민총언(萬民總言)·대중공생(大衆共生)이라는 민주주의적 지도 원리에서 나온 것이다. 다만 이 다사리주의는 상대에는 하층계급을 무시한 공민계급만에 독점되었던 민주주의인 고로 현대에서는 마땅히 전 민중적인 신민주주의로 앙양 발전되어야 하는 것이다(안재홍, 1945).

〈사진 4-8〉 민정장관 시절 집무실에서

안재홍의 다사리주의는 모든 사람이 민주적 참여를 통해 말하게 하여 절차적 민주주의를 구현하고, 결과적으로 모든 사람들이 다 살 수 있도록 해주어 건강한 복지사회를 목표로 하는 한민족의 고유 정치이념이라고 볼 수 있다[176]. 아울러 다사리주의는 안재홍이 해방 후 신생 대한민국의 국가 교육이념으로 제시한 국조 단군의 홍익인간의 한글 풀이와도 맥락이 닿아있다.

이러한 안재홍의 다사리는 그가 해방 전 주창한 민세주의는 민족으로부터 출발한다는 전제 하에 조선의 고유 전통과 역사에서 조선의 현재 과제와 미래 비전 찾기의 실천에서 나온 것이다. 민세가 해방 후 대한민국의 교육이념으로 국조 단군의 홍익인간을 제시한 것도 다사리 정신과도 일맥상통한다.

안재홍은 일제강점기에도 '단군과 조선사', '단군과 조선사적 가치', '단군과 민족적 견지', '단군과 개천절', '3.1 신고주'와 같은 글을 발표해 일제의 단군부정론에 맞섰다. 안재홍은 고조선과 단군연구에 시대적 한계를 벗어날 수 있는 방법론에 몰두하였고 언어학적 방법론을 통해 선구적 연구 성과를 냈다[177]. 이런 단군과 고조선에 대한 안재홍의 깊은 이해와 관심은 민족교육의 강조와 함께 홍익인간을 대한민국의 교육이념으로 결정하는데 지대한 영향을 미쳤다. 또한 그가 1945년 9월 창당한 국민당의 정강에서 교육과 관련해서 초등국민교육의 국가책임과 의무교육의 실시, 성인교육의 실시 보급과 문화시설의 건립 확충 등을 주요 교육 관련 정책으로 제시하고 있다. 1948년 정부수립 이후에도 성인교육과 농촌계몽의 다각적 추진으로 교육의 민주주의적 민중화를 실현하고 국제문화를 적절하게 수입하여 민족문화의 현대적 발전에 힘쓸 것을 강조했다[178].

교육이란 그것이 결코 얼토당토않은 딴 것, 남의 것을 억지로 들어붓고 마구 집어넣어서 이를테면 비인단지에 비지를 욱여 담으며 낡은 섶속에 북데기를 넣음과는 픽은 다른 것으로 즉 사람마다 각각 저의 지성, 감성, 덕성 그리고 또 깨달음 속에 잠기어 있고 갖추어 있어 저절로 깨달아 알 수 있는 그 실마리를 풀고, 자갈을 헤치어 그 싹을 쉽게 돋아 나오게 하는 것이다(『새교육』 1호, 1948년 7월).

그는 해방 후 신생 대한민국의 실천해야 할 교육의 기본 방향을 신민족주의와 다사리 정신에 바탕을 두고 아래와 같이 5가지 실천 내용을 제시했다.

첫째, 지금까지 하고 있는 마구 잡아넣는 교육을 고쳐 잘 깨닫도록 배우는 사람 스스로의 머리와 팔과 가슴과 다리의 재주와 힘과에 맡기자.

둘째, 지금까지 잘못된 정신을 씻어치움도 '새'인 것이다. 일본적인 찌꺼기를 골고루 털어 없이하는 것과 모든 민주적이 아닌 것을 뽑아버리는 것이다.

셋째, 옛것을 다시 찾아 내세움도 '새'인 것이니 조선적인 역사와 취미와 그러한 모든 특색과를 잘 살리고 가꾸어 기르고 그것을 국제수준(國際水準)에까지 향상시키는 것이다.

넷째, 과학적이고 쓸모 있는 인재를 길러내고 만들어 냄이니 그는 모든 정신과학뿐 아니라 박물학, 수학, 물리, 화학으로부터 온갖 기계와 기술과에 이르기까지 세상에 나서서는 사회에 책임지고 스스로 일 하는데 꼭 필요하고 짓는 바를 사람에 따라 그 바탕과 취미에 맞도록 배우게 하는 것이다.

다섯째, 조선의 독립된 국민으로서 또는 조선을 중심으로 세계에 나서서 남과 함께 살아가는 국제적 시민(市民)으로서 무엇을 알며 무엇을 하며 무엇을 고치며 또 무엇을 마음에 융화시켜 지키어야 할까를 알고 배워(다시는 나라를 빼앗기지 않도록) 꼭 정신 차리도록 할 것이다(『새교육』, 1948년 7월).

현대 성인교육은 아동교육에서 성인 순환·계속교육으로, 교수자 중심에서 학습자 중심의 교육과 지식의 급격한 변화, 인문교육에서 직업교육으로, 복지에 대한 요구로부터 시장 기능 중시라는 수요변화를 겪고 있다[179]. 안재홍이 주장한 교육의 생활화·민중화와는 달리 오늘날 성인교육의 현실은 모든 이를 위한 교육을 위협하는 시장 논리의 현실화에 대한 우려가 커지고 있다. 현재 성인교육의 현실은 근대 성인교육사상가들이 지향했던 자유·평등학습의 정신에서 벗어나 통제적이고 불평등이 심화되는 학습을 강요하고 있다[180]. 이에 따라 한국 성인평생교육의 주요 쟁점으로 평생교육의 국가주도성 문제, 평생교육의 경제 논리 지배 문제, 평생교육과 민주시민성 함양의 과제 등도 제기되고 있다[181]. 특히 평생교육이 사회적 약자에 대한 관심을 지속적으로 높이면서 교육기본법 제2조에 명시된 홍익인간(弘益人間)의 이념 아래 모든 국민으로 하여금 인격을 도야(陶冶)하고 자주적 생활능력과 민주시민으로서 필요한 자질을 갖추는데 어떤 역할을 할 수 있는지 고민이 필요하다. 이러한 성인교육의 문제 해결과 관련해서 안재홍이 제시한 다사리교육에 대한 재평가가 필요하다. 안재홍은 다사리교육을 통해 자유와 평등이 조화로운 교육을 꿈꿨으며 신생 대한민국은 민주와 공화가 균형을 이루는 나라이기를 꿈꿨다. 이러한 다사리주의는 교육기본법의 핵심인 홍익인간형 민주시민양성을 아우르는 개념이기도 하다. 오늘날 평생교육 활성화의 과제가 교육적 가치를 중시하는 평생교육 체제를 구축하고, 평생교육의 공공성을 강화하며 시민이 주체가 되는 것이기에[182], 안재홍이 제시한 다사리주의는 모두가 함께 말하고 모두가 함께 잘사는 교육, 더불어 사는 교육을 지향하는 현대 한국 성인교육의 과제 해결에도 정신적 자양분이 될 수 있을 것이다.

원진미선(圓眞美善) 교육론
: 나와 나라와 누리가 함께하는 교육

안재홍은 우리말 숫자 하나하나에 조선민족이 생각해온 삶의 가치가 녹아있다고 생각하고 이를 구체적으로 풀어서 숫자 1에서 10까지의 조선수리철학 해석에서 숫자 5로 표현되는 자신의 다사리 철학을 강조했다. 그리고 우리 숫자 백, 천, 만, 억에 담긴 의미를 원진미선(圓眞美善)의 가치가 담긴 것으로 해석했다. 안재홍은 숫자 백(百)은 우리말 '온'이요 이는 즉 원(圓)으로 마치 빛이 온누리에 퍼짐과 같이 서로 소통한다는 의미를 지닌다고 보았다. 다음으로 숫자 천(千)은 '즈믄'이니 이는 참 즉 진리를 의미하는 것이며 이는 충실, 성실, 진실이라고 해석했다. 만(萬)은 '골'이니 이는 골고루로 균형과 조화를 이루는 균제미를 뜻한다고 생각했다. 또한 억(億)은 '잘'로 이는 선(善)이요, 지선(至善)에 이르는 것으로 생각했다. 나에서 나라가 나오고 나라는 누리가 될 수 있는 것으로 이는 미래의 전망이라고 강조했다[183]. 원진미선(圓眞美善)이 우주 궁극의 가치 세계요 인생 사회의 최종 목표이니 영원한 장래에 인류 최종의 종착으로 되나 한 국가 한 민족에게 있어 고조되어야 할 신민주주의적 민족주의의 이념이라고 주장했다.

이러한 안재홍의 원진미선(圓眞美善) 사상은 오늘날 우리 성인교육에도 일정한 방향과 좌표를 제공한다.

첫째, 원(圓)은 함께 소통하는 성인교육이다. 오늘날 국제화, 세계화의 확산과 함께 안재홍이 70년 전 언급한 국제적 민족주의가 현실화되면서 세계시민 개념이 도입되는 등 민족과 국제를 아우르는 문제의 해결이 현실화되고 있다. 여기에서 성인교육 차원에서도 소통하는 교육의 중요성을 생각하지 않을 수 없다. 향후 세계시민교육 확산을 위해 기초 이론연구, 정교화된 학습콘텐츠 개발, 세계시민성 함양을 위한 학습 기회의 제공, 국가가 경계를 넘어 소통하기 위한 노력이 절실하다[184](김진희, 2017).

둘째, 진(眞)의 성인교육이다. 진실하고 충실한 교육이다. 이는 이론과 실천을 결합하는 쓰임새 있는 교육을 의미한다. 성인교육이 성인이 현재 당면하고 있는 다양한 문제해결에 유효한 수단이 되기 위해서는 진정성을 가지고 차근차근 문제해결에 노력하는 자세가 요청된다.

셋째, 미(美)의 성인교육이다. 이는 현재와 미래의 다양한 변화에 대응하면서 일생에 걸쳐 성인학습자에게 호기심을 제공할 수 있는 창의력 증진을 위한 노력이 요청된다. 특히 인공지능으로 대표되는 4차산업혁명 시대에 인간의 정체성을 유지하면서 창의적 사고의 실현에 기반을 둔 미래 창조에 있어서 그 중요성이 더욱 커지고 있다.

넷째, 선(善)의 성인교육이다. 이것은 자신과 타인에게 이로움을 주고 진정한 내적 외적 평화를 이루어 선의 순환을 지속하는 교육을 의미한다. 안재홍은 어원적으로 나에서 나라가 나라에서 누리가 나왔다고 주장했다. 이는 개인의 존엄성과 주체성을 바탕으로 하되 이것이 확대된 집단으로서의 나라와 더 나아가 온 세상의 평화가 함께 실현되는 개인, 민족, 세계가 일치하는 나와 나라와 누리가 함께하는 성인교육의 중요성을 강조한 것으로 이해할 수 있다.

〈사진 4-9〉 자유중국대사 한국 방문 환영 오찬에서(1949.8)
(왼쪽 첫 번째가 민세, 세 번째가 이범석 국무총리)

5. 안재홍의 온정적 합리주의 리더십

성인교육자 안재홍의
리더십 이야기

　안재홍의 리더십은 삶의 역정과 성인교육 실천의 과정에서 온정적 합리주의에서 나타나는 '차가운 이성과 따뜻한 감성'이 조화를 이루는 여러 사례를 보이고 있다. 또한 안재홍 자신이 전통과 근대, 이념과 민족, 진보와 보수, 이론과 실천의 다양한 경계에서 활동했던 지도자였기에 온정적 합리주의 리더십 관점에서 그의 리더십에 대한 연구는 성인교육자 리더십 연구의 지평을 넓히는데도 크게 기여할 것이다.

　안재홍은 일제강점기와 해방공간에 걸쳐 성인교육자로서 탁월한 변혁적 리더십을 발휘했다. '변혁적 리더십'이란 구성원으로 하여금 개인적 이해관계를 넘어 업무의 중요성과 가치를 인식하게 하고 고차원적인 삶의 목적을 충족할 수 있는 동기를 자극함으로써 기대 이상의 성과를 내게 하는 것이다[185]. 변혁적 리더십의 요소는 이상적 영향력, 동기부여, 지적자극, 개별적 배려이다[186]. 변혁적 리더십의 최대 기여는 추종자 세력의 실질적인 '동기화 문제'가 리더십의 성패를 결정하는 요소와 연관된 사실임을 인지하게 한 것으로 오늘날 새로운 리더십 영역에서 거론되는 '공유 비전(shared vision)'의 문제와 직결된다[187].

선친 김영기 제헌의원이 안재홍과 해방 전 신간회운동, 해방 후 국민당 정치활동 등으로 인연이 있었던 것을 기억하는 김진현 세계 평화포럼 이사장은 변혁적 지도자 안재홍의 특별한 점에 대해 3가 지를 강조하고 있다.

안재홍 선생에 대한 이야기는 선친으로부터 많이 들었어요. 제가 중학교 다니던 시절 안성 제 본가에도 오셨던 것으로 알고 있어요. 안성 신간회에 참여했던 제 선친 2대 경기도지사 김영기 씨, 박용희 목사, 명륜학원 설립하신 정동수 씨 등과 가까이 하셨지요. 지도자 안재홍의 위대한 점은 3가지입니다. 첫째, 안재홍은 국내에서 몸소 9번 옥고를 치르며 스스로 고생을 각오하고 실천한 점이지요. 해외보다 국내에서 항일운동은 몇 배의 시련을 각오해야 가능했습니다. 이 점 새롭게 인식돼야 해요. 둘째, 끝까지 비폭력주의를 견지하고 교육력, 문화력, 인격력, 도덕력 등을 통해 민력(民力)을 키워야 독립이 가능하다고 생각했다는 점이지요. 이 점은 지금도 시사한 바가 커요. 셋째, 원리 원칙을 지킨 지도자로 늘 근본에 충실했던 점이지요. 일평생 독립과 통일 이외에 별다른 사심을 가지지 않고 보편적 공익에 헌신한 점은 높게 평가해야 합니다(김진현 안재홍 증언녹취 영상 자료, 2015).

〈사진 5-1〉 한독당 중앙집행위원회를 마치고
왼쪽부터 명제세, 이승복, 안재홍, 조소앙, 김영기(1947.4)

안재홍은 늘 이상을 추구하며 새로운 생각이 머릿속에 가득하고
생각에 몰입하는 일이 많았던 지도자였다. 그래서 그는 사소한 일에

신경 쓰기보다 생각 그 자체에 빠져서 주변 사람들이 이상하게 여기는 경우도 많았다.

> 그는 과묵한 대신 길을 가다가도 착상을 잘 한다. 잘 들어맞았다고 해답이 나올 때는 저 사람 돌았나 할 정도로 혼자서 희죽희죽 웃는다. 평동 집 근방에서 한약방을 차린 노인 한 분은 민세가 아침 출근길에 혼자서 걸어가면서 희죽희죽 웃는 것을 보면 선생님 오늘 또 좋은 구상을 하셨나 봅니다그려 하고 농을 걸어왔다는 후일담이다(최은희, 1991, 448~457쪽).

'국화옆에서'의 시인 미당 서정주는 생전 안재홍을 떠올릴 때 기억나는 것으로 과묵을 꼽았다. 미당은 늦가을 서리에도 황국향기를 피우며 꼿꼿이 일제에 항일의 뜻을 굽히지 않은 지도자 안재홍에게서 민족혼이 이어진 '단군적 혼신'의 짙은 암시를 발견하기도 했다.

> 이 분은 원래가 육신으로 모셔지려고 이 나라에 나타난 것이 아니라 그저 단군 이래의 그 민족혼을 묵묵히 이어지게 하려고 그만 와 계시다가 잠적하신 걸로 안다. 이 분 재세시 일상의 과묵이 역력히 기억나는데 이 또한 조국광복운동의 단군적 혼신의 짙은 암시였던 것만 같이 느껴진다(서정주, 1991, 458~459쪽).

안재홍 리더십의 3가지 특성 : 성실, 희생, 복합

안재홍의 리더십은 크게 성실, 희생, 복합이라는 3가지 특성으로 설명할 수 있다. 첫째, 안재홍은 성실한 지도자였다. 안재홍은 추종 자들에게 늘 자아에, 민족에, 인생에 성의(誠意)가지고 살기를 당부 했고 재주가 부족하더라도 성의(誠意)는 꼭 있어야 한다고 강조했 다[188]. 안재홍 자신이 역사인물 중 지도자로서 가장 존경했던 인물 은 예수였다. 이는 소년기에 서울 황성기독교청년회(현 서울YMCA) 학교를 다닌 영향도 컸지만 예수가 가르친 희생과 헌신의 리더십, 시대 현실 극복을 위한 봉사의 삶을 자기 삶에서 그대로 실천하겠다 는 다짐에서 나온 것이기도 하다.

> 가장 좋아하는 현철(賢哲)의 가르침으로 역시 예수의 가르침입 니다. 인생이란 자아에 대한 선량한 관리밖에 아니 되는 것이요 손을 피면 묶이어 원치 않는 곳으로 끌리어, 반드시 죽는 약속을 전제로 우주에게 생을 받은 것입니다. 부지런히 모두 자기들의 사 회를 위해 최선의 봉사를 할 것입니다(『신동아』, 1935년 1월호).

안재홍에게 있어 인생은 다시 태어난 우주로 돌아가기까지의 유 한한 시간이었다. 인생은 한 번뿐인 만큼 선(善)을 지키고, 일제라는 현실에 타협하지 않고, 치열하게 가치 있는 일, 즉 독립에 매진하는 것이었다. 그래서 그는 추종자들에게 타협하지 말자고 호소한다.

나 우주에서 왔으니 다시 우주에로 갈 것이다. 흙에서 난 자 흙에 돌아갈 것이니, 지키거라! 나의 진선(眞善)을, 싸우거라! 타협하지 마라! 타락의 시초인 것이다. 매진하라! 나의 소신대로(『신동아』, 1936년 6월호).

안재홍의 성실성은 그의 모친에 대한 지극한 정성 실천에서도 잘 드러난다. 어려서부터 유교의 충효관념을 삶의 중요한 가치로 알고 살아온 안재홍은 부모 봉양에서도 최선을 다하는 지도자였다. 바쁜 서울 생활에도 평택 시골에서 노환으로 고생하는 어머니를 2주에 한 번씩은 꼭 찾아가는 효자였다.

안재홍 씨는 지난해 12월 28일 하루 종일을 책상 앞에서 원고지와 씨름하시는 때에 집으로 찾아뵈니, 원 요사이 같아서는 밤낮 원고 때문에 부대껴 건강을 상해 소화불량까지 얻었어요. 이제 새해를 잡아 초순경에는 또 시골로 늙으신 노모님 문안하러도 내려갔다 와야 하겠구. 모친(母親)께서는 이제 칠순(七旬)이 되셔서 내가 이 주일에 한번은 꼭꼭 아무리 별일이 다 있더라도 내려갔다 오고는 하는데 한 번 갈 때마다 허-연 머리카락이 점점 더 백발로 변하시면서 얼굴도 차츰 더 파리해 지시는 것을 보니 원 마음도 잘 놓이지 않고 해서 이번에도 또 내려갔다 와야 하겠고 하시는 안재홍 씨의 거룩하신 얼굴에는 지극하신 효심의 빛이 어리어지는 듯하다(『삼천리』, 1936년 2월호).

둘째, 안재홍은 희생을 실천한 지도자였다. 그는 백 번을 다시 살아서라도 이 나라 이 백성 때문에 힘껏 정성껏 일해보고 싶었고 언제든지 죽어도 망설이지 않고 곧 죽어도 거리낌 없는 깨달음이 있어야 할 것을 마음속에 늘 다짐하며[189], 민족의 수난기에 9차례 옥고를 견뎠고 고심참담한 한평생을 산 민족지도자였다. 그가 이런 고난을 견딘 것은 오랜 지적투쟁에서 나온 훈련된 인격의 결과이기도 했지만 그를 추종하는 당대 민중들의 자신에 대한 기대를 저버리지 않겠다는 다짐에서 나온 부단한 실천이기도 했다. 따라서 그의 일관된 비타협 항일 전사(戰士)로서 자세는 추종자들에게 깊은 정신적 감동을 주었다.

> 일제 말년 탄압이 심한 때 내 보석되어 시골에 있을 적에 잠깐 서울로 올라와 조용히 어느 교수를 찾았더니 그분의 제자 모전문학교생 몇 명이 마침 찾아와서 시국에 대한 비통한 심정의 말을 하고 있었다. 말이 조금 끊어졌다가 "안재홍 씨는 요새 어찌 되었소?" 하면서 자기들끼리 속살대는 것이다. 교수가 웃으면서 "이 선생님이 안재홍 씨야' 하니 그들은 깜짝 놀라면서 경애의 뜻을 표하던 것이다. 다음날에 다시 투옥된 때 외롭고 위태한 마음이 심할 때 그 청년 학생의 신기해하던 태도가 나를 채찍질 하고 고무케하여 새로운 용기를 얻었다(『신천지』, 1950년 1월호).

일찍이 안재홍은 1930년대 한 잡지사의 가상 『조선일보』 사장으로 가장 적합한 인물 투표에서 1위를 차지할 만큼 항일언론지도자로서 두각을 나타냈다[190]. 또한 1948년 정부 수립 이후 가상 내각 조사에서 향후 초당파 입장에서 그를 내각수반 총리로 했을 경우를 가정해서 내무장관 김병로, 사법장관 이인, 문교장관 조만식, 농림장관 조봉암이 추천될 만큼 정치지도자로 입지가 확고했다[191].

〈사진 5-2〉 존슨 미국 대사 부부와 함께(오른쪽 두 번째가 민세)

안재홍은 11가지 인생 생활의 독특한 좌우명을 가지고 살았다. 그의 좌우명이 특별한 것은 하나하나가 그가 겪은 항일운동과 수난의 과정에서 얻은 구체적인 깨달음에서 나온 것이라는 점이다. 안재홍의 희생 리더십을 이해할 수 있는 좌우명 11가지는 아래와 같다.

첫째, 인생의 태도로서 힘껏, 마음껏, 재주껏 살기. 둘째, 모든 일을 스스로 하기, 즉 오늘 일은 오늘에 나의 일은 내가. 셋째, 독서의 태도로 일생을 일하고 일생을 읽으라. 넷째, 생명, 시간 및 물자에 대한 다짐으로 쓸데 있는 것을 쓸데없이 버리지 않기. 다섯째, 인생의 집착에서 벗어나 사후 백 년에 가서 돌이켜 자기를 바라보라. 여섯째, 남을 깎아 내리기 않기. 일곱째, 첫장담의 반만 이라도 실천하기. 여덟째, 어떤 일을 하던 중심에 들거나 아니면 그만두기. 아홉째, 학습의 태도로 일기(一技), 일가(一家), 일업(一業)을 이루기. 열 번째, 각자의 길을 존중하며 한 목표를 향해 가기 위한 각 길로서 한 곳에. 열한 번째, 타인과 더불어 일하기 위한 혼자는 영웅 노릇 못한다였다(『조광』, 1936년 4월호).

셋째, 안재홍은 복합적 사고를 실천한 지도자였다. 그가 삶 속에서 온정적 합리주의 리더십과 관련하여 보여준 사상과 리더십의 행동 특성은 탁월한 복합성이다. 일제강점기 신간회운동에서 보여준 비타협민족주의와 사회주의의 협동, 1930년대 조선학운동 과정에서 민족주의자가 주도하는 가운데 사회주의적 색채가 강한 사회경제사 학자들의 참여를 이끌고 해방 후 통일민족국가 수립과정에서 좌우 합작 운동 추진 등 좌와 우, 보수와 진보, 이론과 실천, 전통과 근대라는 가치를 아우르려고 애썼다.

흔히 민족적 국제주의, 국제적 민족주의로 알려진 안재홍의 복합주의는 그가 1930년 백두산 지역을 답사하면서 찾게 된 자연현상을 자신이 살던 당대 현실에 적용한 결과이기도 하다. 그는 백두산에서 한여름에 봄꽃에서 가을꽃이 한꺼번에 피는 자연현상을 보면서 민족주의와 국제주의라는 비동시적 가치의 동시성을 '국제적 민족주의'라는 새로운 개념으로 융합 창안했다.

> 내 왕년 삼복더위에 북으로 백두산에 올라 천리 천 평(千里天坪) 아무도 없는 경지를 다닌 지 5, 6일에 그 대자연의 풍경을 보고 상당히 감명을 받았습니다. 북쪽의 봄이 워낙 늦고 고원의 바람과 서리가 몹시 사나워 하지부터 삼복더위까지 50여 일 동안 바쁘게 이 산의 여름에 늦게 든 봄에 진달래, 철쭉, 작약 등 첫봄 이른 여

름의 꽃들이 피고, 늦가을까지 피어날 화초들이 일시에 시새워 활짝 피어 경쟁하여 다시 절기의 경계를 찾을 길이 없었습니다(『조선일보』, 1935년 5월 18일자).

이러한 안재홍의 국제적 민족주의는 그가 추구한 중용의 리더십과도 관련이 있다. 또한 합리주의적 요소와 온정주의적 요소를 융합한 온정적 합리주의 리더십도 이런 복합주의 전통과도 일정 부분 흐름이 같다고 볼 수 있다. 그러나 안재홍의 중용은 이것과 저것을 반반 섞은 중간은 아니다. 스스로 세칭 중간파라는 것에 대해서는 강력하게 비판적 태도를 취했다.

나는 신민족주의 기본노선을 주장하는 자이다. 그러면서 중간이란 말을 사갈(蛇蝎)만큼이나 배척하는 자이다. 말 그대로의 중간이란 것은 독립적인 존재를 부정하는 어의인 것이고, 또는 필연 관망 부동적으로 될 수 있다. 그러한 자에게는 일사(一死)의 결심(決心)이 있기 어렵고, 감투(敢鬪)의 열의(熱意)도 있기 어려운 것이다. 관망부동(觀望浮動)하면 결국 기회주의밖에 아니 되고, 또 대중과는 유리될 수밖에 없는 것이다. 순도(殉道)는 일사(一死)의 결심을 이름이고, 죽음에의 결심은 가장 씩씩하고 번듯하게 살아가는 선결요건인 것을 새삼스러이 알아야 한다(『태양』, 1949년 11월 26일자).

즉 안재홍은 이것과 저것이 적당히 조화를 이룬다는 의미의 중간보다는 두 가지 다른 가치 사이에서 부단히 긴장하고 치열하게 고민하는 융합적, 중용적 가치를 취하겠다는 의지를 분명히 했다.

가족들이 기억하는 지도자 안재홍 이야기

안재홍은 항일운동의 최전선에서 활동하면서 숨 가쁘게 살았지만 가족에 대한 그리움을 늘 안고 살아왔다. 그가 첫 옥고를 치를 때 장남 정용은 다섯 살, 차남 민용은 세 살이었다. 극심한 고문과 차디찬 감옥생활에서 꼿꼿함을 유지한 그였지만 가족 특히 밤새 잠 못 자면서 감옥 밖 아이들에 대한 그리움을 표현한 것은 지도자로서 안재홍의 인간적인 모습이기도 했다.

지금으로부터 꼭 십 년 전 인 1921년 가을의 초저녁이었다. 나는 그때 마침 일곱 살 된 큰아이와 다섯 살 된 작은 아이를 집에 두고 한 3년째 못 보고 있는 터였다. 그 아이는 어찌 되었을까? 이런 생각이 날수록 즐기는 독서도 안 되었다. 취침의 명령을 받고 자리에 누웠으나 보송보송하게 긴장되어 가는 눈에는 잠이 올 생각도 안한다. 자정이 지나 새벽이 되고 날이 휘어밝어 기상의 명령이 날 때까지! 선하품으로 그 이튿날 하루를 가까스로 지냈다 (『동광』, 1931년 5월호).

인물의 진솔한 성품과 인간성은 그를 가장 가까이서 만난 사람들의 다면적 기억 복원을 통해서 제대로 된 평가가 가능하다. 안재홍은 경우도 부인, 아들, 며느리, 손녀 등이 안재홍의 지도자적 면모를 회고하고 있다. 안재홍은 자상한 아버지로서 아이들을 함부로 꾸짖거나 감정에 이끌려 야단치지 않고 아이의 가능성을 믿고 신뢰했던 부모였다.

〈사진 5-3〉외동딸 안서용 씨 결혼기념 가족사진(1946.4.22)
(뒷줄 왼쪽 두 번째가 차남 안민용. 세 번째가 민세. 다섯 번째가 장남 안정용)

정용이 일곱 살 때 동생 민용 명진이 한꺼번에 홍역에 걸려 중
태였으므로 수일간 자택에 내려와 있을 적이다. 책상 위에 놓인
부친의 커다란 회중시계를 집어다 분해를 했다. 깜짝 놀라 크게
꾸짖는 어머니를 향해 "아이의 탐구력을 막지 말우. 금시계 하나쯤
이야 아들의 연구비로 제공한들 못할 것이 무어 있소" 하고 그의
교육이념을 강조한 일화도 있었다(최은희, 1991, 448~457쪽).

이런 아버지에 대해 부친의 옥바라지 경험이 많았던 장남 정용은
훗날 회고에서 여러 차례 아버지를 면회하면서 본 교도소의 철대문
에 대한 상처가 있어 절대로 자기 집 대문은 철문을 하지 않겠다고

다짐하기도 했다. 늘 민족과 대의를 따랐던 아버지 안재홍은 아들에
게도 존경하는 스승이요 우상이자 전설이었다.

우리 부자간의 생태는 그리 흔하지 않은 유형에 속한다고 할 수
가 있다. 일생을 항일운동에 종사하며 투옥되지 않으면 객지에 나
가있어서 사생활이 공백 상태였던 나의 부친에게는, 가족과 동
거하여 단란한 생활을 가진 적이 극히 제한되어 있었기 때문에, 사
십이 넘은 나에게도 아버지와 한집에서 기거한 날이 1, 2년 될까
말까 하기 때문이다. 그러므로 애정에서 이해로 누구나의 코스를
나는 거꾸로 걸어서, 이해하는 데서 애정을 느끼곤 하는 것이었다.
아버지의 무릎을 모르고 자란 반면에 나에게 아버지는 사숙(私塾)
하는 스승이요, 숭배하는 우상이요, 향수와 같은 전설이었다(안정
용, 1992, 364~380쪽).

사회적 발언과 저술에 힘쓰느라 가족에 대한 기억, 고마움을 글로
많이 남기지 않았지만, 일제 때 집필하고 해방 후 출간된 『조선상고
사감』서문에는 책을 쓰기까지 자신의 집필을 도와준 첫 부인 이정
순과 사후 재혼한 부인 김부례에 대한 고마움을 애틋한 마음으로 기
록하고 있다.

무인년(1938년)의 봄이다. 나는 2년형의 몸으로 보석을 받아 나와
고향집 사랑방에 들러붙어 앉아 주야로 이 전집을 집필하고 있었
다. 죽은 아내인 정순의 근심병이 이미 뼈에 사무친 때였다. 어느
날 억지로 기운을 내어 나에게 슬프게 하소연하기를 "어찌하여 하
루도 쉬지 못하십니까?"라고 하였다. 나는 그의 남은 생명이 멀지
못한 것을 알고 있었기 때문에 천천히 응하여 말하기를 "이 책은

반드시 후인에게 전할 것이오. 이 책의 서두에 그대가 나로 인하여 수없이 고생한 사실을 쓰리다"라고 하였다. 내가 투옥되기 전에 아내는 먼저 죽었고 이제 이미 유명이 갈렸다. 나는 그와의 언약을 저버릴 수 없어 이러한 내용을 여기에 적는다. 임오년(1942년) 겨울에 나는 함경남도 홍원군에 있는 북옥에 수감되었다. 새로운 아내인 부례는 이 초안이 나에 대한 일제의 재수사로 압수될 것을 걱정하여 초고를 싼 보따리를 처갓집의 콩항아리 속에 묻어두고 홀로 고독의 슬픔을 참았다(안재홍, 2014, 16~17쪽).

〈사진 5-4〉 김부례 여사

안재홍은 당시 민족지도자로서는 드물게 국내에서 여러 차례 옥고를 치른다. 부인 김부례는 당시 상황을 이렇게 회고하고 있다. 일제의 고문으로 감옥에서 3시간 넘게 매를 맞으면서도 끝까지 저항적 투지를 잃지 않은 지도자로서 안재홍의 강인하고 훈련된 인격의 단면을 엿볼 수 있다.

> 기미년 3.1운동 때 대구 감옥에서 일경이 항복하라고 세 시간 매를 때렸는데 항복 안했답니다. 그 때 척추를 다쳐서 항상 아파서 고생을 많이 했습니다. 대구 감옥에서 3년 동안 징역할 때 겨울에 일기가 너무 추워서 코가 얼어붙어요. 처음 본 사람은 인상이 남을 것 같습니다. 1942년 조선어학회 사건으로 함경남도 홍원경찰서 감옥에서 일경이 다리에다 족쇄를 채웠는데 한복 많이 입어서 괜찮았답니다. 새 솜 두어서 바지 저고리, 토끼털 배자 덧저고리, 솜두루마기, 버선, 토시 일시불 차입했습니다(김부례, 1992, 361~363쪽).

훗날 안재홍 납북 후 남겨진 많은 자료를 정리해서 책으로 내는데 혼신의 노력을 다한 김부례는 남편 안재홍을 매우 존경했다고 한다. 손녀 안혜초는 할머니 김부례에게서 전해들은 남편 안재홍에 대한 관련 기억을 아래와 같이 증언하고 있다.

> 김부례 할머니는 남편인 할아버지를 늘 존경했어요. 제게도 자주 그런 말씀을 하셨어요. 할아버지는 집에 누워있다가도 할머니가 들어오면 바로 일어나 누울 정도로 부부간에 예를 갖추려고 했답니다. 집에서 할머니께는 꼭 존칭을 쓰셨다고 해요. 할아버지

납북 이후에 불편한 마음을 달래려고 절에도 가시고 저명한 스님
도 많이 만나셨는데 할아버지만한 인품을 가진 분은 찾지 못했다
고 말씀하셨어요(안혜초 안재홍 증언녹취 영상자료, 2019).

안재홍은 손자 손녀들에게는 자상한 할아버지였다. 공적 활동으
로 바쁜 중에도 명절날 집에 찾아온 손자 손녀를 일일이 무릎에 앉
히며 사랑을 표현했다.

제 이름 혜초(惠初)는 할아버지께서 직접 지어주셨어요. 은혜의
처음이라는 뜻이지요. 명절에는 돈암동에 계신 할아버지, 할머니
댁에 인사를 갔어요. 손님들이 아주 많이 와 있었지요. 할아버지
는 영찬 오빠, 나와 남동생, 여동생을 한 명씩 무릎에 앉히고 꼭
안아주셨어요. 그 뒤에 손님들이 계속 오셔서 긴 시간은 아니었지
만 자상하셨던 할아버지가 생각나요(안혜초 안재홍 증언녹취 영상
자료, 2019).

안재홍은 항일운동과 투옥, 해방 후 건국활동을 실천하는 과정에
서 자녀들과 함께 할 시간이 많지는 않았다. 아버지와 직접 대화 등
을 통한 교육이 제한적이었던 만큼 자녀들은 부친이 많은 글을 쓴
『시대일보』, 『조선일보』 등을 우편구독하면서 아버지의 삶과 생각
에 대해 간접적으로 알 수 있었고 이런 글을 통해 세상을 보는 눈을
키워나갔다.

시대일보는 다시 아버지를 쫓아서 조선일보로 바뀌었으나 그것은
졸업 시까지 꾸준히 우송되어 왔다. 나에게는 어머니와 동생들과

신문이 동열(同列)의 가족이었으며 신문만이 때로는 아버지를 느끼게 하였다. 이러한 무언의 간접교육은 보이지 않는 자력적인 힘으로 나를 아버지의 길로 끌어가고 있었던 것 같다(안정용, 1992, 364~380쪽).

항일운동의 대표적 이론가로 활동하면서 일제 식민지배를 날카롭게 비판했던 안재홍이었지만 정작 자녀들에게는 자신의 생각도 적극 강요하지는 않았다. 그러나 현실 문제에 대한 고뇌를 담은 부친의 논설, 사설, 시평 등은 자녀들의 인식 변화에 절대적 영향을 줬다.

나는 부친에게서 정치문제를 직접적으로 설득 받아본 일이 없다. 그러나 부친이 공표하는 글을 거의 하나도 빼놓지 않고 읽어 왔으며 이 글을 통해 무언의 교육을 받으면서 사회악과 대결하기 위해 부지런히 사회과학 방면의 서적을 탐독하기에 겨를이 없었다. 이리하여 나는 불온학생이라는 낙인이 찍힌 채 보성전문 상과에 진학한 것이다(안정용, 1992, 364~380쪽).

안재홍은 다 같이 평등한 백성으로서의 민(民)에 대한 관심을 실천했다. 그래서 자신의 호도 민중의 세상이라는 뜻으로 민세(民世)라고 지었다. 안재홍은 1927년 자신이 주도해 창립했던 신간회운동의 주요사업 가운데 하나는 당시 차별을 받던 백정의 신분 차별 철폐운동이었던 형평(衡平)운동의 지원이었다. 안재홍은 큰 아들 정용의 초등학교 가정환경조사서에 신분을 평민이라고 적었다. 다 함께 평등한 세상의 소중함을 자식에게 깨우치려 했던 안재홍의 자녀교육 의지를 엿볼 수 있는 대목이다.

〈사진 5-5〉청와대 만찬에서 노태우 대통령과 함께한 김부례 여사(1989.3.1)

소학교 시절의 일이다. 학교에서 가정 환경조사가 있어 신원카
드를 돌리고 있었다. 모두가 양반으로 적고 있는데 나만 평민으로
신고되어 일인 교장에게 심문을 당한 일이 있다. 마침 귀가하였던
아버지가 적어준 것을 멋도 모르고 학교에 내놓았을 뿐이다. 교장
이 심문하는 뜻을 알아볼래야 부친은 이미 상경한 후였다. 그러나
중학교에 다니면서 부친이 식육업자들의 조직인 형평사를 열심히
변호하여 일인에게 민족차별을 반항하면서 동포인 형평사원(衡平
社員)에게는 차별할 것이고 맹렬히 비판하는 것을 보고 비로소 평
민의 뜻을 깨달은 것이다. 그 다음부터 나는 평민으로 자처하여
오늘에 이르렀다. 내가 받은 교육의 방식은 대체로 이러한 것이었다
(안정용, 1992, 364~380쪽).

자녀들이 기억하는 아버지 안재홍은 9번 투옥으로 힘겨운 옥바라지를 해야 하는 존재였다. 한 번의 옥바라지도 힘에 겨웠을 것을 9번의 옥바라지는 가족에게도 엄청난 고통이었다. 그래도 안재홍이 7년 3개월간 항일 수난을 견딘 것은 대의를 위해 헌신한 부친의 뜻을 이해한 가족들의 격려 때문에 가능했을 것이다. 감옥의 차가움에 대한 기억은 아들 정용이 평생 공직에 나가지 않고, 집에 철문을 달지 않겠다는 비장한 결심을 하게 했다.

　　내가 서울로 올라오며 생긴 일은 붙잡혀 다니는 아버지의 뒤치다꺼리였다. 담요와 사식 차입, 면회 등 심부름을 다니느라고 경찰서 형무소 출입이 잦아지게 된 것이다. 고등계 형사나 감옥 형리들의 차디차게 쏘아보는 눈초리를 나는 지금도 서릿발같이 느낄수 있다. 엄한과 혹서에다 영양부족으로 말이 아닌 부친의 얼굴을 대하는 것도 규정시간이 되면 사정없이 내려닫는 판막이로 막혔다. 그 판막이를 두 주먹으로 두들기던 생각이 지금도 뇌리에 남아있다. 나는 평생을 두고 관리가 되지 않으리라고 결심한 것이 이 때부터이고 평생을 두고 집에 철문을 달지 않으려 한 것도 이 때부터이다. 나는 해방 이후에도 관도에 붙어 볼 생각을 낸 일이 없으며 지금도 철창 있는 대문 달린 집을 생리적으로 혐오한다(안정용, 1992, 364~380쪽).

　자식을, 남편을 감옥에 9번씩 보낸 사람들의 심정은 어떠했을까? 친일이 일상화, 보편화되는 가운데 안재홍은 무엇 때문에 자신의 뜻을 굽히지 않고 9번씩이나 수난을 감내했을까? 안재홍 주위에는 많이 드러나지 않지만 묵묵히 그 뜻을 응원한 보통의 조선사람, 특히 강인한 조선 여인들이 있었다. 안재홍의 항일 옥바라지를 하다가 첫 번째 아내 정순은 1938년, 어머니 남양 홍씨는 광복을 1년 남겨두고 유명을 달리한다.

항일운동자의 가족은 누구나 경험하는 것이지만 고투하는 당사자 못지않게 가족도 가시덤불의 길을 걸어야 하는 것이다. 어머니는 삼십 년간 부친과 본의 아닌 별거 생활을 지속하면서도 부친으로 하여금 후회의 생각이 없도록 적지 않은 농사 살림을 혼자 도맡아 왔고 우리 남매의 양육을 전담해오면서도 일언의 불평이 없었던 것을 나는 지금도 뼈아프게 추억한다. 당시는 지금보다도 추운 편이었던지, 엄동이 되면 기온이 내려가서 영하 이십도 전후를 오르내리는 것이 상례였다. 이러한 밤이면 차가운 감방에서 신음할 부친을 염려하여 노조모와 어머니는 거의 뜬 눈으로 새는 것이어서 그런 날일수록 연소한 나는 침울해지는 것이었다(안정용, 1992, 364~380쪽).

민족지도자로서 안재홍의 원칙 실천을 엿볼 수 있는 것 중에 하나가 공사 구분의 명확함이었다. 안재홍은 장남 정용이 자신의 항일 수난 과정에서 많은 희생을 했다는 것을 알았다. 그러나 민정장관 등 자신의 해방 후 영향력 있는 공적 정치활동 시기에는 만남을 제한한 듯하다.

부친이 민정장관으로 있는 동안 나는 자진하여 민우사의 출판 사업을 중지하다시피 하였다. 도시락을 싸가지고 장관실에 나가는 아버지에게 손톱만치도 폐를 끼치고 싶지 않았기 때문이다. 나는 한 번도 사용으로 선배 친지를 장관실에 안내해본 적이 없다. 또 안내해보았자 들을 분도 아니었다. 부친의 명함을 얻어주지 않는 것을 노여워하여 절교가 된 먼 친척도 있다(안정용, 1992, 364~ 380쪽).

안재홍은 겸손하면서도 깨끗한 지도자였다. 가까이서 함께한 부인 김부례는 안재홍의 청렴을 다음과 같이 증언하고 있다.

　　1947년 민정장관 했을 때 남의 돈·예물 받으면 돈 준 사람이 누른다고 돈은 안 받고 과일·계란·생선·고기는 받았습니다. 친척이 와서 취직시켜 달라고 하면 자기 없는 폭 잡으라고 거절했습니다. 삼남매 결혼 때 친구에게 폐 된다고 청첩장 안 냈습니다. 술·담배 하는 돈으로 형편이 어려운 아이 공부시키면 개인적으로 좋고 대한민국에도 좋다고 말씀했습니다(김부례, 1992, 361~363쪽).

손녀 안혜초도 부인 김부례 여사에게 전해들은 안재홍의 인품과 고모이자 안재홍의 외동딸인 안서용 씨 결혼식과 관련해서 조부의 청렴함을 증언하고 있다.

　　할머니 김부례 씨가 자주 말씀해주신 것은 할아버지가 늘 아랫사람들에게도 경어를 쓰려고 하셨답니다. 좀처럼 화를 내시는 일도 없었구요 과묵하지만 온화한 성품이셨답니다. 제가 어린 나이였지만 참석했고 후에 고모와 고모부에게 들은 것인데요, 1946년 할아버지가 한성일보 사장 시절 고모 안서용 씨, 사위 이태호 씨가 결혼식을 올렸어요. 서용 고모는 육영수 여사하고는 서울 배화여고 동창입니다. 아직 박대통령을 만나기 전이지요. 외동딸 결혼식이고 할아버지가 민족지도자에다가, 당시 서울 5대 일간지 사장이었으니 생각해보세요. 결혼 청첩을 하면 얼마나 많은 사람들이 오겠어요. 결혼식은 할아버지 집 돈암동 근처 성신여대 강당에서 열렸는데요. 할아버지가 주변사람들에게 폐 된다고 청첩장을 못하게 하셨답니다. 일제 때 결혼하신 제 아버지 정용 씨, 작은 아버지 민용 씨 때도 청첩을 하지 않으셨답니다. 고모와 고모부가 평생 두고 장인어른 참 대단한 분이라고 하셨답니다. 한편 서운하기도 하셨겠지요. 당시 여러 곳에 알렸으면 축의금만 해도 상당했을 텐데요(안혜초 안재홍 증언녹취 영상자료, 2019).

1945년 해방 후 발행된 현대대표 수필선 첫 권에 안재홍의 수필 '춘풍천리'가 실려 있다. 그는 당시 영향력 있는 문장가였다. 안혜초는 할아버지의 글 몇 편이 당시 국정교과서에 실렸던 것도 증언하고 있다.

1950년대 중반 이화여중 2학년 재학 중일 때로 기억해요. 그 전까지는 할아버지가 어떤 분이인지 잘 몰랐어요. 당시 학교 국어선생님이 「하얀길」이라는 작품으로 유명한 아동문학가 신지식 선생이었지요. 교과서에 「춘풍천리」라는 글이 실려 있어 배우게 되었어요. 필자가 안재홍이라고 나오자 신 선생님께서 이 글은 혜초 할아버지이신 민세 안재홍 선생께서 쓰신 글이라고 하셨어요. 친구들도 함께 놀랐지요. 저도 할아버지의 글이 교과서에 실린 것을 보고 대단한 분이라는 것을 이 때 더욱 더 알게 되었어요. 「독서개진론」, 「목련화 그늘에서」 등 할아버지가 쓰신 글이 교과서와 대학 교재에 나왔지요. 그 이후 그러다 슬그머니 사라졌어요(안혜초 안재홍 증언녹취 영상자료, 2019).

1953년 6월 안재홍이 납북당하고 나서 시집온 자부 김순경 씨는 시집오기 전에 이미 시아버지 안재홍에 대해 알고 있었다. 그는 안재홍이 대학승격운동을 주도했고 친구였던 정인보가 초대 학장을 맡은 국학대학 출신으로 대학 재학 시절부터 안재홍을 따르는 모임에서 활동했다고 한다.

> 원래 후에 시아버지 되는 안재홍 씨를 알았어요. 사람의 생각이 지금과 달라요. 지금은 현실적, 물질적인 것을 중시하지만 해방 당시 우리가 20대였던 시절에는 인격적인 사람을 따르려고 했지요. 저도 존경하는 그룹이 있었어요. 몇 년 전 문화부장관 지낸 연기자 유인촌 씨의 아버지 유택 씨를 비롯해서 여럿이 안재홍 씨를 존경했어요. 유택 씨도 국학대학 동기라 모임을 같이 해서 안재홍 씨 대해 전부터 잘 알고 있었어요(김순경 안재홍 증언영상 녹취자료, 2016).

김순경 씨는 안재홍의 납북, 전쟁 등 여러 불안한 상황에서 처음은 시집오는 것에 망설였지만 시아버지에 대한 존경심에 크게 이끌려 결혼을 결심했다. 이후 6.25 납북자 가족이라는 따가운 시선, 남편 안정용의 혁신계 활동 뒷바라지와 경제적 어려움으로 크게 고통을 받고 살았다.

> 내 아버님과 임시정부에서 활동한 독립운동가 양우조 씨와 친

구입니다. 양우조 씨가 시아버님과도 친해서 이 집에 소개했어요. 집에서는 처음 반대했어요. 그래서 한 1년 고민했어요. 53년에 6월에 전쟁 끝나기 전에 29세에 시집왔어요. 북아현동에서 살다가 나중에는 북가좌동에서 살았어요. 안재홍의 장남인 남편 안정용은 70년 4월 급작스레 죽었어요. 남편은 54년부터 혁신운동을 시작했어요. 태평로에 있는 민우사에서 시작했는데, 서상일 씨와 함께 시작했고 김성숙 씨는 나중에 합류했지요. 후에 서민호, 김도연, 전진한, 윤길중, 김철, 김기철, 조봉암, 양일동 씨 등이 다 같이 시작했는데 1년 있다가 생각이 달라 좌우로 갈라졌어요(김순경 안재홍 증언영상 녹취자료, 2016).

김순경 씨는 남편으로부터 시아버지 안재홍의 훌륭한 인품에 대해 자주 이야기를 들었다. 안재홍은 상식을 가진 원칙주의자로서 공과 사의 구분을 엄격히 하면서도 개인 돈을 모아 독립운동가 김좌진 장군의 아들 김두한 씨를 지원했다.

1947년 민정장관 시절이지요. 당시 한국인 최고 책임자였으니 주변 친척들이 이때다 싶어 남편 통해 여러 가지 청탁을 시도했나 봅니다. 이 때 시아버지가 남편에게 친인척 청탁 때문에 민정장관실에 친척이랑 같이 찾아오면 그 때는 너마저 안 보겠다고 단호하게 말했다고 해요. 내 친정아버지도 독립운동 하다가 고문당해서 종아리에 털이 안 나와요. 시아버지도 9번 감옥 가셨어요. 사상이나 정치이념은 잘 모르지만 그래서 존경해요. 훼절 안하시고. 누구든지 탄압받으면 훼절하지요, 난 한번만 가도 바로 그만둘 텐데. 시아버지의 부친인 안윤섭 님은 재산을 안 내놓으셨는데 모친인 제시할머니가 아들 많이 도와줬다고 해요. 그래서 시아버지는 김두한 씨도 많이 돕고 제 남편과 형 아우하고 지내고 나한테 형수님 하고 불렀어요. 윤봉길 의사 조카 윤남희 씨하고 제 남편 안정용 씨하고 둘이 1960년대 윤봉길 의사 기념사업회 처음 시작했어요. 시아버지도 해방 후 윤봉길, 이봉창 의사 유해봉환사업에 함께 했지요(김순경 안재홍 증언영상 녹취자료, 2016).

자료를 통해 볼 때 안재홍의 가족들은 안재홍이 비록 많은 시간을 함께하지는 않았지만 가족을 사랑했던 따스한 남편이자 부모, 시아버지, 할아버지로 기억하고 있다. 안재홍의 항일역정에는 가족들의 든든한 지원과 희생이 있었음도 알 수 있었다. 무엇보다 안재홍은 말보다 실천을 통해 가장 가까운 사람들에게 무언의 감동을 느끼도록 하여 자발적 헌신을 이끌어 냈다.

지인들이 기억하는 지도자 안재홍 이야기

중앙학교 시절 안재홍의 담임반 학생이었던 제자 이희승은 입학 당시 20살이 넘은 성인으로 만학도였다. 안재홍은 당시 수신(도덕) 과목을 맡아 학생을 가르쳤는데 매일 아침 조회 때는 꼭 훈화를 통해 무엇인가 절절히 학생들의 마음속에 파고드는 감명을 주었다. 또한 점심때는 도시락을 싸가지고 와서 교실 안에서 학생들과 함께 식사를 하며 학생들과 자주 이야기를 나누었다. 당시 담임반 학생의 회고에 의하면 안재홍을 소소한 일에 구애되거나 이끌리지 않고, 머릿속에 항상 차원 높은 선이 굵은 일을 생각했던 스승으로 기억하고 있다.

　　1916년 4월에 나는 현 중앙중고등학교의 전신인 중앙학교(4년제) 3학년에 편입학하였다. 필자는 이때에 처음으로 민세 선생을 뵙게 되었던 것이다. 선생은 매일 조회 때에 일장의 훈화를 하시는 것이 상례로 되어 있었으며, 그 말씀이 결코 달변이라든지 웅변은 아니었지만, 무엇인가 절절히 학생들의 마음속에 파고드는 듯한 감명을 주곤 하였다. 선생은 우리 반의 담임이기도 하였다. 점심시간이면 담임선생님이 도시락을 싸가지고 오셔서 교실 안에서 학생들과 함께 식사를 하며 여러 가지 이야기도 나누는 것이 당시 각 학급의 상례로 되어있었다. 하루는 선생이 식사를 마치신 후 도시락 그릇을 신문지에 꾸려가지고 나가시다가 젓가락을 교실 마룻바닥에 떨어뜨렸다. 그 젓가락은 곱돌로 만든 것이다. 짤깍하는 소리와 함께 도막도막 부러지고 말았다. 보통 사람 같으면 집어 들고 보든지, 그렇지 않으면 한 번쯤 돌아다보기라도 하는 것이 상정같이 생각되건만 선생은 그 젓가락이 떨어지는 소리를 들었는지 말았는지 극히 대범하게 담담한 태도로 교실에서 나가버리셨다. 나는 그 때 민세 선생은 보통 분이 아니시구나 하는 경탄의 인상을 받은 것이 오늘날까지도 마음속에 살아있다(이희승, 1991, 437~441쪽)

　　안재홍과 함께 일제강점기 『조선일보』에서 함께 근무했던 유광렬은 언론인 안재홍이 경영난으로 허덕이는 가운데서도 곧은 필봉으로 식민지 현실을 비판하며 빛나는 절개를 실천했고 배고픔을 참아

가며 글을 쓰는 모습을 증언하고 있다.

조선일보의 사장이 된 일도 있었으나 재정난은 여전하였다. 월
급은 아예 받을 생각도 안 하고 사원들의 고생은 아주 심했다, 주
필실에서 사설을 집필하던 그는 급사에게 시장해서 못 견디겠다
하면서 양복주머니에서 미숫가루와 설탕을 꺼내서 물에 타오라고
하면서 쓰는 때도 있었다(유광렬, 1981, 575~579쪽).

해방 후 안재홍이 사장으로 있던 『한성일보』에서 편집부장으로
인연을 맺어 함께한 사람이 송지영이다. 그는 후에 소설가로 활동하
며, 한국문화예술진흥원장 등을 역임했다. 송지영은 안재홍이 붓을
무기로 사람들에게 감동을 주었으며 그의 뛰어난 글쓰기 능력과 지
조를 지킨 저항의지를 높이 평가했다.

일제의 설움을 받던 시절 민세는 붓 한 자루를 무기 삼아 그야
말로 종횡무진 필탄을 퍼부어 많은 사람들 가슴에 혈조(血潮)를
끓게 하였던 것은 새삼 말할 나위도 없다. 그것이 민족문제라거나
문화문제에 이르러 붓끝에서 피어나는 문장이 때로는 폭포처럼 쏟
아지고 때로는 대강대하처럼 굽이돌면서 이를 사로잡는 것이 같은
시대 누구보다도 뛰어났음은 지금까지도 말하는 사람이 많다. 민
세가 글을 쓰는 모습을 옆에서 지켜보노라면 항상 고여 있는 물이
넘쳐나듯 별로 생각을 더듬는 것 같지도 않게 붓만 잡으면 그대로
일사천리로 써 내려갔고 잠시 붓이 멈출 때면 웅 소리를 내며 주
위를 휘둘러보곤 하였다. 민족의 긍지를 지녀 저항정신으로 일관
하여 온 일제강점기 그의 문장들을 모아 몇 권의 책으로 낸다면

틀림없이 후세에 길이 남을 고전이 될 것이다(송지영, 1991, 460 ~466쪽).

독립기념관장을 지낸 이문원 중앙대 교육학과 명예교수는 선친으로부터 자주 들은 안재홍의 빠르고 논리 정연한 글쓰기 습관을 증언하고 있다. 안재홍은 속필의 대기자로 마감을 앞두고 10분이면 사설이나 시평 하나를 논리적으로 쓰는 능력을 가지고 있었다.

선친께서 자주 안재홍 씨는 참으로 속필이라고 했어요. 조선일보 시절 원고는 부족한데 신문마감시간이 다가오면 여지없이 그 때부터 10분 만에 사설이나 시평, 논설 하나를 쓸 만큼 대단한 필력을 소유했다고 해요. 그래도 틀린 문장이 거의 없었답니다. 당시 언론인 가운데 안재홍의 속필을 따라갈 사람이 없었다고 해요. 그만큼 평소 많이 읽고 쓰고 생각을 정리한 덕분이겠지요. 조선일보 시절 선친은 모자라는 신문사 자금 마련하느라 동분서주하고 민세는 매일 글 쓰느라 정신이 없었다고 해요(이문원 안재홍 증언 영상 녹취자료, 2019).

안재홍은 해방을 앞둔 일제 말기 일본 관헌의 감시를 피해 서울시내 모처를 옮겨 다니며 해방 이후 정국을 구상했다. 당시 8살 나이의 이문원 씨는 아버지 이승복과 함께 서울 모처 임여관에 있었던 안재홍에 대한 구체적 기억을 가지고 있었다.

안재홍 씨와 선친 이승복 씨는 일제 말기에 도피 중이었어요. 서울 시내를 전전하며 다녔지요. 제 기억에는 제가 8살 무렵인 1945년

3월인가 덕수궁 부근에 있던 임여관에 두 분이 함께 묵으실 때 찾
아간 적이 있어요. 거기 가면 과자 등 간식이 있어 가끔 몰래 이곳
을 들렀던 기억이 나요. 선친은 이 때 다시 투옥되었지요(이문원
안재홍 증언영상 녹취자료, 2019).

〈사진 5-6〉 존슨 미국대사 방문 기념사진
(왼쪽 첫 번째가 평주 이승복, 다섯 번째가 민세)

안재홍은 1945년 8월 16일 위원장 여운형을 대신해서 조선건국준
비위원회 부위원장 자격으로 국내 남아있던 민족지도자를 대표해
경성방송국(현 KBS 전신)에 나가 '해내, 해외 삼천만 동포에게 고함'
이라는 최초 해방 연설을 한 인물이다. 1945년 8월 15일 해방 당시 중
학생이었던 언론인 송건호는 8월 16일 오후 휘문중학교에서 해방연
설을 할 당시 안재홍을 이렇게 묘사하고 있다.

〈사진 5-7〉
해방 다음날 휘문중학에서 기념 연설하는 민세(1945.8.16)

　해방 다음날인 1945년 8월 16일 오후 늦게 종로 계동 휘문중학
교정에 운집한 시민들 앞에서 말할 수 없이 초라한 어떻게 보면
걸인 같은 모습의 한 50대 중반의 신사가 해방된 민족의 앞날에
관하여 열변을 토하고 있었다. 얼굴이 영양실조와 고생으로 윤기
없이 까맣게 탄 이 노신사야말로 민중이 존경해마지 않는 민족지

도자 안재홍이었다. 삼엄한 일제의 총검 치하에서, 그들의 온갖 협박과 유혹을 물리치고 끝내 조선민족의 양심을 지킨 민족지도자 민세 안재홍의 있는 그대로의 모습이었다(송건호, 2009, 153쪽).

장용준 씨는 경기도 평택 출신으로 젊은 시절 경찰로 일했다. 그는 1947년 2월부터 안재홍 민정장관의 서울 돈암동 자택의 경비업무를 담당했다. 그는 당시 아침저녁으로 안재홍을 지근거리에서 만날 수 있었고 그의 과묵하지만 따스한 성품을 여러 차례 인상 깊게 느꼈다고 회고하고 있다.

> 안재홍 장관은 고향 사람이라고 저를 아껴주셨어요. 물론 다른 사람도 잘 대해 주었구요. 지금도 기억나는 것은 이 분이 저희들에게 반말을 하거나 하대를 하지 않았어요. 민정장관이면 군정 당시 한국인 최고 책임자이지요. 젊은 나이였지만 진정성 같은 것을 느낄 수 있었지요. 밖에서 근무한다고 고생 많이 하니까 음식이나 의복 등 잘 챙겨주라고 부인 김부례 씨께 자주 이야기했어요. 저녁에 퇴근하시면 불편한 것은 없었는지 묻기도 했지요. 특히 고향 선배라 자랑스럽고 존경했지요. 김부례 여사도 밤마다 경비 서는 우리를 위해 음식도 잘 챙겨주시고 많이 배려해주셨어요(장용준 안재홍 증언 녹취자료, 2006).

〈사진 5-8〉 민정장관 시절 돈암동 자택에서 경비대원과 함께

　해방 후 부산 동광국민학교에서 선친 안상수 씨와 함께 안재홍의 강연을 들었던 안병택 씨는 선친에게서 들은 안재홍의 깨끗하고 청렴한 지도자의 이미지를 아래와 같이 증언하고 있다.

　선친 안상수 씨(1908~1971)가 해방 전 일본서 사업을 하다 해

방 후 귀국해서 함경도 지역에서 사업을 하면서 안재홍 씨가 국민
당을 창당할 때 함께 인연을 맺었지요. 1948년 10월 초 선친이 당
시 안재홍 씨가 사장으로 있던 한성일보의 경상도지국을 총괄해서
사장이었던 안재홍 씨를 모시고 부산과 마산 등 한성일보 지역지
국을 돌며 강연을 하게 됐지요. 부산 강연은 저도 기억이 나는데
부산 동광초등학교 강당에 자리가 모자라 밖에서 듣는 사람이 많
을 만큼 인산인해를 이루었어요. 강연 끝나고 당시 경상도 지사가
자기 차를 안재홍 선생에게 내준 것이 기억나요. 선친으로부터 안
재홍 선생은 깨끗하고 청렴한 지도자였다고 자주 듣고 했어요. 민
정장관이면 요즘으로 치면 임시대통령이었죠. 이때 강연 관련해서
선친이 별도 사진자료집까지 만들어서 지금까지 보관해오고 있어
요(안병택 안재홍 증언영상 녹취자료, 2019).

〈사진 5-9〉
『한성일보』 사장 시절 부산 동광초등학교에서 연설하는 민세(1948.10)

안재홍은 1949년 서울 돈암동에 2년대 초급 대학인 중앙농림대학을 세우고 학장으로 활동했다. 당시 1학년 학생으로 수학했던 이기연 씨는 교가의 가사를 '2,600여 만 정보 국토를 보니 홀로 곧은 붉은 산에 사막이 되고 20세기 온 누리에 물질문명은 무궁한 영토 피에 채색하도다'로 뚜렷하게 기억하고 있었다. 또한 학교 상황을 이렇게 증언하고 있다.

거기 중앙농림대학은 농한기에 학교에서 공부를 하고, 농번기에는 집에 와서 실습을 했어요. 그러니까 우리 같은 사람은 농촌 사람들이 농한기에 보통 놀잖아요. 그 때는 부업도 없었고, 그렇게 되니까 농한기에는 대개 농촌사람들은 다 농사가 없으니까 다 놀고, 여름에 농번기나 돼서 일하고 했는데, 농한기에 가서 다른 학교는 농한기에는 방학을 하잖아요. 겨울에 방학을 하고 그런데 여기는 농한기에 가서 공부를 하는 거야 기숙을 해가지고 공부를 하고, 농번기에는 집에 와서 실습을 하고, 그러니까 우리 어려운 사람들 생활에는 딱 맞는 거였지요(이기연 안재홍 증언영상 녹취자료, 2018).

그는 당시 중앙농림대학 학장 안재홍의 인상과 활동을 아래와 같이 구체적으로 기억하고 있었다.

조금 여기 사진에 그 안경 검은 테 안경을 쓰시고, 중절모자 검은 거 이렇게 쓰시고, 그 때 그 스틱이라고 안장 같은 그걸 짚고, 지팡이. 영국 신사가 한다는 그 이렇게 둥그런 거 손에다 걸고 그런 지팡이가 있어요. 그걸 그렇게 짚고 오신 거 같아요. 그런데 오

서서 강연을 하시고 그러면은 학생들이 이제 쭉 강당에 모여가지
고 이야기를 듣고 그랬는데, 두루 농촌에 대한 그 무슨 계몽 같은
거 그때 우리 대한민국에 농촌이란 건 뭐 농사도 시원찮고 일제
강점기 지나고 무슨 계몽 같은 거 농촌이 앞으로 어떻게 잘 살아
나가야 한다는 거 그 말씀을 들은 거 같아요(이기연 안재홍 증언
영상 녹취자료, 2018).

1950년 5월 2대 국회의원 선거 때 안재홍은 평택에서 무소속으로
출마했다. 고향 후배로 율포리에 살던 안재창 씨는 선거 당시 평택
서정리 시장 유세 때는 안재홍과 같은 순흥안 씨 참판공파인 안중근
의사의 딸이자 김구의 며느리인 안미생 씨가 내려와 도와줬다고 증
언했다.

우리 평택군에 국회의원 후보가 많이 나왔어. 이때 안중근 의사
의 딸이 와서 유세를 도와줬어. 안미생 씨라고. 안재홍 씨가 국회
의원 나오고 하는데 나는 그 때 서정리 역전을 가보니까 한번 볼
려고들 사람들이 거기 많이 다 모였었다고. 나는 거기 나왔으니까
봤지. 서정리 시장에서 차 세우고 거기서 안재홍 씨는 유세를 했
고, 다른 후보자 최기설은 역전에서 했지. 당시 안재홍 씨 유세 하
는데 만 사람이 많았지. 당시 평택에서는 안재홍 씨가 제일 인기
높았지. 그래서 높은 지지로 당선을 했는데 6.25사변이 터졌어(안
재창, 2018, 안재홍 증언영상 녹취자료).

1999년 12월 4일 200여 명의 지역과 전국 각계인사가 참여한 가운
데 평택시 송탄출장소 대강당에서 안재홍기념사업회 창립 발기인

대회가 있었다. 필자는 당시 준비위 사무국장으로 행사를 총괄했다. 이날 행사에 해방 후 젊은 시절 안재홍, 김규식 등과 함께 좌우합작 추진위원회, 민족자주연맹에 참여했고 60~70년대 민주화운동에도 힘썼던 강원룡 전(前) 크리스찬아카데미 이사장이 참석했다. 행사 중간 휴식 때 인사를 드리니 필자를 조용한 곳으로 데리고 가서 손을 꼭 잡으며 "늦게 마나 기념사업회가 생긴다니 너무 반가워요. 진작 선양되었어야 할 인물이지요. 내가 해방 공간에서 만난 인물 중에 특히 민세는 인품이 훌륭하고 통합을 강조해서 존경을 했던 분이지요. 내가 살아있는 동안에는 행사에 참여할 테니 열심히 추진해보세요"하며 격려했다. 강 이사장은 안재홍과의 인연, 인품에 대해 1965년 별도의 추모기도 남겼다. 여기에 그는 안재홍이 도덕적 에너지를 가진 인품 있는 지도자이자 배타적 민족주의가 아닌 개방적 민족주의를 지닌 지도자로 평가하고 있다. 이런 안재홍의 리더십은 후배 강원룡 목사가 종교간 대화를 이끌고 생각이 다른 사람들 사이에 소통하는 훈련의 중요성을 실천하는 데도 영향을 끼쳤다.

나는 선생님이 결코 난국을 시원시원하게 척척 타개할 강력한 지도자라고 생각하지 않습니다. 다만 지성과 도덕의 에너지로 몸을 이룬 지도자였습니다. 한국 민족의 고유한 얼을 찾아 고전의 구석구석까지 찾아 거기서 찾은 민족의 얼은 지식에 그친 것이 아니고 선생님의 몸이 되고 뼈가 되었습니다. 그러나 선생님이 그 해박한 지식을 통해서 얻은 우리 민족의 얼은 결코 배타적 민족주의가 아니었습니다. 그것은 자유민주주의를 꽃피게 하며 자유와 질서의 균형 잡힌 열매를 맺게 할 훌륭한 흙이었습니다. 제가 기억하는 선생님은 그 뿐 아니라 온몸에서 도덕적 에너지가 풍겨 나오는 지도자였습니다. 해방 후 분단된 국토에서 정권을 독점하기 위해 전개된 그 추잡한 정략, 음모, 중상에 빗발치는 정쟁의 틈바구니 속에서 나는 선생님께서 그런 방식의 정치가는 될래야 될 수 없는 체질을 가진 분인 것을 알았습니다(강원룡, 2008, 275쪽).

2006년 10월 한국프레스센터에서 열린 제4회 민세학술대회 때 뜻밖에도 이문영 고려대 명예교수가 참석했다. 이문영 교수는 70~80년대 민주화운동에 헌신하다가 3차례 걸쳐 9년 6개월 해직을 당하고 5년간 투옥된 원로 행정학자였다. 학술대회를 내내 경청한 후 필자와 잠시 대화했다. 내용을 요약하면 삶의 마지막 저서 출간을 준비하고 있으며 일하는 조직에 대한 관심을 가지고 연구한 마지막 책에 관심 있는 인물이 안재홍과 유일한이라고 했다. 이문영 교수는 2008년 자서전적인 책인『겁 많은 자의 용기』를 출간하고 작고했다. 이 책에 지도자로서 안재홍에 대한 평가가 언급되어 있다.

내가 개인적으로 안재홍 씨를 귀하게 여기는 것은 극빈, 가난함, 중간, 잘삶, 부자의 5단계 가운데 잘삶이 만인에게 보장되어야 한다고 생각하는 것을 보아 나는 우파이고, 민주화운동 때 좌파를 포용했던 것을 보아도 나는 우파이기 때문이다. 나는 오늘에도 필요한 정치가는 우파이면서 좌우를 포용하며 부패하지 않은 정치가라고 본다(이문영, 2008, 664~665쪽).

안재홍의 삶이 이문영의 삶에 준 영향은 세 가지가 있다. 우선 불의에 대해서는 비타협적이었다는 점이다. 또한 긴 시간의 수난과 고통을 견뎌야 했다. 또한 다른 가치관의 존재를 인정한 포용력, 마지막으로 부패하지 않으려고 노력한 점이다.

　지금까지 일제강점기와 해방 후 시기에 걸쳐 안재홍을 직접 만난 적이 있는 지인들이 기억하고 평가하는 지도자 안재홍에 대해 살펴보았다. 일제강점기 안재홍은 실천하는 리더로서 고난을 마다하지 않고 사설과 시평을 통해 민중을 계몽하고 후배 기자들에게 모범을 보여줬다. 해방 이후에도 안재홍은 통일 민족국가 수립을 위해 노력했으며 특히 소통과 통합의 리더이자 솔선수범하는 리더로서 시대 과제 해결에 최선을 다했다.

온정적 합리주의
리더십

온정적 합리주의 리더십의 의의

리더십이란 '공동목표를 달성하기 위하여 한 개인이 집단의 성원들에게 영향을 미치는 과정'으로 리더십 과정은 영향을 미치는 과정이자, 집단 상황에서 발생하며, 목표달성과 관련이 있다[192]. 또한 리더십은 무엇을 해야 하고 그것을 어떻게 할 것인가를 이해하고 합의하도록 타인에게 영향을 미치는 과정이며, 공유된 목표를 달성하기 위해 개인 및 집합적 노력을 촉진하는 과정이다[193]. 리더십은 결국 타인에게 다양한 방식의 자극을 통해 일정한 영향을 미쳐 변화를 이끌어 내는 고도의 노력이다.

합리주의는 인간행동은 이성적 활동에 바탕을 두고 이루어지며 이성은 독단적 판단을 막고 합리적인 의사결정에 이르게 하는 수단이라는 인식론적 기초에 바탕을 둔다[194]. 이는 서양 근대의 이성 우위의 사고에 기초한 것으로 인간의 이성적 사고에 대한 절대적 믿음을 중시한다[195].

그러나 합리주의에 입각한 리더십은 효율성을 비롯한 많은 준거가치를 합리적으로 추구할 수 있지만, 인간 선택이 늘 합리적일 수 없다는 한계, 개인이 모여 이루는 조직의 이기성, 개인 행동과 조직

행동의 불일치, 주변 상황에 따른 가변성, 합리성 추구에 따른 비용 증가, 구성원들의 심리적 요인 무시와 같은 한계를 가지고 있다[196]. 따라서 합리적 패러다임이 지나치게 강조될 경우에는 조직 분위기는 활력을 잃고 비인간적 문화가 형성된다. 또한 조직 내 개인 소외 현상의 증가로 조직 역량 강화에 장애 요소가 될 가능성도 커진다.

온정주의는 위에서 언급한 합리주의를 자연스럽게 보완하는 기능을 한다. 온정이란 자신과 타인을 이해하고 감정을 공유하는 것으로 감정이입과 유사하게 사용되며, 타인의 고통을 완화하고 고통을 겪는 타인에 대한 특별한 배려를 위한 욕구로 사용되기도 한다[197]. 온정주의적 사랑은 근본적으로 타인에게 가치를 부여하는 것이고, 타인에게 자유로운 선택권을 주는 것이며, 타인의 느낌, 필요에 관해 정확하게 인지하는 것이며, 개방과 수용의 태도를 가지고 정서적으로 타인에게 다가가는 것이다.

온정적 리더는 첫째, 양심적이며, 겸손과 신뢰라는 온정적 가치를 지니고 온정적 가치와 일치하는 행동을 실천한다. 그러나 현실에서 온정주의를 실천하기에는 많은 제약이 따른다. 온정주의가 지나치면 주관주의가 팽배해져 객관성이 사라지고 규범이 무너지며 온정주의가 추구하는 준거 가치인 평등성과 공정성이 무너질 수도 있다[198].

성인교육자는 '성인이 사회적, 정치적, 전문적인 영역에서 성장하고 발전할 수 있도록 교육활동을 제공하는 사람'이다[199]. 따라서 성인교육자가 이런 역할을 제대로 수행하기 위해서는 지속적으로 리더십 역량을 계발, 강화하는 것이 필요하다. 21세기 지식정보화 사회에서 성인교육자 리더십 개발을 위해서는 리더십 프로그램의 중요성을 인식하고, 각종 주제중심의 교육프로그램 속에 리더십교육을 연계하며, 리더십이론과 실제 현장과 조화를 목표로 하고, 경험을 통한 리더십 개발과 리더십을 중시하는 조직문화의 확산이 중요하다[200].

전통적으로 성인교육자의 리더십은 개인적 특성 이론, 행동 이론, 거래 이론, 조직문화와 리더십, 변혁적 리더십, 성과문화와 차이의 리더십, 윤리적 리더십 등이 제시되어 왔다. 그러나 이런 전통적 리더십은 성인교육자와 성인학습자의 상호작용을 근간으로 하는 윤리성, 자유성, 평등성, 공정성의 가치를 실현하고자 하는 성인교육의 준거 가치를 제대로 반영하지 못하는 한계를 가지고 있다[201]. 이에 따라 성인교육자의 새로운 리더십 개념으로 합리주의를 바탕으로 하되 온정주의를 보완·융합한 '온정적 합리주의' 관점의 중요성이 커지고 있다.

온정적 합리주의 리더십은 온정주의와 합리주의가 통합된 개념으로 각각의 한계점을 보완한 새로운 패러다임의 리더십이다. 이것은 합리주의를 기반으로 하면서 상황에 따라 온정을 베푸는 새로운 패러다임의 리더십이다.

온정적 합리주의 리더십(Compassionate Rationalism Leadership)은 이성적 상황 판단, 전략적 예측, 논리적 문제해결, 최적화 수행관리와 같은 합리주의 패러다임을 근간으로 하되 포용적 겸손, 공감적 배려, 이타적 협력, 신뢰 기반의 임파워먼트와 같은 온정주의 요소로 보완한 리더십 특성을 가지고 있다[202].

이러한 온정적 합리주의 리더십은 이성과 감성, 영성이 어우러지는 전체적 사고로 홀리스틱한(holistic) 리더십에 접근하며, 인성을 중시하는 동양적 패러다임과 실적과 성과를 강조하는 서양적 패러다임을 종합한 특성을 가지고 있다[203]. 최근 '통섭'과 '융복합'의 중요성이 강조되고 있다. 이는 보수·진보를 넘어서 타자의 장점을 이해하고 수용하려는 현실적 변화 노력이다. 세계의 변화도 더욱더 다양성이 증대되고 있어 상황에 대한 복합 사고에 능한 복합력을 키워나가야 한다. 그런 의미에서 이성과 감성, 동양과 서양을 동시에 보려고 하는 온정적 합리주의 리더십은 지금의 리더십 패러다임 전환의 시대 흐름과도 맥이 닿아 있다.

온정적 합리주의 리더십의 구성 요소

최은수가 개발한 온정적 합리주의 리더십 측정도구인 CRLQ(Compassionate Rationalism Leadership Questionnaire)는 2개의 차원, 즉 합리주의 리더십과 온정적 합리주의 리더십에 각각 4개의 하위요인으로 구성되어 총 8개 하위요인으로 구성된다. 합리주의 리더십의 하위 구성요인은 이성적 상황판단, 전략적 예측, 논리적 문제해결, 최적화된 수행관리이다. 온정적 합리주의 리더십의 구성요소를 정리하면 아래 〈표 5-1〉과 같다.

첫째, 이성적 상황판단이란 조직의 현 상황을 이성적으로 판단하여 최적의 대안을 결정하는 것이다. 둘째, 전략적 예측은 조직의 현재 모습 분석을 통하여 미래의 모습을 예상하면서 달성 가능한 목표를 수립하는 것이다. 셋째, 논리적 문제해결이란 조직의 현 상황을 파악해서 문제점을 분석하고 최상의 해결방안을 모색하는 것이다.

〈표 5-1〉 온정적 합리주의 리더십 구성요소.

차원	하위영역	정의
합리주의 리더십	이성적 상황판단	이성적 사고를 바탕으로 중요한 의사결정을 내려야 할 때 가장 효율적인 방향과 대안을 신속하게 판단하고 결정하여 대응함
	전략적 예측	장기적 관점으로 문제를 바라보고 이를 바탕으로 불확실한 미래의 변화를 치밀하게 예측하며, 선택과 집중을 통해 실현가능한 전략적 목표를 계획함
	논리적 문제해결	주어진 상황이나 임무관련 이슈를 다양한 관점 및 방법으로 분석하여 문제의 발생 원인과 핵심을 냉철하게 판단하고 문제 해결을 위해 논리적 맥락을 파악하여 해결방안을 제시함
	최적화 수행 관리	다양한 인적·물적 자원을 최적의 상태로 유지 또는 관리·통제하여 효율성을 극대화하여 성과의 질을 높임
온정주의 리더십	공감적 배려	상대방의 감정과 심리상태에 많은 관심을 가지고 세밀히 파악하려고 하며, 상대방의 입장에서 생각하고, 처한 상황에 따라 배려함
	포용적 겸손	자신의 생각과 행동에 대해 성찰적인 관점을 지니고, 다른 사람들의 비판적인 피드백에 대해서도 겸허한 자세를 가지며 상대방의 다양한 의견을 경청하고 긍정적으로 수용함
	이타적 협력	상대방을 위해 자기희생적 행동을 취하고, 자발적으로 구성원들이 필요한 부분을 도와주며, 자신에게 이득이 되지 않은 일이라도 기꺼이 솔선수범을 보임
	신뢰 기반 임파워먼트	구성원들과 진정성 있는 신뢰를 바탕으로 스스로 역량을 향상시킬 수 있도록 다양한 경험과 기회를 제공함과 동시에 이에 걸맞은 권한을 부여하면서 구성원들이 성취감을 가질 수 있도록 지원함

출처: 최은수, 2014, 221쪽.

넷째, 최적화 수행관리란 조직이 보유하고 있는 인적·물적 자원을 파악하고 효율성 증대를 위한 최적의 방안을 제시하는 것이다.

　온정주의 리더십의 구성요인은 공감적 배려, 포용적 겸손, 이타적 협력, 신뢰 기반 임파워먼트이다. 첫째, 공감적 배려란 리더가 조직 구성원의 처지에 관심을 두고 구성원 입장에서 상황을 이해하고 배려하는 것이다. 둘째, 포용적 겸손은 구성원을 대할 때 자신을 낮추고 공손한 태도로 진실하게 대하는 것이다. 셋째, 이타적 협력은 리더가 자신의 이익을 버리고 조직의 이익을 위하여 순수한 마음으로 조직의 발전을 위하여 자신을 희생하고 헌신하는 것이다. 넷째, 신뢰 기반 임파워먼트는 구성원들에게 진정성 있는 언행을 통하여 얻은 신뢰를 기반으로 하여 구성원들에게 권한을 위임하고 조직의 의사결정에 구성원들을 적극 참여시켜 구성원들이 성장할 기회를 부여하는 것이다.

안재홍 리더십의
합리주의 실천

이성적 상황판단

안재홍은 합리주의 패러다임의 첫 번째 요소인 이성적 상황 판단에 뛰어난 인물이었다. 이성적 상황판단이란 조직의 현 상황을 이성적으로 판단하여 최적의 대안을 결정하는 것이다. 그는 일제강점기와 해방 당시 상황을 정확하게 진단하고 리더로서 확고한 자기 정체성을 가지고 있었다. 그의 삶의 역정 곳곳에는 이성적 상황을 판단하기 위한 치열한 지적 투쟁과 민중계몽을 위한 실천이 담겨있다.

1919년 3.1운동 이후 새로 임명된 조선총독 사이토는 조선지배를 위해 문화정치를 표방하고 행정상의 형식주의 타파, 조선인 민의 수용, 조선인 전통의 존중, 지방자치제도 실시를 약속했으나 이는 동화주의 지배체제를 실현하기 위한 방법상의 전환에 불과했다[204]. 이후 1920년대 중반 이후 국내에서는 동아일보 김성수, 송진우, 천도교 최린 등을 중심으로 독립을 포기하고 일본으로부터 자치권이라도 얻자는 자치운동이 확산되고 있었다. 당시 자치파들은 큰 희생 없이 자신들이 원하는 체제를 얻으려고 하였다[205]. 안재홍은 당시 이런 자치론의 역사인식을 이성적 상황판단이 아니라고 비판했다. 이를 그는 일제의 동화정책을 추종하는 것으로 파악하고 이들 타협적 민족주의자에 맞서 비타협적 민족주의자와 사회주의자들의 공동전선을 주장했다. 그는 자치론에 맞서 정치적 기치를 분명히 하고 독립운동 세력이 절대독립을 위해 힘을 모을 것을 호소했다.

순수한 민족운동으로부터 사회운동으로 방향을 전환해 우리 해방 전선에 양대 진영(비타협적민족주의와 사회주의)이 함께 가는 것을 보게 된 것은 당연한 형세이다. 그 정전(征戰: 일제에 대한 투쟁)의 과정에 있어서 견고한 공동전선의 편성을 절규하는 바이다. 우리의 진지(陣地: 독립운동의 전선)를 숙청(肅淸)하자! 그의 혼돈(混沌)한 전선(戰線)을 정리하자(『조선일보』, 1925년 1월 21일자).

〈사진 5-10〉 신간회 창립을 마치고(1927.2.16)

그러나 1920년대 후반 민족운동사에 큰 역할을 하며 1929년 광주 학생운동을 전국화 하여 항일의식 고취에도 힘쓴 신간회는 내부 갈등과 일제의 분열 공작으로 1931년 초부터 사회주의자들이 주도해 해소론이라는 위기를 겪는다. 당시 『조선일보』의 안재홍은 신간회 해소 반대론의 선봉에 섰으며, 잡지 『삼천리』는 신간회 신임 간부진의 정책 전환과 관련해서 해소 반대여론 조성에 힘을 기울이기도 한다[206]. 그는 신간회 해소를 비판하고 "(신간회) 해소한 뒤에 무엇을? 또 어떻게 할 것인가? 현실적으로 강고한 대중적 투쟁을 조선의 엄숙한 현실에서 확립할 수 있는가?"[207]라고 반문하며 "상호불신임과 상호중상과 상호폭력적인 알력(軋轢)은 사회의 역량의 자기 파괴와 훼손 밖에 아무 수확이 없을 것이다"[208]라며 사회주의자(국제주의자)의 해소론을 적극 비판한다. 신간회 해소는 당시 민족운동 진영의 커다란 분열을 가져왔기에 안재홍의 신간회운동과 신간회 해소론 반대는 리더로서 이성적 상황판단을 한 예로 볼 수 있다.

안재홍은 일제가 동화론의 근거로 내세운 한민족과 일본이 같은 뿌리라는 일제가 날조한 대표적 식민사관인 일선동조론을 극력 비판한다. 그는 조선인과 일본인을 인종적으로 다르다고 구별해서 관찰하는 것은 편협한 생각이 아니고 엄숙한 사실임을 인식해야 한다고 주장했다[209]. 이런 일제의 간교한 동화정책과 식민사관 유포에 맞서 그는 부단하게 조선인의 각성과 단결을 촉구했다.

조선인은 각 사람이 모두 각각 조선인의 생존문제에 관하여 최대 또는 최선의 관심을 가지고 있는가? 조선인은 허락된 조건에서 최대한 합의와 성심으로 상호부조의 결속을 하는가? 조선인은 사람사람이 각자의 최적한 일을 골라서 모든 불리를 무릅쓰고 그에 정진할 열의와 정성이 있는가? 실로 조선인에게 크게 외치고 싶은 일이다(『조선일보』, 1932년 2월 2일자).

안재홍은 이성적 상황 판단 하에 일제강점기 당대 현실을 분석하면서 조선의 세 가지 큰 병으로 유교에 대한 지나친 숭배는 다른 모든 사상을 무시했으며, 과학기술의 발전을 저해하고 권력 다툼에 이르러 큰 피해를 준 것을 비판했다[210]. 또한 청년들에게 비관적 생각에서 벗어나 이성적이고 냉정한 태도로 세상의 변화에 대해 자신감을 가지라고 촉구했다.

공허한 눈물과 한탄은 우리의 앞길에 조금도 유익할 것이 없다. 다만 세상의 변화를 잘 살펴 우리의 앞길을 개척하는 것이 제일 좋은 비책일 것이다. 우리의 쇠퇴의 현상만 보고 비관할 것이 아니라 청년의 행동, 학생의 원기 발랄한 것을 잘 보아서 우리 장래를 낙관할 것이다. 쇠퇴한 경성(서울)만 보지 말고 신생명이 잠재해있는 경성을 잘 살필 것이다. 우리의 살 길이 어디에 있는지(『별건곤』 23호, 1929년 9월).

안재홍은 해방 후 통일 민족국가 수립에 헌신하면서 당시의 상황이 국제적으로는 강대국의 협조와 국내적으로는 민족주의와 사회주의의 협동 속에 새로운 통일 국가를 수립해야 할 때라고 판단했다. 그는 전 세계 모든 민족이 동일한 조건에서 사회발전을 이루는 것이 아니며 다양성이 있기에 각 나라마다 그 특수성(일도성)에 대한 이

〈사진 5-11〉 한독당 간부들과 함께(앞줄 오른쪽 첫 번째가 민세)

해의 바탕 위에서 다양성이라는 세계사의 변화를 따라가야 한다고
보았다.

> 어느 민족의 독립사와 혁명 성취의 역사에서든 전혀 똑같은 일
> 은 하나도 없는 것이다. 여기에서 역사는 그 노출되는 면이 본질
> 적으로 복잡 다양한데서 다양성(多樣性)이란 것이 있고 또 반드시
> 한 번만에 국한되는 특수성(特殊性)이 있음에서 그것을 일도성(一
> 度性)이라고 하는 것이다. 이 일도성과 다양성은 정치지도자가 언
> 제나 총명한 통찰과 파악을 요하는 것으로 현대 조선에서 더욱 그
> 필요가 있다(『한성일보』, 1948년 11월 28일자).

안재홍은 직업 언론인으로 활동하면서 이성적 상황 판단에 기초
한 다양한 정보 분석을 통해 해방 공간에서 한민족이 나가야할 방향

은 초계급적 민족통합국가의 건설이었고, 이런 원칙을 바탕으로 자신이 처한 시대의 과제를 해결하려고 하였다. 또한 공산주의에 대해서는 개인의 자유를 무시하는 면과 계급독재가 가지는 한계 때문에, 조선과 같이 신생 독립국가인 조건 아래에서는 필요하지 않다고 주장했다[211].

전략적 예측

전략적 예측은 조직의 현재 모습 분석을 통하여 미래의 모습을 예상하면서 달성 가능한 목표를 수립하는 것이다. 전략적 예측을 위해서는 늘 다양한 정보를 분석하고 남다른 목적의식을 가지는 것이 필요하다. 안재홍은 과묵하기는 했으나 성실했고, 사교적이라고 할 수는 없지만 사람을 안심케 하고 사람의 옷깃을 바르게 하며 낮은 목소리는 인상적이고 위엄을 가지게 하며 정확한 판단을 내리는 사람이었다[212]. 일제강점기 중국 문제를 포함한 세계정세에 관심을 가지고 세계변화의 흐름에 대해 예측하는 글을 다수 남겼으며 특히 중국과 동아시아의 변화에 대해서는 별도로 『중국의 금일과 극동의 장래』라는 글도 남겼다. 이는 늘 전략적 예측에 대해 많은 관심을 가지고 있었던 지도자라는 사실을 방증하기도 한다. 전략적 예측과 관련한 사례 몇 가지를 제시하면 아래와 같다.

안재홍은 1931년 한 잡지와의 인터뷰에서 2차 대전의 발발을 예측했다. 비록 1934년으로 예상해서 실제로는 몇 년 후에 일어난 역사적 사실과는 차이가 있지만 1931년 일본이 만주사변을 일으켜 대륙

으로 진출하는 상황 등을 분석해 전쟁을 예측한 것은 흥미로운 측면
이 있다.

> 제2차 세계대전은 1934년에 발발하지요. 상대진영은 전 중국대
> 륙과 그외 북방과 태평양 해상, 일본, 중국, 미국, 러시아가 주역이
> 요 영국, 독일, 불란서, 이탈리아는 조연을 할 것입니다(『동광』,
> 1931년 11월호).

안재홍은 일제의 조선통치의 근본을 분석하고 향후 일제의 정책
이 어떤 변화가 있을 것이며 이에 따른 조선민족의 대응을 강조했던
지도자였다. 소위 일제의 문화통치가 한창인 1925년 이미 일본의 동
화정책에 따른 조선어 말살 정책이 추진됨을 예측하고 이에 대한 조
선 지식인의 대응을 촉구한다. 일본 문화통치의 허상과 본질을 꿰뚫
고 그에 대한 선제적 대응을 강조하면서 일본어 편중교육을 의붓자
식의 교육, 노예 교육이라고 비판했다.

> 조선인이, 스스로 그 자연의 국어(조선어)를 폐기하고 일본어에
> 동화할 이유가 없는 것은, 내가 예를 들어 증명할 필요가 없다. 일
> 본인이 강대한 권력의 압박으로 조선어의 사용을 금지하고 일어의
> 보급을 조장하여 조만간에 그 동화정책의 효과를 즐기려 하나, 그는
> 결국 공허한 망상에 그칠 것이다. 일본어 편중의 교육은 의붓자식
> 의 교육, 노예의 교육을 의미한다(『조선일보』, 1925년 5월 29일자).

일제는 또한 단군에 대한 부정을 통해 동화정책을 확산하려고 했
다. 이를 간파한 안재홍은 일부 친일학자들의 단군의 존재를 회의

혹은 부인하는 것은 편견에 불과하고 국조 단군의 이념인 홍익인간 (弘益人間)이야말로 자기희생과 자기발전의 이념적 표식이고 상부 상조와 사회협동의 영원불변할 지도원리라고 강조했다(『조선일보』, 1935년 10월 29일자). 그리고 단군 부정에 맞서 스스로 고대사연구에 몰두하며 단군의 역사적 실체를 찾아서 마니산, 구월산, 백두산, 무 등산(서석산) 등을 찾아 답사하고 그 결과물을 언론기고 등을 통해 알려나갔다.

안재홍은 제국주의라는 힘의 논리에 기초한 낡은 민족주의는 언 젠가 패배할 것이라고 예측했다. 그는 1930년대 사회주의가 강조하 던 국제주의나 일제가 내세운 동화적 국제주의를 모두 비판하고, 국 제주의는 세계적 발전의 상식이나 현재 각국의 사정은 나름대로의 독창성 내지 특수성도 있는 만큼 민족주의의 중요성도 부인할 필요 는 없다고 봤다. 1930년대 중반 그는 대안으로 국제적 민족주의, 민 족적 국제주의라는 융합적 사고에 바탕을 둔 '민세주의'를 주창했다. 흔히 열린 민족주의로 알려진 민세주의는 한국민족주의의 미래 방 향을 가장 논리적으로 예측한 사례에 속한다. 그는 민족적 특수성에 바탕을 두고, 세계적 국제적 보편성을 받아들이고 여기에서 축적된 역량을 바탕으로 다시 민족적 발전에 기여하는 '민족에서 세계로, 세 계에서 다시 민족으로'의 선순환을 강조했다.

현하의 국제정세는 그의 세계적 연관성에 의해 항상 상관적(相 關的)으로 진전되고 있는 것이니 이것은 이미 하나의 상식입니다. 그러나 또 각개의 나라에서 사정은 독창적으로 발전하고 있으니 이것은 또 현재의 상황에서 지나칠 수 없는 엄숙한 과학적 사실입니다. 세계로부터 조선에 다시 돌아오는 문화적 작업이 필요합니다(『조선일보』, 1935년 6월 6일자).

안재홍의 80년 전 열린 민족주의 예측은 현재의 관점에서도 시사한 바가 크다. 이는 급격한 세계화와 국제화의 추세 속에서 자기민족의 정체성은 유지하되 세계와의 부단한 소통을 강조하고, 다문화시대를 맞이하는 국내 국외 현실에 비춰 리더로서 뛰어난 예측 능력이었다.

해방 후 안재홍은 정부수립 이전 최초로 과도정부 독도조사대를 독도에 파견, 훗날 독도 수호에도 초석을 놓는다. 이것은 영토문제에 대한 깊은 통찰력과 함께 전략적 예측 능력이 뛰어난 리더로서의 자질을 엿보게 하는 사례였다. 1947년 8월 16일부터 8월 26일까지 독도조사대 결성과 파견에는 과도정부 민정장관 안재홍을 비롯해서 국사관 관장 신석호, 조선산악회 회장 송석하 등 일제강점기에 진단학회 활동을 했거나, 조선학운동을 주도했던 인물들이 참여했다. 1947년 8월 독도조사는 비밀리에 수행되었지만, 해안경비대의 전폭적인 지원 하에 이루어졌고, 이는 당시 민정장관 안재홍의 조력이 아니었으면 어려운 일이었다. 독도에 대한 조사 작업이 필요했던 민정장관 안재홍은 소규모 공식조사단 파견과 더불어 대대적인 학술 조사활동을 민간의 조선산악회에 부탁했다[213]. 과도정부 조사단으로 합류했던 국사관장 신석호는 독도조사단 공식보고서에서 1947년 독도조사단의 유래, 구성원, 결과 등을 민정장관 안재홍에게 보고했다. 안재홍의 독도조사단 파견은 1948년 8월 대한민국 정부수립 이후 한국의 독도 인식, 정책, 여론 형성에 주도적 역할을 하는 계기를 만든 것으로 평가받고 있다. 즉 한국사회 여론 주도층들이 독도문제의 중요성과 분쟁 가능성, 한국 영유권의 역사, 증거문헌, 일본 침략의 구체적 실상 등을 명확히 인식했고, 이에 적극적으로 대처해야 한다는 공감대를 형성하게 됐다[214].

〈사진 5-12〉 독도 동도에서 바라본 서도(2017)

전략적 예측과 관련해서 안재홍의 삶에서 독특한 예측 가운데 하나가 지도자로서 산아제한을 비판한 사실이다. 1945년 해방 이후 해외 귀국동포와 월남 난민의 증가 속에서 경제적인 빈곤 등의 이유로 인구증가에 대해 비판적 인식이 늘 났다. 그러나 당시 일반 상식과 달리 안재홍은 미래를 바라보며 인구 증가의 필요성을 예측하고 산아제한 정책을 강력히 비판했다.

아기가 많이 낳고 많이 자라나는 것은 인류사회의 기뻐할 현상인 것이고 국가민족 성쇠를 저울질하는 데도 이 인구의 불고 줄음으로써 결정되는 것이다. 모든 곤란을 극복하면서 억세고 부지런한 생활투쟁을 통하여 도피적인 산아제한을 이겨내는 것이 건전한 민족생존의 이념인 것이다(『한성일보』, 1949년 10월 21일자).

산아제한 즉 아기를 많이 안 낳도록 아이 수를 줄이도록 필요한 방법을 한다는 것은 인생으로서는 패배주의(敗北主義)라고도 보겠다. 덮어놓고 산아제한(産兒制限)은 안 좋은 일이니 나라의 인구가 줄어들고 민족이 쇠약하여지는 것은 매우 안 좋은 일인 까닭이고 국제적으로도 남에게 눌리고 지게 되는 길을 일부러 터놓는 셈으로도 되니까 옳지 않다(『부인』 23호, 1949년 11월).

해방 직후 인구의 급격한 이동과 경제적 어려움 속에서 당시 산아제한은 보편적 상식이었다. 한국의 경우는 1990년대에 들어서야 인구문제의 심각성을 이해하고, 산아제한 정책을 철폐한 사실을 생각하면 리더로서 안재홍의 뛰어난 미래 예측 능력을 다시 평가해볼 필요가 있다.

논리적 문제해결

논리적 문제해결이란 조직의 현 상황을 파악해서 문제점을 분석하고 최상의 해결방안을 모색하는 것이다. 안재홍의 리더로서 논리적으로 문제해결 위해 실천한 대표적 활동은 1920년대 신간회 운동과 1930년대 조선학운동, 해방 후 신국가건설운동을 들 수 있다.

　신간회운동은 1919년 3.1운동 이후 침체된 독립운동에 활기를 불어넣기 위해 안재홍이 동시대 민족주의자, 사회주의자와 연합하면서 고군분투한 가운데 만들어진 독립운동사의 커다란 성과였다. 안재홍은 일제의 강점으로부터 절대독립을 쟁취하기 위해서는 우선적으로 민족협동전선의 구축을 통한 연합전선 구축이 필수적이라고 생각했다. 안재홍은 홍명희, 신석우, 이승복 등과 함께 신간회 초기 창립을 사실상 주도한 핵심인물이었다. 신간회는 식민지 조선인들의 정치적, 사회적 훈련 도장으로 일제 통치 세력에 대한 일정한 압력 수단이 될 수 있는 민족협동전선이었다[215].

〈사진 5-13〉 신간회 대구지회 활동의 터전 교남YMCA 회관

신간회는 자치운동 등 타협운동을 배격하면서 비타협적 민족주의 세력이 민족주의 좌익전선을 형성함으로서 출발했고 여기에 사회주의자들이 민족운동의 주동성을 인정하면서 민족협동전선으로 발전할 수 있었다[216]. 신간회는 문자보급과 야학 개설, 언론·출판·집회 결사의 자유 획득, 노동 단체 지원, 농민 운동 고양 등 다양한 분야에서 일제 식민지배에 큰 타격을 가했다[217]. 신간회 전국 지회 창립 초기 안재홍은 동분서주하며 평안, 함경도에서 전라, 경상도까지 전국을 누비며 지회 창립의 필요성을 강조했다. 신간회 해주지회 창립당시 안재홍은 그 감회를 아래와 같이 기록하고 있다.

창가에 맑은 바람을 맞아서 단잠을 한숨 잤다. 피로가 풀렸다. 오래지 않아 신간회지회 준비위원과 여러분이 내방하고 웅진신간회 지회장인 유병철 씨도 그 지역 신간회 설립대회에 참석코자 일부러 내방해서 한참 동안 환담했다. 저녁밥을 먹고 9시부터 해주 청년회관에서 열린 신간회지회 설립대회에 참석했다(『조선일보』, 1927년 7월 8일자).

1931년 5월 16일 신간회 해소 이후 일제의 탄압이 심해지면서 독립운동은 급격하게 위축되기 시작하자 안재홍이 최선한 차선책으로 실천한 것이 조선학운동이다. 안재홍은 조선 문화의 특수성을 인식하고 조선 문화에 조선색을 다시 인식하자고 강조했다.

조선인의 문화적 정진을 위해 일층의 노력을 하고 특별히 독자적인 향토적 풍토적 자체 문화의 색소를 재인식하고 또 새롭게 파악해서 순화, 심화, 정화하도록 각별한 노력을 해야 하겠다는 것이다. 조선문화운동에로! 조선 문화에 정진하자! 조선학을 천명(闡明)하자!(『신조선』 8호, 1935년 1월).

또한 그 구체적 실천 방안으로 전민족의 참여를 이끌기 위해 일정한 자산이 있고 사회민족에 공헌하여 문화의 기공탑(紀功塔)에 썩지 않을 자취를 남기고 싶은 사람은 한글 어문정리의 완성과 그 구체적 실천으로 조선어사전 편찬과 간행을 적극 후원해야 한다고 강조했다[218]. 아울러 시가 소설 문예비평 또는 사학상의 저술로서 조선인의 심금을 가장 잘 표현하여 조선문예작품으로 찬연히 빛날 수 있는 작가에게 상을 지원하는 '조선문화상금론'을 주창하기도 했다[219]. 또한 선민의 저술 중에 각 분야에 우수한 책을 수집 인쇄하며 조선연구에 중요한 문헌으로 삼는 우량문헌 간행의 필요성도 강조했다[220]. 또한 당시 화폐 100만 원 정도로 문화건설의 기초를 튼튼히 하기 위해 현재의 문화재단과 성격이 유사한 '조선문화건설협회'를 결성, 일정한 기금을 마련 기업적 형태로 조선문화의 연구 음미, 선양을 주임무로 하며 조선사의 연구 비판, 저작출판, 선민저술의 연구와 간행, 문화관련 조사 등이 필요함을 주장했다[221]. 안재홍이 주도한 이 조선학운동에는 처음 다소 비판적이었던 사회주의 계열의 지식인이었던 백남운, 최익한, 김태준도 참여했으며 이는 1920년대 후반 신간회운동 실패 이후 학술장에서 이루어진 제2의 신간회운동으로 평가할 수 있다.

안재홍은 해방 후 1948년 8월 15일 정부수립 이후 신간회를 모델로 국민도의 향상 발전과 민족문화 고양을 위해 전국적으로 일대 획기적인 운동인 신생회를 조직했다. 그는 통일 국가수립의 준비로 우리 민족이 수천 년 생존투쟁을 통하여 연성(鍊成)된 것을 굳게 인식시키기 위하여 학교·가정·사회의 모든 교육의 방식을 총동원하는 범국민교육을 강조했다

> 성인교육과 소년운동 등을 통하여, 그 책임지는 범위, 생각하고
> 행동할 수 있는 범위에 걸맞은 신생 또는 신생활운동(新生活運動)
> 을 일으킬 것이니, 신념(信念)·협조(協助)·작위(作爲) 등 사유와
> 실천의 정신적 목표를 세워, 책임과 능률과 근로를 자력으로 실현
> 하는 운동을 일정한 연도 계속할 것이다(『신경향』, 1949년 12월).

안재홍이 주창하고 조직하고 실천한 신생활운동은 신념, 협조, 작위와 같은 목표에서 보듯 후에 1970년대 시작되어 일본, 이스라엘 등의 농촌개발, 미국의 지역사회학교 이론 등에서 영향을 받아, 산업 간 지역 간 계층 격차의 심화 속에 농촌 지역 환경 개선과 생산 증대를 위한 국민의식 전환에 성과를 보인 지도자육성 운동인 새마을 운동222)에도 간접적 영향을 끼쳤을 것으로 추측할 수 있다.

최적화 수행관리

최적화 수행관리는 사명과 비전을 가지고 실행을 위한 전략적 목표를 설정한 후에 자기 역량에 적합한 실행 계획을 수립 실천해서 성과를 내고 추종자들의 성취를 독려하는 것이다. 안재홍은 자신의

강점인 독서와 정보 분석과 예측, 뛰어난 글쓰기 능력을 바탕으로 지속적인 언론을 통한 민중계몽 활동, 다양한 학습조직의 구축과 집필 활동, 강연을 통한 성인교육 활동을 통해 다양한 성과를 올렸다.

안재홍은 조선독립이라는 민족의 절대목표를 실현하기 위해 언론을 통한 민중 계몽에 힘쓴다. 직업 언론인으로 활동한 그는 해방 전에는『시대일보』와『조선일보』에서 해방 후에는『한성일보』를 통해 당대의 현실 문제 해결을 위해 노력했다. 그는 적자에 허덕이면서도 『조선일보』주필과 사장을 맡아 활동하며 고난의 길을 걸었고 그로 인해 경제적 타격도 크게 입었으나 비타협 언론인의 정도를 지키며 자기 뜻을 굽히지 않고, 하는 일에 늘 성의를 다했다. 동시대를 함께 살았던 사람들은 당시 언론인 안재홍을 이렇게 기억하고 있다.

조선일보에 입사한 이래 그는 자기 앞으로 있는 재산의 대부분을 밀어 넣었으니 그도 역시 신문에 희생된 한 사람이라 할 것이다. 조선일보에 내우외환(內憂外患)이 나타날 때마다 그는 성의로써 대하였다고 말한다. 그러나 그는 재벌의 후원이 적으니만큼 신문사 사장으로서는 실패하였다. 그는 성의(誠意)의 사람이다. 그 성의(誠意)가 야망에서 나왔거나 무엇에서 나왔거나 무슨 일에든지 성의로써 대하는 것만은 사실이다(『동광』, 1932년 7월).

안재홍은 일평생 많은 조직에 참여했다. 당대 사람들에 의해 이미 여러 방면에서 바쁘게 활동했던 다사가로서 널리 알려져 있었다.

다사! 다사! 조선일보의 안재홍 씨와 천도교위원회의 이종린 씨와 세브란스병원의 이갑성 씨와 그 외 여운홍 씨는 장안에서 이름이 높은 다사가(多事家)이다. 무슨 발기회, 무슨 간친회(懇親會), 무슨 환영회든지 그들이 빠지면 성립이 되지 않는 것 같고 축사, 답사도 그분들이 청부(請負)를 한 것 같다(『별건곤』 4호, 1927년 2월).

안재홍은 재일조선인유학생 학우회를 시작으로 동제사, 대한민국청년외교단, 조선식산장려계, 태평양문제연구회, 조선사정연구회, 물산장려회, 조선어학회, 신간회, 재만동포구제협회, 조선교육협회, 충무공현창회, 단군유적보전회, 조선농구협회, 흥업구락부, 건국준비위원회, 한글문화보급회, 대한올림픽후원회, 신생회 등 다양한 조직에 참여, 독립과 통일이라는 자신의 사명과 비전을 실천하기 위해 노력했다. 또한 반복되는 9차례 투옥과 바쁜 조직 활동 속에서도 해방 전에는 『백두산등척기』, 『중국의 금일과 극동의 미래』와 같은 단행본을 간행하여 민족의식 고취와 주변국의 정세를 대중들에게 알렸다. 해방 후에도 『조선상고사감』, 『신민족주의와 신민주의』, 『한민족의 기본진로』 등을 발간하여 한민족의 바람직한 미래를 제시하고자 했다.

안재홍은 민족지도자로서 일제강점기와 해방공간에 걸쳐 전국 각지를 찾아다니며 계몽 강연과 조직 결성을 통해 당대 사람들에게 커다란 반향을 불러 일으켰다. 주요 강연 활동을 살펴보면 그는 1925년 1월 천도교재경학생간친회 주최 강연에 '사안으로 본 동양의 현하'[223]라는 주제의 강연을 했다. 그는 같은 해 2월에도 서울청년회 주최 신춘대강연에 '현하 사회상의 체관(諦觀)'[224]이라는 주제로 강연을 했다. 6월 22일 문우수양회 주최 강연회에는 '역경의 청년'[225]이라는 제목으로 청년의 올바른 민족의식 정립을 강조했다. 1926년 4월에는 통영청년회관 강연회에 '남조선의 시각에서'[226]라는 주제로, 연이어 지리산 쌍계사에서 열린 영호양남기자대회에서는 '일념봉공의 기자생활'[227]이라는 주제로 강연을 했다.

　　오후 5시부터 신문강연이 있어 홍군과 함께 간단한 강연을 했
　　다. '일념봉공의 기자생활'이라는 연제였고, 방청인을 합해 자못 성
　　황이었다(『조선일보』, 1926년 5월 15일).

1927년 2월 15일 신간회가 창립한 이후에는 전국 각지를 다니며 강연회를 열었다. 1927년 3월에는 해서지방을 다니며 해주 등지에서 강연회를 개최했다.

　　숙소에서 잠깐 들러 찾아온 여러 사람과 함께 그 후의 대회경과를
　　들으면서 한참동안 휴식을 취한 후 8시 지나 열리는 강연회장에
　　갔다. 이층 누각 결구(結構)가 자못 거대한 신명학교 강당을 빌려서
　　연단을 설치했고, 온 사람이 약 200여 명이라고 한다(『조선일보』,
　　1927년 3월 30일자).

1927년에는 4월에 관서기자대회에서 '언론계의 유래와 사회의 필요'[228], 6월 개성학생과학연구회에서 '자연생장과 사회' [229], 9월에는 상주신간회 지회에서 '변동하는 조선'[230]이라는 주제로 강연을 했다. 12월 평안도 곽산 신간회 지회에서는 '민족주의에 관한 운동'[231], 용

암포 지회에서 '금일의 민족운동'232), 신간회 경성지회에서 '조선과 신간운동'233)이라는 주제로 신간회 운동의 필요성과 민족의식 고취에 힘썼다. 이 시기는 강연과 함께 신간회지회 창립대회의 축사를 겸한 강연이 가장 많은 시기였다. 1934년 7월과 8월 정인보, 박한영과 함께한 40여 일간의 삼남지방 답사 후 돌아와서는 9월 다산 정약용 서세 99주기 기념강연에서 '조선사상의 정다산의 지위'234)라는 주제로 본격적으로 조선학 운동의 필요성을 역설하며 당시 사회에 식민사관에 맞서 조선정신의 회복을 일깨웠다. 그는 1935년 봄 대학 졸업 후 20여 년 만에 처음으로 일본 명치대학동창회의 초청으로 동경을 방문, 조선유학생들에게 민족의식을 고취하는 강연을 했으며 그들의 의기(意氣)가 대단하고 신뢰 할 만하다고 평가했다235). 해방 이후에도 자료를 보면 1946년 5월 청년지도훈련강습회 '건국이념 지도원리 함양'236)라는 주제로 강연을 했다. 1948년 10월에는 『한성일보』 경상지국장 안상수 씨의 주선으로 부산 동광국민학교에서 시작하여 진주 마산 지역까지 강연을 했으며 강연 후 밀양 영남루, 남해 금산 등을 답사하기도 했다.

> 필자는 시월 상순 경남, 부산 등 5개 도시에서 '한민족의 기본진로' 라는 연재로 열렬한 강연을 해서 청중에게 적지 않은 반향(反響) 을 주었다(『한성일보』, 1948년 11월 23일자).

이밖에도 당시 신문 자료를 살펴보면 안재홍은 1948년 12월 단국대부속 교외대학에서 영등포지구 근로독학자 대상 강연237), 4월 경남 거창읍 주최 '한민족의 기본의 길'238) 이라는 주제로 전국 각지를 다니며 당면 공동 과제와 해결방안을 제시하기 위해 강연을 통한 교육에 힘썼다.

〈사진 5-14〉 부산 동광초등학교에서 연설하는 민세(1948.10)

안재홍 리더십의
온정주의 실천

포용적 겸손

포용적 겸손은 구성원을 대할 때 자신을 낮추고 공손한 태도로 진실하게 대하는 것이다. 안재홍은 늘 겸손한 자세로 사람들을 대하고 자신을 낮췄다. 안재홍은 아량이 깊고 포용력이 큰 지도자였다. 그와 함께 해방 후 반탁운동을 했던 후배 유엽은 안재홍을 민족국가 건설기에 중요한 과제였던 반탁운동을 이끌며 침묵 가운데 의지가 굳었고 흔들림이 없었던 지도자로 기억하고 있다.

> 나는 일찍이 해방 직후 반탁국민총동원중앙위원회 당시 민세
> 선생을 모신 적이 있다. 백범 선생이 위원장이요 부위원장에 민세
> 선생과 장택상 선생이셨고 오세창 선생이 비서장이요 내가 그 차
> 장으로 있었다. 매일같이 선생은 사무실에 나오시어 모든 일을 친
> 히 지도하시고 계획하시는 데 몰두하셨다. 침묵하신 가운데도 의
> 지가 굳으셨고 반대와 공격을 받으셔도 흔들림이 없으셨다. 반탁
> 운동할 때에 우리들 지도하시던 태도가 아직도 기억에 생생하거
> 와 그 아량과 그 포용력은 우리로서 헤아릴 수 없을 정도로 컸었
> 다(유엽, 2008, 273~274쪽).

안재홍은 근엄하지만 온화했고 겸손하며 책임을 질 줄 아는 지도자였다. 그는 조선일보가 경영난으로 어려움을 겪는 가운데 주필과 부사장, 사장으로 재직하는 가운데 일제의 탄압으로 여러 차례 투옥되었다. 신문사 경영은 늘 힘들었고, 안재홍은 조선일보를 다시 살리기 위해 고군분투했다.

이종린 씨의 평을 들으면 민세 안재홍 씨는 책임감이 매우 깊은 사람이라 한다. 안 씨는 출옥(出獄) 이후 말하기를 '조선일보를 원상회복시킬 책임이 나에게 있다'고 책임감 있는 발표를 하였다. 그러나 '내부관계'만도 삼각이니 수습이 용이치 않다고 한탄하더라고 했다. 그리고 원상회복이 되면 자기는 단연 전원에 돌아가 지낼 마음이라고 자신의 마음을 토로했다 한다(『동광』, 1932년 9월호).

그러나 여러 노력에도 불구하고 『조선일보』는 경영난을 못 견디고 결국 평안도 출신의 광산왕 방응모에게 인수되었고 후에 사장은 안재홍의 일본 유학동기이자 항일운동의 동지였던 조만식이 맡아 안정을 찾게 된다. 안재홍이 『조선일보』 전(前) 사장이었지만 이후 1936년까지 『조선일보』 객원으로 계속 글을 쓸 수 있었던 것은 이런 안재홍의 능력과 신문에 대한 애정, 치열한 항일 정신과 겸손하고 순정한 생각을 높이 평가했던 방응모나 조만식 등의 이심전심과 지지가 있었기에 가능했다.

안재홍의 인품과 관련해서 흥미를 끄는 것은 안재홍이 1920년대 후반 당시 신흥 갑부로 재계 거물로 이름난 화신백화점 대표 박흥식의 비행기상 결혼식 주례를 맡았다는 점이다.

박흥식 씨의 저택은 계동에 있는 조선식과 양식을 절충한 호화
로운 집이다. 그의 부인은 미모가 있는 분으로 유명하고 결혼식도
최초로 5, 6년 전 비행기 위에서 거행하였는데 그때의 주례는 지
금은 감옥에 있는 민세 안재홍이었다(『삼천리』, 1933년 10월호).

보통 주례는 신랑 신부가 가장 존경하는 인물을 상징적으로 모시
기에 경제왕 박흥식이 당시 『조선일보』 주필 안재홍을 주례로 한 것
은 박흥식이 제지업에 진출, 해외신문용지를 수입한 개인적 인연도
있겠지만, 안재홍의 지조 있는 삶에 대한 박흥식의 존경심을 느끼게
하는 부분이다.

〈사진 5-15〉 민세가 1929년 9월 무등산 답사 때 찾았던 광주 수피아여고

자료를 보면 1929년 9월 안재홍이 광주 무등산(서석산)을 등반하고 수피여고, 탑산공원(현 광주공원)을 답사했다. 저녁에 광주지역 인사들과 교류를 했는데 이때 만난 사람 중에는 안재홍과 일본유학을 함께 한 동기였던 당시 호남제일의 갑부이자 호남은행 설립자 무송 현준호와 무송이 그 재능을 보고 발탁한 호남은행 전무 김신석도 있었다[239]. 현준호는 6.25 중에 사망하지만 이 집안은 후대에 현대 정주영가와 사돈으로 인연을 맺는다. 현대 아산 현정은 회장의 조부가 현준호이다. 김신석의 딸은 홍진기와 결혼해서 홍석현 전 중앙일보 회장과 홍라희 전 삼성리움 관장을 낳았다.

안재홍은 일제강점기 때 단재 신채호의 가족을 돕고, 그가 쓴 『조선상고사』의 『조선일보』 연재도 지원했다. 김좌진 장군의 아들 김두한 씨와 가족을 돕기도 했다. 아들 정용 씨와 김두한 씨는 비슷한 연배의 친구로 가까이 지냈다. 재계 거물 삼성의 호암 이병철 회장도 안재홍의 일본 와세다대학 후배로 안재홍의 장남 안정용과도 젊은 시절 사업상 긴밀한 인연을 맺었다. 이런 인연으로 호암은 후에 안정용의 정치활동도 후원했다. 보성전문을 나와 유일한이 세운 유한양행에도 근무했던 안정용은 보성전문 동창인 쌍용 창업주 김성곤과도 친분이 두터웠다. 1970년대 중반 이병철 회장은 평택 고덕면 두릉리 안재홍의 퇴락한 고택을 방문하고 유족을 돕기도 했다. 이때 호암은 지금도 고택에 남아 있고 안재홍의 향그러운 기품을 느끼게 하는 150년 된 향나무를 보며 나무에 깊은 애정을 보였다고 한다[240]. 늘 근엄했기에 좀처럼 웃음을 보이지 않았던 안재홍이었지만 가끔 주례를 설 때는 뜻밖의 재치 있는 행동과 말로 좌중에게 웃음도 주곤 하였다.

1933년 11월 초 동아일보 기자 양재하 씨 결혼식 때였다. 신부
는 가끔 창작을 발표하는 이화여전 출신의 박길래 씨. 식이 진행
되어 신랑이 신부 손에 반지 낄 대목이 오자 민세의 얼굴에 일말
의 미소가 떠오르면서 자기가 이를 받아 손에 들고 높게 치켜들어
하객에게 보인 뒤에 "반지는 이런 것입니다" 했다. 그때 하객 석에
서 작은 소리로 말하기를 "그건 너무 해요" 했다. 이윽고 "신랑 신
부가 돌아서서 하객에게 인사하실 터인데 점잖으신 여러분께서 설
마 앉은 채로 절을 받지 않겠지요." 하며 하객 전부를 일어서게 하
였다. 노련한 주례 실력에 참석한 여러 신문기자들까지 혀를 내둘
렀다(『삼천리』 통권 58호, 1934년 1월 1일).

안재홍은 포용적 겸손을 실천한 지도자였다. 자신이 9번 투옥당
한 항일 운동가였지만 해방 후 소위 친일행위자, 즉 반민자 처벌에
대해서는 관대한 태도를 취하고 이름 없는 자나 악질적 행위를 하지
않은 인사에게는 관용을 베풀 것을 주장했다. 그는 건국시기에 친일
문제로 인한 갈등을 해소하고 소극적 친일 인사들에게 자신의 능력
을 활용 새로운 국가 건설에 기여할 수 있는 기회가 마련되기를 바
랐다.

반민자 처벌의 원칙은 첫째, 저명한 핵심인사를 신속하게 엄벌
하는 한편 이름 없는 자에게는 되도록 관용할 것 둘째, 면치 못할
직위에 관련되고 자발적 악질이 아닌 자에게는 관용할 것 셋째, 정
실과 세력관계에 제약되어 만일의 불공평이 절대 없어야 할 것 넷
째, 파벌감정으로 인한 중상모략에 현혹되지 말 것 다섯째, 용의자
로서 실제의 죄상이 없는 자에게는 사면을 도모할 것 등이다(『새

한민보』, 1949년 2월자).

안재홍은 1945년 8월 16일 오전 10시 경성방송국(현 KBS 전신)을 통해 국내 민족지도자를 대표해서 해방 연설을 했다. 2011년 4월 회고에서 당시 상황을 한국 1호 방송 기자 문제안 씨는 이렇게 증언하고 있다.

> 1945년 8월 15일 해방은 되었지만 국민들은 그 사실을 대부분 잘 몰랐어요. 방송을 통해 나오는 해방 만세 영상은 대부분 8월 16일 이후의 일입니다. 그래서 16일 아침에 지금의 현대 계동 사옥 앞에서 민족지도자들이 함께 첫 만세를 부르고 오전 10시에 제가 근무하는 경성방송국을 통해서 안재홍 씨가 첫 해방 연설을 하셨지요. 제가 안재홍 씨 방송 당시 역사적인 그 자리에 있었어요. 감격스러운 순간이었지요. 당시 국내에 존경받는 민족지도자로 여운형과 안재홍 씨 등 몇 분 없었어요. 그래서 대표로 해방된 감격과 함께 우리 민족의 나아갈 길을 말씀하셨지요. 이날 연설방송을 마치고 오후에 휘문중학에 가서 여운형 씨와 함께 해방 기념 군중 연설도 하셨어요(문제안 안재홍 증언녹취자료, 2011).

안재홍의 해방연설은 민족지도자로서 포용적 겸손을 보여주는 명연설로 알려져 있다. 그는 이 연설에서 한일관계의 미래를 생각해서 본국으로 돌아가는 일본인들에게 폭력적인 행동을 자제할 것을 호소했다. 이 연설과 관련해서 필자가 직접 들은 증언이 있다. 2006년 5월 일본 역사교과서 왜곡 시정을 위해 힘쓰는 일본 시코쿠 에히메현 시민단체 사람들이 평택 안재홍 고택을 방문했다. 이 때 함께 와서 안재홍 생가를 방문한 팔십 넘은 한 일본 노인은 자신이 1945년 8월 15일 당시 한국에 남아있었고 매우 불안에 떨었는데 라디오 방송에서 한국지도자 안재홍이 일본인의 무사 귀환을 호소한 연설을 들은 적이 있다고 증언하며 감사의 눈물을 흘렸다.

제가 1945년 8월 16일 당시 채 스물도 못 된 시절인데 그때 우리 가족이 한국에 있었어요. 죽을지도 모른다는 생각에 몹시 불안했어요. 그날 한국인 지도자가 방송을 통해서 일본인들이 무사히 돌아갈 수 있도록 절대 무력을 사용해서는 안 된다고 한 연설을 들은 기억이 나요. 저도 보고 산 세월이 있으니 일본이 한국에 준 피해를 잘 알고 있어 역사교과서왜곡 반대운동에 에히메 현에서 참여하고 있어 그 인연으로 평택에 와서 고마운 그 연설을 한 분의 집을 방문하니 너무 감개무량합니다. 그 고마운 사람이 바로 이분이었구나 생각하며 거듭 감사를 드립니다. 패전 후 고향으로 돌아가는 일본인들에게는 안재홍 선생이 생명의 은인이지요(안재홍기념사업회 생가 방문 일본인 기억 자료, 2006).

민족자주연맹 회원이었던 박한주 씨의 회고에서도 안재홍의 겸손한 인품을 알 수 있다.

1950년 5월 2대 국회의원 선거 때 일이다. 안재홍은 평택에서 무소속으로 출마했다. 그러나 선거 도중에 유세 차량이 그 지역의 2대 독자를 치어 죽이는 사고가 났다. 안재홍은 이 소식을 듣고 내가 덕이 없어 그랬으니 출마를 포기해야겠다고 결심했다 한다. 이 소식을 들은 아이의 부모가 달려와 절대 안 된다며 오히려 말

렸다고 한다. 선생님 죽은 우리 아이의 혼백을 위로하기 위해서라
도 선생님께서 부디 당선되셔야 합니다 하고 호소했다고 한다. 당
시 선생은 지역구민들에게 절대적 존경을 받았다(정윤재, 2018b,
221쪽 재인용).

　당시 선거에서 무소속이라 조직과 자금의 열세에도 불구하고 80%
가까운 평택군민들의 지지를 받아 당시 지역 전국 최고 득표로 2대
국회에 진출했다.
　선친 이승복이 일제강점기『조선일보』영업국장으로 신간회운동
과 해방 후 국민당 등 정치활동을 함께한 이문원 중앙대 교육학과
명예교수(전 독립기념관장)도 선친으로부터 들었던 안재홍 관련 내
용을 회고하고 있다.

　　제가 어린 시절 안재홍 선생은 저희 집에 자주 왔어요. 해방 공
　간의 혼란 속에서 정부수립에 혼신의 힘을 쏟을 때였지요. 그 때
　자주 뵈었지요. 제 선친 평주 이승복 선생과는 평생 절친한 친구
　였어요. 고향 예산 가는 길에 평택 서정리역을 지날 때면 항상 선
　친이 저 건너편 마을이 민세의 고향이지 하고 말씀하셨어요. 선친
　과는 신간회 창립을 함께 하셨어요. 신간회는 제 선친과 민세, 벽
　초 홍명희 선생이 최초 창립을 추진했지요. 안재홍 선생은 조용한
　성품이고 중요한 일을 추진할 때는 꼭 제 어르신과 상의를 했었지
　요. 독립운동 하다가 함께 옥고를 치르셨어요. 해방 후 국민당도
　함께 하시고. 제 조부 수당 이남규 선생 관련 추모 글도 직접 써주
　셨어요. 1965년 3월 9일 서울 진명여고에서 열린 민세 선생 장례
　식 때는 항일운동 동지였던 초대 법무장관 이인 선생이 장례위원

장, 제 선친이 부위원장으로 마지막 가는 길을 지켜봤지요(이문원 안재홍 증언영상 자료, 2019).

　그는 15세에 두 살 연상인 17세의 무남독녀 외동딸 남양 홍씨와 결혼해서 첫 부인이 49세 될 때까지 화목하게 살았고 이후 재혼한 부인 김부례와도 부부화합의 정을 유지했다. 지인들의 회고를 보면 그의 인품을 흠모했던 가희(佳姬)도 있었으나 안재홍은 사생활을 철저하게 관리하며 부부간의 신의도 지켰다.

　　민세를 몹시 따르는 가냘프고 상냥하고 아리따운 기생이 있었다. 예명이 점홍(點紅)이라고 부르는 이 가희(佳姬)는 사랑의 날개를 펴서 민세를 정복하려 하였다. "민세 선생은 내 정신적 애인이야" 그 이상 그녀는 다른 도리가 없다고 체념한 것이다. 그 즈음 어느 신문사에든지 중역들 앞에 단골기생이 딸려 있었다. 자정이 가까워 민세 방에 전화가 울리는 날은 조금 후에 영락없이 인력거 끌리는 소리가 들리고 과일과 과자 꾸러미를 안은 점홍이 나타난다는 것이다. 민세는 의례히 잠자리에 들어간 재숙을 불러일으켜 동석시켰다고 한다. 민세는 여성을 사랑하면서도 귀여운 누이동생 이외의 기분을 내는 때가 절대로 없었을 것을 나는 믿는다(최은희, 1991, 448~457쪽).

공감적 배려

공감적 배려란 리더가 조직구성원의 처지에 관심을 두고 구성원
입장에서 상황을 이해하고 배려하는 것이다. 안재홍은 제자, 언론사
후배, 지인들의 처지를 이해하고 도와주려고 많은 애를 썼다.

『조선일보』에서 함께 근무한 후배 기자 김을한은 초가을 추운 함
경도 장진으로 출장을 갈 때 내의가 없어 고민하던 자기를 위해 집
에 가서 내의를 챙겨준 안재홍의 인간적인 배려를 기억하고 있다.

> 조선일보 기자로 있었던 1928년 9월 초 어느 날 저녁이다. 조선
> 일보사에서 신석우 사장, 안재홍 주필, 한기악 편집국장, 송진우
> 동아일보 사장, 김병로 조선변호사회 회장 등이 모여 함경남도 장
> 진에서 발생한 군수와 경찰서장의 이 지역 토지 강제매수에 저항
> 하는 농민 검거 사건의 공동 취재 관련 회의가 있었다. 장진 농민
> 들이 자기들의 어려움을 도와 줄 곳은 변호사와 신문기자 밖에 없
> 다고 생각해 응원을 청해온 것이다. 당시 조선일보는 재정난이 심
> 해서 출장여비조차 구하기 쉽지 않았다. 다행히 여비는 조선변호
> 사회에서 지원해주기로 했다. 그런데 매우 추운 지방에 가야 하는
> 데 겨울내복을 살 돈도 없었다. 그래서 민세에게 이야기했더니 나
> 를 보고 자기 집으로 가지고 했다. 안방으로 들어간 그는 한참 만
> 에 나오더니 이거 내가 작년에 입던 것인데 가지고 가요 했다. 민
> 세 선생이 얼마나 대기자였던가 생각하게 한다(김을한, 1991, 442
> ~447쪽).

안재홍은 중앙학교 시절 제자들과도 꾸준하게 교류하였고 제자들의 해외 망명 자금을 지원했다. 제자 이희승은 1919년 8월 독립자금을 받으러 평택 집을 방문할 당시 상황을 이렇게 증언하고 있다.

　　중앙학교를 졸업한 다음 해의 일이었다. 나와 중앙학교의 동기 졸업생은 모두 사십 명이었는데 그 중 최연장자로 이승호 군이라는 청년이 있어 이 사람도 독립만세운동의 와중의 인물임에 예외일 수는 없었다. 국내에서 이리저리 쫓겨 다니다가 국외로 망명할 결심을 하였다. 우리 임시정부가 있는 상해로 목적지를 삼았던 것이다. 이 군은 그에 필요한 여비 조달을 민세 선생에게 부탁하였으나 약속된 날 이군이 직접 가지 않고 나에게 대행하여 줄 것을 의뢰하였다.
　　1919년 8월 어느 날 복더위가 한창 기승을 부리던 때였다. 나는 경부선 기차를 타고 서정리역에서 내려 서쪽으로 야트막한 구릉을 넘어 세 마장 남짓한 길을 걸어가서 두릉리라는 동네에 이르게 되었다. 이곳이 민세 선생의 고향이요 당시 선생은 이 고향 자택에서 울적한 나날을 보내고 계셨다. 선생의 백씨 안재봉 선생은 이 지방의 봉토가로서 저택도 상당히 컸으나 선생의 자택은 시골 살림집으로서는 아담한 집이었다. 내가 찾아뵙는 것이 의외라고 생각하신 것 같았으나 뜰 아래로 내려와 손을 잡으며 매우 반겨주셨다. 그리고 근일의 서울 시내 정황을 여러 가지로 물으시므로 아는 대로는 자세히 말씀을 드렸다. 이군의 편지를 드리자 선생은 알겠노라고 고개를 끄덕끄덕 하셨다. 선생은 나에게 잠깐 기다리라고 말씀하시고 밖으로 나가시더니 한 식경이나 지난 후에 돌아오셔서 두툼한 봉투 하나를 나의 손에 쥐어주셨다. 일금 백오십 원이었으니 그 당시 화폐로는 상당한 거액이었던 것이다. 필경 선생의 백씨장께 가서 변통하신 것이라고 여겨졌다. 나는 백번 사례를 하고 그 길로 상경하여 이군에게 전해주었다(이희승, 1991, 437~441쪽).

안재홍은 『한성일보』 사장 시절에는 손수 화장실 수도꼭지에 물이 틀어져 있는 것을 잠글 만큼 절약을 실천했다(신천지, 1950년 1월). 그리고 이렇게 절약한 것을 모아 항일운동의 동지들을 도왔다. 민정장관 시절에는 도시락을 싸가지고 다닐 정도로 근검절약을 실천했다. 안재홍과 함께 언론활동을 한 한국 최초의 여기자 최은희 씨는 생전에 그의 이런 타인에 대한 배려의 삶에 대해 증언을 남겼다.

그는 술과 담배를 모르고 미식을 하지 않으니 낭비가 없었다. 그 대신 중국에 망명한 독립지사 단재 신채호, 백야 김좌진의 가족들에게 생활보조가 있었다는 것이요, 신수범의 학비를 지급한 일도 있었고 김을한이 조선일보 특파원으로 함경도 지방 출장을 갈 때에도 자기가 입은 털내의를 벗어주며 "거기는 추운 지방이야, 입고 가" 하더라는 것이다. 그는 부하를 사랑하고 동지에게 의리를 지킴으로 해서 따뜻한 고기구이 한 접시 진지상에 오르는 것을 보지 못하였다. 해방 후 보건부인회 일로 도움을 청하러 갔을 때의 일이다. 민정장관실에서 정오가 되니까 운전수가 국방색 인조보자기에 싼 점심 찬합을 들고 들어와 끄르면서 '장관님이나 저희들 도시락이나 마찬가지 반찬이에요. 조석 진지상에도 짠 무김치면 제일이요 월급에서 가난한 친구 분 자제의 학비를 떼어내시거든요' 하는 말에 모시고 나가서 오찬을 함께 하려던 좌중은 숙연하였다(최은희, 1991, 448~457쪽).

안재홍은 검소하고 솔직하고 소탈한 성품을 가진 지도자였다. 그는 화려한 옷을 입지 않고 명주 바지에 만족하면서 재물에 대해 탐하는 일이 없는 지도자였다. 마음속에는 거대한 뜻을 품고 이를 실천하기 위해 분망했으나 행동거지는 단순히 해서 스스로 마음의 평정을 유지하려 힘썼다.

그는 명주에 검정 물을 들여서 회색 명주 안을 받친 솜두루마기를 즐겨 입었고 회색 명주 바지에 바르스름하게 옥색물을 들인 명주 마고자와 저고리를 지어드리면 만족했다. 그의 근엄한 성격은 여자 손님들이 자택 방문을 받으면 못에 걸어두었던 두루마기를 떼어 입고 책상 하나를 사이에 둔 다음 무릎을 꿇고 앉아 웅대하면서도 시골서 부인이 보낸 짐을 풀면 "야 재숙아 이 연두 이불 곱지, 내가 너의 형님더러 이렇게 해달랬다" 하고 가정에서는 어린 누이동생들과 어울려 천진스럽도록 동심을 발휘한다는 것이다. 나는 그의 솔직하고 담박하고 소탈한 인간성에 경의를 표하고 격의 없는 의논 상대로 훈수를 받은 일이 많았다(최은희, 1991, 448~457쪽).

이타적 협력

이타적 협력은 리더가 자신의 이익을 버리고 조직의 이익을 위하여 순수한 마음으로 조직의 발전을 위하여 자신을 희생하고 헌신하는 것이다. 안재홍은 일평생 통합과 협력을 위해 헌신했던 지도자였다. 안재홍은 미래 지도자의 참모습으로 동시대 대중과 함께 호흡하면서, 일제 식민지로부터 벗어나기 위한 다양한 조직을 만들고 다양한 이해관계를 조정하고 집중하는 협력과 소통의 지도자가 중요하다고 강조했다.

> 과거의 선구자가 인민의 일부에서만 놀고 있던 대신 장래의 선구자는 대중적으로 진출하여야 하는 것이다. 또한, 과거의 선구자가 사회의 기성세력 층의 일부 혹은 대부를 동작시킴으로 결과를 이루나, 장래의 선구자는 조직결성에 주력하게 될 것이며 각 방면 사람의 각종의 이해를 목표로써 점층적 집중 및 진출을 하도록 할 것이라고 믿습니다(『평화와 자유』, 1935년 1월).

안재홍은 일평생 협동, 협력을 강조했다. 당시 국내에 만연한 지방열, 지역주의를 비판하고 "향토 감정에서 지배되는 파벌심리가 차차 선명해져서 지방열(地方熱)이되 그것이 배타적 형식으로 표현되어 완전한 파쟁단체(派爭團體)로서 존재하게 되는 것"[241]이라며 민족적 단결과 협력을 호소했다. 또한 일제의 강점에 맞서 민족주의자와 국제주의자(사회주의)가 각자 자기의 위치에서 함께 나가고 "각 길로서 한곳에" 할 필요가 있다고 강조했다[242]. 그는 조선의 지식인 청년들이 당시 민중에 대한 애정을 가지고 민중문제 해결에 함께 협력해야 한다고 주장했다. 그리고 이타적 협력의 자세로 가장 큰 공은 대가를 바라지 않는다는 상공불상(上功不賞)의 헌신을 강조했다.

> 다만 한 가지 꼭 말해둘 것은 무엇이든 갚음 있기를 기대하는 사람은 중도이탈(中途離脫)을 보고 만다는 것이다 '상공불상(上功不賞)'의 큰 교훈 있으니 큰 노력을 하는 사람은 상 받기를 잊어버

리고 스스로 자동적인 염원에서 줄곧 최선의 노력하는 다하는 것
이다(『신천지』, 42호, 1950년 1월).

안재홍은 1948년 신생회를 조직하고 신생구국운동을 전개한다. 여
기에서도 신념과 함께 협동하기, 서로 돕기=호조(互助)와 부단한 실
천으로서의 힘써 행하는 일 즉, 작위(作爲) 중요성을 강조한다.

　　나는 조선민족이다도 하나의 신념이다. 사람은 바르게 살아야
　　한다. 바르게 성의로써 하고 또 하면 반드시 이루어진다. 그 다음
　　조건이 서로 돕는 호조(互助)의 정신이다. 협동하고 서로 돕는 것
　　(協同互助)은 어느 집단이든지의 바꿀 수 없는 철칙이다(『한성일
　　보』, 1949년 9월 23일자).

　　맨 끝의 요소는 작위(作爲)이다. 이는 부지런히 힘쓰는 것(勤勞
　　力作)인것이니 우리에게는 근로입국(勤勞立國)의 정신(精神)을 한
　　참 동안도 잊어버리는 것을 용서치 않는다. 신념 있고 호조(互助)
　　할 수 있더라도 줄곧 꾸준한 근로역작(勤勞力作)이 아니고서는 아
　　무 것도 이룰 수는 없다(『한성일보』, 1948년 9월 24일자).

안재홍은 해방 후 물가불안 등으로 백성들이 고통을 받을 때 해외
에 있던 지도자들과 협력해서 백성들이 싸게 물건을 구입할 수 있도
록 하는 등 물가안정을 통한 민생 안정에도 힘썼다. 후배 언론인 송
지영은 민정장관 시절 싼 소금을 구하기 위해 중국에 있던 항일운동
의 동지 신석우에게 서신을 보내 협력을 당부했던 지도자 안재홍을
이렇게 증언하고 있다.

〈사진 5-16〉 민정장관 시절 38경비대를 순시하는 민세(1947)

    1946년 겨울 온갖 민수물자가 부족한 가운데 그 중 모자라 골치를 앓던 것이 소금 즉 식염의 결핍이었다. 1947년 7월 나는 중국 상해에 가게 되었다. 이 때 민정장관실로 찾아뵈었더니 민세 선생은 편지 한 장을 주시며 상해에 내리거든 신석우 선생을 찾아뵙고 지도 받으라는 것이었다. 인천을 떠나 상해 프랑스 조계로 우창 신석우 선생을 찾아갔더니 여간 반가워하지 않으면서 민세가 부탁하는 일이니 해봐야지 하면서 사흘 뒤 남경으로 함께 가자고 했다. 그때까지도 나는 민세가 우창에게 무엇을 부탁했는지 몰랐다가 비로소 그 일이 중국에서 소금 3만 톤을 싼값에 사오도록 하는 일이었음을 알게 되었다. 이는 민세의 인품을 알기에 좋은 본보기이기 때문이다. 민정장관으로 있으면서 국민들이 소금을 못 얻어 야단인 것을 보고 우창을 통해 국민당정부의 힘을 빌리도록 간곡히 부탁하였던 그 심정이 얼마나 훌륭했던가(송지영, 1991, 460~466쪽).

신뢰 기반 임파워먼트

신뢰 기반 임파워먼트는 구성원들에게 진정성 있는 언행을 통하여 얻은 신뢰를 기반으로 하여 구성원들에게 권한을 위임하고 조직의 의사결정에 구성원들을 적극 참여시켜 구성원들이 성장할 기회를 부여하는 것이다.

안재홍은 1942년 12월 조선어학회 사건으로 생애 9번째 옥고를 치른다. 당시 감옥에서 친구이자 조선어학회 간사장 이극로의 뺨을 치라는 비열한 고문을 단호히 거부했다는 것을 제자로 당시 함께 투옥됐다 해방과 함께 풀려난 이희승은 증언하고 있다.

> 선생의 행장 중에는 여러 가지 풍부한 일화거리를 남기셨지만 기록에도 남지 않고 오늘날 잘 전하여지지 않는 한 토막을 여기에 피력하지 않을 수가 없다. 조선어학회 사건으로 민세 선생이 당한 정신적 고문 가운데 하나는 조선어학회의 간사장인 이극로에 대한 문초를 선생에게 시키면서 바른대로 대답하지 않을 경우에는 그 뺨을 때리라고 강요하는 것이었다. 이러한 경우는 참으로 진퇴유곡으로 난처한 궁지에 몰리는 일이 된다. 이극로의 뺨을 때리자니 친한 친구 간에 차마 못할 노릇이요 아니 때리자니 자기 발등에 불이 떨어져 기막힌 고문이 자기 자신에게 가하여질 것이 불을 보는 것보다 더 분명한 노릇이다. 웬만한 사람 같으면 자기 자신의 재난을 피하기 위하여 친구의 뺨을 한 번쯤 때리기가 쉬울 것이다. 그러나 민세 선생은 정색을 하면서 '나는 죽으면 죽었지 저 친구

뺨은 칠 수가 없소'하고 거절하였던 것이다. 나는 그 광경을 보고 다시 한 번 민세 선생의 고매한 인격에 탄복하였다(이희승, 1991, 437~441쪽).

동시대를 살았던 시인 황석우는 안재홍을 당대 조선의 덕망 있는 인격자, 남에게 거짓말도 못하고 남의 잘못은 자기의 부족하게 생각한 것으로 여기는 겸손한 인간으로 평가하고 있다. 안재홍은 사람에 대한 신뢰를 가지고 지도적 리더십을 발휘했다.

(안재홍) 이분은 요순 때의 양반이다. 정거장 대합실 의 자위에다 우의와 옷보퉁이를 놓고 "저기 청년회 좀 갔다 옵시다", "이 보퉁이들은 어떻게 하구", "그대로 두고 가지!", "누가 집어가면 어떻게 하우", "으응 남의 걸 누가 집어가?" 하는 어수룩한 양반님! 그는 호인(好人), 중망(重望)이 두터운 사람 당대 조선의 덕망 있는 젊은 인격자. 이 분은 일생 중에 그 시골 마나님 이외에는 남의 수색 시 손목 한번 못 잡아본 양반─(동경서 무슨 외인 한번인가 있던 외에는) 담배도 먹지 못하고 남에게 거짓말도 못하고 남의 뺨 한번 쳐보지도 못한 사람. 그러나 이이는 남의 잘못 곧 자기가 부족하게 생각한 것으로서 그 수첩 위에 한번 올린다면 몇 십 년이 되어도 그것으로 쉽게 잊어버리지 않는 모양(『삼천리』 25호, 1932년 4월).

〈사진 5-17〉『한성일보』경상 지국 간부들과 함께(1948)
(앞줄 가운데 모자든 사람이 민세)

　속필의 대기자로 사설 한 편을 10분 만에 썼던 안재홍은 언론인으
로 그를 따르고 존경하는 기자들이 많았으며 함께하는 동지들을 믿
음으로 대했다.

　해내 해외를 통틀어 이 땅의 선구자 중에서 안재홍 씨는 사회현
상에 대한 시야가 넓고 문화에 대한 창의적인 비판력을 가진 점에
서 가장 찬연히 빛나는 이라 할 것이다. 그의 지식의 규모는 많은
봉우리 중에 초연히 솟아오른 큰 산과 같이 그 스케일이 크고 넓
다. 그는 환하게 웃는 호인적인 그 인상과는 반대로 지극히 야심
만만한 사람이다. 지식에 대한 야심, 일에 대한 야심에 있어 그는
누구에게도 지지 않을 것이다. 나는 씨가 견지동에서 신문사가 경

영난에 빠져 불행히 구호의연금 사건에 그가 연좌될 직전까지, 그러한 수난기에 처하고서도 유유자적해, 밑에 사람들에 대하여 조금도 초조의 느낌을 주지 않고, 꾸준히 지도하면서 나아가는 기개 있고 의연한 지도자적 풍모를 볼 수가 있었다. 밑에 사람을 동지와 같이 사랑하고 모든 사람에게 겸손한 태도도 학자적인 점이 많아 존경의 생각을 더하게 하는 것이다. 그가 조선일보 부사장 및 사장시대에 사설은 거의 전담하다시피 해서 거의 전부를 혹은 일주일에 4~5회를 방문객과의 담소 간에 쓴 것은 일반인이 놀라워하던 바이다(『삼천리』, 1935년 3월호).

1948년 봄 민정장관 안재홍은 당시 여성인권 보호차원에서 성매매를 금지하는 공창제 폐지를 추진했다. 그러나 공창제 폐지에 반대하는 성매매업자들의 계략으로 곤경에 처한다. 결국 미군정청의 조사를 받게 되었고 조사 결과 뇌물을 받은 일이 없음이 밝혀졌다. 그는 당시 결백을 주장하며 이렇게 밝혔다.

나는 동금액 중 일부라도 받은 일 없고 또 받을 의사도 단연 없었다. 일제의 탄압 속에서 많은 사람들이 모두 변하되 오직 순박한 민중과 정직한 청년들은 나에게 변함없는 신뢰와 기대가 있었기로 나는 그것만을 감격하면서 힘써 환란을 이겨 그들의 신뢰를 저버리지 않고 한결같이 해방의 날을 기다렸다. 오늘날에 있어 나는 민중의 신뢰와는 반대로 탐욕의 죄를 스스로 무릅쓰도록 양심이 썩어버리지는 아니 하였을 것을 순박한 민중은 인식하기 바란다(『조선일보』, 1948년 3월 9일자).

서울대 영문과 학생으로 민정장관 여비서를 지낸 이정상은 당시 상황을 이렇게 증언하고 있다. 당시 서울대 영문과 학생이자 여비서였던 이정상에 대한 안재홍의 신뢰를 엿볼 수 있게 하는 대목이다.

1948년 초 어느 날 장관님의 부재중에, 어떤 방문객이 장관께 전해달라면서 흰 봉투를 맡기고 갔다. 장관님이 귀청하자 그 봉투를 전했더니 장관께서는 깜짝 놀라시면서 즉시 본인을 찾아 돌려주라고 엄명하셨다. 나는 즉시 그 사람을 찾아가서 그 봉투를 돌려주었다. 그런데 그 당시 공창폐지운동이 확산되자 이를 반대하는 포주들이 거금 700만 원을 공창폐지 연기운동 자금으로 정계에 제공했다는 설이 유포되었다. 민정장관 연루설도 보도되는 등 큰 정치문제화했다. 미군정 당국도 큰 관심을 갖고 조사했고 민세 선생도 사직당국에 철저히 조사를 요청하고 결백 담화를 발표했다. 나는 딘 군정장관 앞에 증인으로 나가 선서하고 "그 봉투는 틀림없이 즉시 돌려주었다."는 사실을 증언했다. 또 이전부터 잘 아시는 김병로 사법부장을 찾아가서 사실대로 말씀드렸다. 이 사건은 반대 세력들의 정치공세로 이용하려 시도했지만 수표 봉투 반환 사실이 백일하에 드러나자 정적들은 잠잠해지고 국민들은 민세 선생의 결백을 신임했다. 만약 그때 그 봉투를 잘못 처리했더라면 민세 선생의 정치활동에 큰 타격이 되고 명예는 크게 훼손될 뻔 했다. 젊은 시절의 순진한 나는 해방 조국의 과도정부 심장부에 근무하면서 정치판의 부조리를 뼈아프게 체험했다. 근 반세기가 지난 지금도 그 당시의 일들이 잊혀지지 않는다(이정상, 2008, 6~284쪽).

〈사진 5-18〉덕수궁에서 열린 민정장관 시절 여비서 이정상 씨와
『한성일보』기자 엄기형 씨 결혼식 주례를 선 민세(1950)

　안재홍 민정장관 여비서였던 이정상은 선친인 백강 이병우가 중
앙학교 시절 안재홍의 제자였다. 1919년 3.1운동 때 가담했다가 일
본 경찰에 쫓겨 의친왕 이강우의 근친이자 훗날 모친 되는 김명자의
도움으로 인사동 궁궐에 숨어 지내다가 동창 이희승과 연락해서 은
사 안재홍의 도움으로 안재봉 선생이 희사한 150원의 거금을 가지고
상해로 탈출한다. 후에 국내로 잠입하여 공인당 의원을 경영했다.
훗날 이 곳은 안재홍, 여운형, 한용운 등이 항일운동 밀회 장소로도
이용했다[243].

　제자 이강우가 해방을 못보고 먼저 죽자 학업을 계속할 수 있게
하려고 이정상은 민정장관실 여비서로 있게 하여 안재홍을 지근거
리에서 보좌했다. 그는 1950년 3월 30일『한성일보』정경부 기자이자
동료 엄기형과 덕수궁에서 결혼했으며 이때 안재홍이 주례를 섰다.

안재홍의 납북 사실도 현장에서 확인한 인물이기도 하다. 이는 제자의 자녀를 끝까지 보살피려 했던 지도자로서 안재홍의 신의를 엿볼 수 있는 사례이다. 이정상은 어린 시절부터 보아오던 안재홍의 근엄한 인상을 기억하고 있으며 일제의 강압적인 창씨개명을 끝까지 거부했던 안재홍의 대쪽 같은 성품을 증언하고 있다.

어릴 적 집에 오시던 민세 선생에 대한 기억은 근엄하신 학교선생님 같았다. 내가 배화여고 재학하고 있던 당시 창씨개명이 시작됐는데 전교생 중에서 창씨개명을 하지 않은 학생은 안재홍 선생 따님 안서용 씨, 여운형 선생 따님, 그리고 나 세 명뿐이었다. 해방 후 경성사범(서울사대 전신)에 다니다가 1947년 초 사대를 휴학하고 군정청 인사과에 취직했다가 김부례 여사 추천으로 민정장관실 비서로 자리를 옮겼다(이정상, 2008, 276~284쪽).

〈사진 5-19〉 여비서 이정상과 함께

안재홍은 당대 지조 있는 지식인들과 믿음을 가지고 교유했다. 특히 위당 정인보와는 각별한 사이였다. 안재홍이 옥고를 치르고 경제적으로 어려울 때 그의 장남 안정용을 유한양행에 근무할 수 있도록 도와준 사람도 정인보였다[244]. 정인보는 언론인이자 민족사학자로 양명학을 연구하고, 조선학운동에 참여하면서 일제 말기에는 시골에 은거하며 끝까지 지조를 지켰다[245]. 안재홍과 정인보는 조선 정신으로 의기투합한 신뢰할만한 지우였으며 자주 만나 술잔도 기울이며 시국문제를 논했다. 훗날 정인보는 안재홍, 송진우, 김용무와의 대화를 한시로 남겼다.

민세(안재홍)를 맞아 저녁 드는데 고하(송진우)하고 추강(김용무)이 왔다.

마주보는 눈썹 언저리도 아름다워/ 술잔이야 넘치건 말건/ 그윽한 회포야 다시/ 입을 열 것도 없고/ 어찌하야 이 셋이/ 한세상에 태어났단 말인가?/ 관자의 제칠법에/ 밝은 달까지 돌아오네/ 서로 돌아보니 늙어가는 나이/ 낯선 이 같아라/ 뉘라서 말했던고 이끼 슬어야/ 비로소 오랜 고대(高臺)라고?/ 아니며 아이 모두를/ 반가운 손이라 기뻐하니/ 부디 많이 드시고/ 천천히 가시구려(김삼웅, 2006, 251~252쪽).

이날 정인보와 자리를 함께한 송진우, 김용무 역시 일제강점기에 끝까지 지조를 지킨 사람들이었다. 동아일보 사장을 지낸 송진우는 끝까지 비타협의 길을 걸은 민족지도자였으나 해방 후 좌우 갈등 속에 암살로 생을 마감했다. 김용무는 변호사로 보성전문학교 교장을 지냈으나 일제 말 강제 사직 당하고 내내 지조를 지켰으며 해방 후 미군정 초대 대법원장으로 활동하다 역시 안재홍, 정인보와 함께 납북 당했다.

안재홍은 훈련된 인격을 바탕으로 선구자적 자세를 가지고 이성적 판단에 기초해 현실을 분석하고 다양한 상황에 적합한 리더십을 발휘했다. 또한 자기희생을 바탕으로 타인과 시대를 이해하며 시종일관 따스한 리더십을 발휘했다. 안재홍은 이성과 감성의 조화, 진보와 보수의 소통, 이론과 실천의 통합, 전통과 근대와 융합에 고군분투했다. 앞서 사례를 통해서 볼 때 그의 리더십은 합리주의에 기초하되 온정주의 가치를 조화롭게 발휘한 특성이 나타나 있다. 이는 한국 근대 성인교육자 가운데 온정적 합리주의를 실천한 구체적 사례로서 재평가해볼 필요가 있다.

_____에필로그

　지금까지 성인교육자 안재홍의 생애 주요 학습 경험, 성인교육 활동과 사상과 온정적 합리주의 리더십 실천사례에 대해 살펴보았다.

　첫째, 기존 안재홍 연구는 주로 독립운동가, 정치가, 정치사상가, 언론인, 사학자로서의 조명에 집중되었다. 본 연구를 통해 안재홍이 성인학습자로서 일생에 걸친 다양한 학습 경험, 감옥에서의 독서활동을 통한 자아성찰과 항일의식 고취, 여행을 통한 식민지 현실 비판과 민족자존의식 확보를 위해 노력했음을 확인했다. 또한 성인교육자로서 성인교육 활동과 조직 참여와 성인교육 사상가로서 시대과제 해결을 위한 활동에도 힘썼음을 확인 할 수 있었다. 따라서 안재홍이 성인교육을 통한 민족의 독립과 새로운 국가건설에 힘쓴 성인교육지도자로 재인식되어야 할 필요가 있다. 또한 이는 동시대에 활동했던 여러 항일민족운동가들의 경우에도 성인교육자로서의 활동과 학습 경험, 사상에 대한 탐색이 필요하며 이를 통해 한국 근대 성인교육 사상이 이론적 실천적으로 풍부해질 수 있을 것이다.

　둘째, 안재홍의 학습 경험 탐색과 관련해서 그의 회고 자료를 중심으로 살펴보았다. 이를 통해 안재홍의 일제강점기 치열한 항일운동과 해방 후 좌우합작 통일운동 실천의 바탕에는 학습 자체에 대한 열정이 있음을 살펴볼 수 있었다. 기존 연구들이 주로 거시적 주제를 가지고 안재홍의 사회활동에 대한 탐색에 치중했다면 본 연구에서는 그 동안 상대적으로 소홀히 다루어온 미시적인 문제들 특히 학습과 독서 등에 대해 안재홍이 가지고 있는 생각 혹은 국토 여행의 경험에 대해 정리하고 그 시대 의미를 도출하면서 안재홍의 내면세계를 탐색해보려고 하였다. 이 연구는 안재홍 내면의 삶을 좀 더 생생하게 느끼고 이해하는 계기를 만들어 줄 수 있다.

셋째, 안재홍의 일제강점기 성인교육 활동에 드러난 사상의 특성을 정리했다. 앞서 살펴본 대로 안재홍은 조선인 본위 교육, 성인기초교육 강조, 농민교육과 농민대학 설립 추진, 여성교육 강조와 가정학교, 선진교육의 수용을 강조했다. 이런 노력은 비문해자, 농민, 여성으로 상징되는 고난 받는 백성(民)과 함께하면서 그들의 현실적 문제를 해결하려는 실천의 결과였다. 이는 모든 이를 위한 교육이라는 현대 한국 성인교육의 과제 해결에도 시사한 바가 크다.

넷째, 안재홍의 성인교육사상의 변천과정을 살펴보았다. 안재홍은 1930년대 자신의 생각을 정리해서 민세주의를 주창했고, 1945년 해방이후에는 이를 보완 심화하여 신생대한민국의 국가건설론으로 신민족주의를 제시했으며 그 핵심이념이 조선 수리철학에 바탕을 둔 다사리와 원진미선이다. 이는 정치, 경제, 교육, 근로에 대한 그의 생각의 핵심을 이루고 있다. 신생 대한민국을 만들기 위해 고민한 안재홍의 사상적 변화는 늘 시대상황에 대한 냉철한 분석 위에서 현실문제 해결을 위해 직접 치열한 지적 투쟁을 통해서 제시한 것들이다. 특히 안재홍은 조선의 전통에 바탕을 두면서 서구의 선진문화를 수용하려고 부단히 애썼다. 한국 근대 성인교육사상의 토대도 이런 선각자들의 지적 투쟁에서 나왔음을 새롭게 인식할 필요가 있다.

다섯째, 온정적 합리주의 관점에서 안재홍의 리더십을 분석해 보았다. 기존 온정적 합리주의 리더십 연구는 합리주의와 온정주의

8개 요소에 대한 개념화와 양적연구를 중심으로 성과를 축적했다. 여기에서는 역사인물의 삶과 활동에 대한 분석을 통해서 온정적 합리주의 리더십에 대한 이해의 지평을 넓혀보고자 했다. 이를 위해 안재홍의 삶에 나타난 온정적 합리주의 8개 요소와 관련된 다양한 사례를 본인 기록과 지인들의 증언을 통해 분석해 보았다. 안재홍의 경우는 8가지 요소가 삶 속에 고루 녹아있음을 확인 했다. 향후에도 한국 근대 성인교육자들의 삶과 활동에 적용하여 온정적 합리주의 리더십 연구의 지평을 넓혀나갈 필요가 있다.

이 연구의 의의는 크게 3가지이다. 첫째, 이 책은 인물 사례 연구를 통해 한국 현대 성인교육이 일제강점기 항일민족운동을 지도했던 근대 성인교육자들의 항일정신과 그 실천에 뿌리를 두고 있다는 점을 밝히고자 했다. 서구 성인교육의 이식(移植)이 아닌 서구 성인교육의 경험을 식민지 현실의 극복을 위한 수단으로 인식하고 일제강점의 현실에 적용하면서 조선인 본위 교육의 강조와 교육 제1주의를 통해 절대독립을 추구했다는 점을 새롭게 인식하고 그 정신을 후대에 계승해나갈 필요가 있다. 3.1운동 100년, 대한민국 임시정부 수립 100년을 맞이하며 한국의 성인교육의 정신적 뿌리와 정체성이 근대 실학사상에서 개화사상, 일제 강점기 항일사상에 근본을 두고 있다는 학술 연구 작업이 지속되어야 한다.

둘째, 한국 성인교육이 계승해야 할 실학적 전통의 쓰임새 교육의 계승 문제이다. 안재홍은 실학의 중요성을 인식하고 정약용 저작물 간행과 연구에 힘썼으며 실학 대중화에도 토대를 놓은 인물이다. 아울러 일제강점기와 해방공간에서 그가 일관되게 추구한 신간회, 조선학운동, 민세주의, 신민족주의는 실학 정신의 구체적 실천이다.

안재홍은 형무소를 드나드는 고단한 삶 속에서도 부단히 학습하고, 방대한 저술과 신문 기고를 통해 자신의 생각을 펼쳤으며, 성인교육자로서 다양한 조직을 만들어 시대의 과제에 구체적으로 대응했다. 성인교육은 학습자가 당면한 삶의 과제 시대의 과제에 대한 구체적인 해결 수단일 때 학습 결과와 확산 효과가 크다. 실학적 사고에 기반을 둔 현실 문제 해결을 위한 수단으로서 성인교육의 실용적 가치는 여전히 크다.

셋째, 전통에 기반을 둔 새로운 성인교육의 가치 창조라는 측면에 대한 성찰이다. 안재홍은 전통적 가치의 바탕 위에 서구적 가치, 현대적 가치를 받아들이려 노력했다. 안재홍은 민주주의가 서구적 전통에서만 시작된 것은 아니라는 주체적 인식을 가지고, 한국 고대사를 탐구하며 민주주의 전통의 요소를 찾으려 했다. 또한 순우리말 어원에 대한 관심은 서구 개념을 우리말로 바꿔보려고 부단히 노력하되 타문화나 전통에 대해서 개방적 태도를 견지하려고 했고 이것이 민세주의, 신민족주의로 구체화, 발전되었다. 21세기 한국의 성인교육도 한국적 토대 위에서 서구의 지혜를 조화롭게 융합해나가려는 고민이 필요하다.

그러나 이 연구는 안재홍의 일제강점기와 1950년까지라는 제한된 시공간 속의 학습 경험, 활동 사상과 리더십 특성 연구라는 한계를 가지고 있다. 북한에서 안재홍의 성인 후기 학습 경험과 활동 내용은 남북 분단이라는 제약 때문에 제대로 이루어질 수 없었다. 남한에서의 거침없는 활동으로 추측하건데 안재홍은 북한에서도 다양한 방식으로 성인학습, 성인교육을 실천했을 것이다. 향후 연구가 자유로워져 납북 이후 15년 간 그의 활동과 성인교육사상 등에 대한 자료수집과 연구도 심화되기를 바란다. 이를 통해 남북한이 함께 애국지사로 인정하는 안재홍의 성인교육 활동과 사상, 리더십이 온전한 모습으로 복원, 재평가되기를 기대한다.

이 연구는 수많은 민세의 글과 다양한 연구자료들이 있었기에 가능했다. 그 글과 자료들을 읽으면서 다시금 민세가 왜 20세기 한국 지성사의 거목이었는지 충분히 느낄 수 있었다. 연구를 하면서 민세를 만났던 여러 지인들의 생생한 증언을 최대한 담으려고 노력했다. 인터뷰에 응해주신 엄기형, 이정상, 김순경, 안재창, 이기연, 안병택, 이문원, 안혜초 님께 거듭 감사드린다. 또한 이 연구는 안재홍의 정치리더십 연구로 민세 연구의 토대를 놓으신 한국학중앙연구원 정윤재 명예교수님, 안재홍의 항일운동·신국가건설운동을 체계적으로 조명하신 중앙대 김인식 교수님, 경계인 민세의 삶을 연구한 한국외대 윤대식 교수님과 여러 선배 연구자들의 분야별 연구 성과가 없었다면 나오기가 어려웠을 것이다. 지면으로 이 분들의 학문적 노고에 거듭 감사드린다. 또한 귀한 사진을 제공해주신 민세 선생유족과 안재홍선생기념사업회·신간회기념사업회에도 감사드린다.

아직 안재홍을 아는 사람은 많지 않다. 그러나 사후 100년을 돌이켜 자기를 바라보라고 다짐했던 민세의 좌우명처럼 훗날 통일이 되면 안재홍이라는 사람의 진가가 더 크게 드러날 것이다. 언젠가 민족의 과거와 현재와 미래를 복합적으로 고민했던 성인교육자 안재홍의 삶과 정신이 제대로 평가되는 날이 오기를 바란다.

■ 주(註)

1) 이윤상, 2009.

2) 김희곤, 2009.

3) 김형목, 2009.

4) 한준상 외, 2000.

5) 이상오, 2017.

6) 최은수 외, 2017.

7) 배을규, 2006.

8) 최광식, 2015.

9) 하영선, 2011.

10) 곽삼근, 2012.

11) 천관우, 1981.

12) 류시현, 2016.

13) 안호상, 1981.

14) 서중석, 2005.

15) 동광, 1927년 6월호.

16) 유광렬, 1932.

17) 삼천리, 1935년 6월호.

18) 황석우, 1932.

19) 민주조선, 1948년 4월호.

20) 매일신보, 1919년 12월 19일.

21) 조선일보, 1924년 9월 5일자.

22) 동광, 1931년 12월호.

23) 개벽, 1934년 12월호.

24) 동광, 1932년 1월호.

25) 조선일보, 1927년 9월 7일자; 조선일보, 1927년 12월 2일자; 조선일보, 1927년 12월 3일자.

26) 조선일보, 1927년 4월 14일자.

27) 삼천리, 1931년 7월호.

28) 조선일보, 1928년 1월 27일자.

29) 동아일보, 1929년 10월 10일자.

30) 동아일보, 1931년 4월 17일자.

31) 조선일보, 1931년 5월 12일자.

32) 개벽, 1934년 11월호.

33) 조선일보, 1935년 7월 16일자.

34) 신동아, 1934년 10월호.

35) 조선일보, 1937년 5월 11일자.

36) 조선일보, 1938년 5월 5일자.

37) 평주이승복선생망구송수기념회, 1974.

38) 매일신보, 1945년 9월 2일자.

39) 경향신문, 1947년 2월 11일자.

40) 정병준, 2010.

41) 조선일보, 1948년 6월 26일자.

42) 이신철, 2008.

43) 박문덕, 1965.

44) 정윤재, 2018.

45) 중앙일보, 2007년 7월 29일자.

46) Illeris, 2007.

47) Illeris, 2009.

48) 동광, 1932년 7월호.

49) 신동아, 1936년 5월호.

50) 신천지, 1946년 8월호.

51) 조선일보, 1930년 1월 29일자.

52) 삼천리, 1931년 7월호.

53) 서울YMCA, 2004.

54) 신천지, 1946년 8월호.

55) 청년, 1931년 2월호.

56) 삼천리, 1949년 2월호.

57) 조선일보, 1930년 1월 29일자.

58) 삼천리, 1931년 7월호.

59) 별건곤, 1930년 5월호.

60) 조광, 1936년 4월호.

61) 조선일보, 1924년 6월 8일자.

62) Ollivier, 2007.

63) 조선일보, 1925년 2월 15일자.

64) 조선일보, 1927년 10월 18일자.

65) 조선일보, 1926년 6월 6일자.

66) 삼천리, 1936년 2월호.

67) 조선일보, 1934년 9월 16일자.

68) 한성일보, 1949년 12월 20일자.

69) 조선일보, 1927년 7월 23일자.

70) 조선일보, 1934년 9월 21일자.

71) Breton, 2007.

72) 삼천리, 1934년 제53호.

73) 중앙교우회, 2009.

74) 이희승, 1991; 이희승, 1996.

75) 삼천리, 1932년 1월호.

76) 한상도, 2017.

77) 인촌기념사업회, 1976; 김인식, 2014c.

78) 노치준, 1995.

79) 김희진, 2017.

80) 삼천리, 1949년 3월호.

81) 한성일보, 1949년 12월 27일자.

82) 동아일보, 1934년 12월 21일자.

83) 조선일보, 1936년 4월 5일자.

84) 김순경, 2016.

85) 동아일보, 1946년 5월 29일자.

86) 삼천리, 1930년 4월호.

87) 동아일보, 1925년 11월 30일자.

88) 시대일보, 1925년 12월 27일자.

89) 삼천리, 1930년 4월호.

90) 김형목, 2009.

91) 조선일보, 1927년 11월 11일자; 중외일보, 1927년 11월 11일자.

92) 윤복남, 2001.

93) 정진석, 1999.

94) 이계형 · 전병무, 2014.

95) 신한민보, 1929년 11월 28일자.

96) 매일신보, 1934년, 12월 30일자.

97) 박용규, 2012.

98) 동아일보, 1931년 9월 26일자.

99) 동아일보, 1931년 5월 25일자.

100) 별건곤 42호, 1931년 8월.

101) 삼천리 60호, 1935년 3월호.

102) 홍웅선, 1992.

103) 김석준, 1996; 김상훈, 2018.

104) 이해숙, 2009.

105) 동아일보, 1945년 12월 25일자; 허대녕, 2009.

106) 허대녕, 2009.

107) 동아일보, 1946년 6월 3일자.

108) 한성일보, 1949년 10월 9일자.

109) Senge, 2015.

110) 김석완, 2013.

111) Elias & Merriam, 1994.

112) Jarvis, 2001.

113) 최진경, 2010.

114) 이숙종, 2006.

115) 김정환, 2008.

116) 강선보, 2005b.

117) 강선보, 2005a.

118) Jarvis, 2001.

119) Jarvis, 2001.

120) 홍유희, 2013.

121) 박준영, 2005.

122) 소년, 1909.

123) 김정환, 2009.

124) 김정환, 2008.

125) 오혁진, 2008.

126) Niebuhr, 2017.

127) 이만규, 2010.

128) 노영택, 2011.

129) 김해영, 2013.

130) 기영화, 2000.

131) 오혁진, 2010a.

132) 오혁진, 2016c.

133) 김대용, 2000.

134) 김대용, 2000.

135) 황우갑, 2018

136) 정영수, 2000.

137) 김복영, 2000.

138) 이희수, 2000.

139) 김정오, 2009.

140) 김정오 · 최은수, 2009.

141) 한상권, 2008; 강지연, 2010.

142) 오혁진 · 김미향, 2014.

143) 이명주, 2016.

144) 조선일보, 1926년 7월 4일자.

145) 조선일보, 1927년 3월 21일자.

146) 조선일보, 1930년 12월 6일자.

147) 조선일보, 1936년 4월 1일자.

148) 삼천리, 1936년 2월호.

149) 신동아, 1935년 3월호.

150) 조선일보, 1935년 6월 8일자.

151) 한상길, 2017.

152) 조선일보, 1927년 10월 9일자.

153) Freire & Macedo, 2014.

154) Jarvis, 2005.

155) 조선지광, 1929년 9월호.

156) Lindeman, 2013.

157) 학등, 1936년 3월호.

158) 조선일보, 1930년 9월 3일자.

159) 삼천리, 1930년 4월호.

160) 김귀성, 2004.

161) 조선일보, 1935년 6월 14일자.

162) 조선일보, 1930년 9월 3일자.

163) 조선일보, 1935년 6월 16일자.

164) 한상권, 2008.

165) 조선일보, 1930년 9월 30일자.

166) 강선보 외, 2012.

167) 삼천리 25호, 1932년 4월호

168) 한영우선생정년기념논총간행위원회, 2003.

169) 윤대식, 2018.

170) 박찬승, 2001.

171) 조선일보, 1935년 10월 3일자.

172) 조선일보, 1935년 5월 8일자.

173) 조선일보, 1935년 5월 9일자.

174) 김인식, 2008.

175) 한성일보, 1948년 12월 15일자.

176) 정윤재, 2001.

177) 김인희, 2014.

178) 새교육 4호, 1949년 2월.

179) Jarvis, 2011.

180) 오혁진, 2016.

181) 곽삼근, 2007.

182) 오혁진, 2015.

183) 안재홍, 1945.

184) 김진희, 2017.

185) 최은수 외, 2018.

186) Northouse, 2013.

187) 이상오, 2008b.

188) 삼천리, 1930년 1월호.

189) 주간서울 제58호, 1949년 10월호.

190) 삼천리, 1931년 10월호.

191) 삼천리, 1948년 12월호.

192) Northhouse, 2013.

193) Yukl, 2011.

194) Hogwood & Gunn, 1984.

195) Mintzberg, 1990.

196) 최은수, 2011.

197) Zwillick, 2004.

198) 최은수, 2011.

199) 배을규, 2006.

200) 김정일, 2003.

201) 최은수, 2011.

202) 최은수 외, 2018.

203) 강찬석, 2016.

204) 유지아, 2018.

205) 조규태, 2018.

206) 김기승, 2018.

207) 조선일보, 1930년 12월 26일자.

208) 삼천리, 1930년 7월호.

209) 조선일보, 1929년 10월 16일자.

210) 조선농민 43호, 1930년 5월호.

211) 한성일보, 1948년 12월 15일자.

212) 신천지 1호, 1946년 2월.

213) 독도사전편찬위원회, 2019.

214) 정병준, 2010.

215) 이균영, 1994.

216) 김인식, 2012.

217) 신용하, 2017.

218) 조선일보, 1936년 3월 26일자.

219) 조선일보, 1936년 3월27일자.

220) 조선일보, 1936년 3월 28일자.

221) 조선일보, 1935년 6월 19일자.

222) 이병호, 2009.

223) 매일신보, 1925년 1월 30일자.

224) 동아일보, 1925년 2월 1일자.

225) 동아일보, 1925년 6월 22일자.

226) 동아일보, 1926년 4월 24일자.

227) 동아일보, 1926년 4월 26일자.

228) 동아일보, 1927년 4월 27일자.

229) 동아일보, 1927년 6월 24일자.

230) 동아일보, 1927년 9월 8일자.

231) 동아일보, 1927년 12월 1일자.

232) 동아일보, 1927년 12월 3일자.

233) 동아일보, 1927년 12월 6일자.

234) 동아일보, 1934년 9월 5일자.

235) 삼천리, 1935년 7월호.

236) 동아일보, 1946년 5월 30일자.

237) 동아일보, 1948년 12월 12일자.

238) 동아일보, 1949년 4월 27일자.

239) 조선일보, 1929년 10월 6일자.

240) 김순경, 2016.

241) 조선지광, 1927년 10월호.

242) 조선일보, 1930년 1월 1일자.

243) 이정상, 2008.

244) 안정용, 1992.

245) 김삼웅, 2016.

참고문헌

1. 논저 및 단행본, 잡지

강선보(2005a),『만남의 교육철학』, 서울: 원미사.

강선보(2005b), 「그룬트비의 성인교육사상」, 한국교육학연구 11(1), 25~52쪽.

강선보·정혜진(2012), 「그룬트비의 평생교육 사상과 실제」, 한국교육학연구 18(2), 5~23쪽.

강원룡(2008), 「오호 민세안재홍 선생」, 고려대박물관 편, 민세안재홍선집 7권, 서울: 지식산업사.

강지연(2010), 「차미리사의 근대여성교육활동에 관한 연구」, 한국외국어대학교 교육대학원 석사학위논문.

강찬석(2011), 「유가적 관점에서 본 온정적 합리주의(CR) 리더십 패러다임의 특성에 대한 고찰」, Andragogy Today 19(3), 121~147쪽.

강혜옥·최은수(2017), 「보험영업 관리자의 온정적 합리주의 리더십이 여성보험설계사의 오센틱 리더십에 미치는 영향」, 교육문화연구 23(6), 599~624쪽.

강혜정(2018), 「중등학교장의 온정적 합리주의 리더십 개발과 실천에 관한 내러티브 탐구」, 숭실대학교 대학원 박사학위 논문.

고려대박물관(2005),『민세안재홍선집』6, 서울: 지식산업사.

고려대박물관(2008a),『민세안재홍선집』7, 서울: 지식산업사.

고려대박물관(2008b),『민세안재홍선집』8, 서울: 지식산업사.

곽삼근(2007), 「한국평생교육의 사회철학적 과제」, 아산재단연구총서 제183집, 서울: 집문당.

곽삼근(2012), 「한국평생교육 연구와 실천에 대한 비판적 성찰」, 평생교육학연구 18(2), 81~101쪽.

기영화(2000), 「서재필의 성인교육사상」, 한준상 외,『근대한국성인교육사상』,

서울: 원미사, 33~66쪽.

김귀성(2004), 『생활교육운동의 선구자 타오싱즈: 동아시아 근대교육사상가론』, 서울: 문음사.

김기승(2006), 「식민지시대 민족주의 사학자들의 역사인식」, 내일을 여는 역사 제25호, 74~89쪽.

김기승(2018), 「언론에 나타난 신간회회소 논쟁의 전개과정」, 정윤재·유지아·조규태·김인식·윤덕영·김기승·조맹기, 『신간회와 신간회운동의 재조명』, 서울: 선인.

김대용(2000), 「안창호의 성인교육사상」, 한준상 외, 『근대한국성인교육사상』, 서울: 원미사, 67~121쪽.

김미경(2018), 「전문대학교수의 온정적 합리주의 리더십, 학생의 학습조직문화, 전공학과몰입, 긍정심리자본 및 학교충성도 간의 구조적관계」, 숭실대학교 대학원 박사학위논문.

김병로(1929), 「삼천리」, 1929년 9월호

김복영(2000), 「임영신의 성인교육사상」, 한준상 외, 『근대한국성인교육사상』, 서울: 원미사, 153~169쪽.

김봉겸(2003), 『안재홍 증언 녹취자료』, 민세 안재홍기념사업회.

김부례(1992), 「나의 한, 김부례」, 안재홍선집간행위원회, 『민세안재홍』 선집 4권, 서울: 지식산업사.

김삼웅(2016), 『위당 정인보 평전』, 서울: 채륜.

김상훈(2018), 『해방 직후 국사교육 연구』, 서울: 경인문화사.

김석완(2013), 「교육사상의 학문적 정체성」, 교육사상연구 27(1), 29~51쪽.

김석준(1996), 『미군정 시대의 국가와 행정』, 서울: 이화여대 출판부.

김성환(1998), 『한국사 천년의 100인』, 서울: 오늘의 책.

김수태(2003), 「안재홍의 신민족주의와 사회사 연구」, 한국근현대사연구 24, 91~118쪽.

김순경(2016), 『안재홍 증언 영상 녹취자료』, 민세안재홍기념사업회.

김영희(2013), 「일제강점기 언론사 연구와 안재홍의 조선신문소사」, 민세안재홍선생기념사업회 편, 『민세학술연구총서』 3, 안재홍 언론사상 심층연구, 서울: 선인.

김은아(1993), 「민세 안재홍의 정치사상에 관한 연구」, 부산대학교 교육대학
　　원 석사학위논문.

김을한(1991), 「장진에서 온 전보」, 『민세안재홍선집』 3, 서울: 지식산업사.

김인식(1998a), 「안재홍의 신민족주의 사상과 행동」, 중앙대학교 대학원 박사
　　학위논문.

김인식(1998c), 「해방후 안재홍의 중경임시정부영립보강운동」, 한국독립운동
　　사연구 12, 281~304쪽.

김인식(2004a), 「안재홍의 중도우파노선과 민족국가건설운동」, 한국민족운동
　　사연구 39, 149~190쪽.

김인식(2004b), 「1947년 안재홍의 '순정우익집결' 운동」, 한국사연구 124, 233~271쪽.

김인식(2007), 『중도의 길을 걸은 신민족주의자』, 서울: 역사공간.

김인식(2008), 『광복전후 국가건설론』, 서울: 경인문화사.

김인식(2012), 『신간회의 창립과 민족단일당 이론, 안재홍과 신간회의 민족운
　　동』, 서울: 선인.

김인식(2012), 『안재홍의 신국가건설운동』, 서울: 선인.

김인식(2014c), 『안재홍의 기미운동과 임정법통성의 역사인식, 안재홍과 평택
　　의 항일운동 심층연구』, 서울: 선인.

김인식(2015), 『1930년대 안재홍의 조선학론, 1930년대 조선학운동 심층연구』,
　　서울: 선인.

김인식(2018), 『안재홍과 청년외교단, 제12회 민세학술대회 대한민국 청년외
　　교단 · 애국부인회 참여인물 재조명』, 3~40쪽.

김인식 · 황우갑(2016), 『안재홍 자료집성과 기념사업』, 서울: 선인.

김인희(2014), 『안재홍의 고조선 연구 성과와 한계, 고조선 단군학회 제61회
　　학술발표회』, 51~65쪽.

김재명(2003), 『한국현대사의 비극: 중간파의 이상과 좌절』, 서울: 선인.

김정(2002), 「해방후 안재홍의 신민주주의론과 공산주의 비판」, 고려사학회
　　한국사학보 12, 203~235쪽.

김정오(2009), 「다석 유영모 사상의 성인교육학적 함의에 관한 연구」, 숭실대

학교 대학원 박사학위논문.

김정오 · 최은수(2009), 「유영모의 씨알 사상이 평생교육에 미친 영향에 관한 구: 새마을 성인교육 운동을 중심으로」, 평생교육 · HRD연구 15(1), 1~23쪽.

김정일(2003), 「평생교육을 위한 리더십 프로그램 개발 연구」, Andragogy, Today 6(1), 1~27쪽.

김정환(2008), 『페스탈로치의 생애와 사상』, 서울: 박영사.

김종원(1996), 「해방후 안재홍의 고대사인식」, 충북대학교 교육대학원 석사학위논문.

김진현(2015), 「안재홍 회고 영상 인터뷰 자료」, 『월간 평택문화』.

김진희(2017), 『글로벌시대의 세계시민교육: 이론과 실제』, 서울: 박영사.

김항도(2007), 「일제시기 안재홍의 민족운동」, 경성대학교 대학원 석사학위논문.

김해영(2013), 「용연 김정규의 교육사상 연구」, 교육사상연구 27(2), 23~42쪽.

김형목(2009), 『한국독립운동의 역사 35: 교육운동』, 독립기념관 한국독립운동사 편찬위원회.

김호일(1998), 「단군사상과 독립운동사: 민세 안재홍의 단군론을 중심으로」, 중앙사론 20, 127~139쪽.

김희곤(2008), 『한국독립운동의 역사 23: 대한민국임시정부 I : 상해시기』, 독립기념관 한국독립운동사 편찬위원회.

김희진(2017), 「초기 YMCA 교육운동의 전개와 특징」, 숙명여자대학교 교육대학원 석사학위논문.

노영택(2011), 『일제하민중교육운동사』, 서울: 학이시습.

노치준(1995), 『일제하 한국기독교민족운동연구』, 서울: 한국기독교역사연구소.

대한민국청년외교단 · 대한민국애국부인회 사건판결문(1920), 1920년 6월 29일 대구지방법원 판결.

독도사전편찬위원회(2019), 『개정증보판 독도사전』, 부산: 한국해양수산개발원.

류시현(2016), 『동경삼재』, 서울: 산처럼.

문제안(2011), 1945년 8월 16일의 풍경, 민세안재홍선생기념사업회 증언 영상 자료.

박문덕(1965), 『안재홍 유고집』, 평양: 조국통일사.

박수용(2018), 「경영자의 온정적 합리주의 리더십이 중소기업 경영성과에 미치는 영향」, 한밭대학교 대학원 박사학위논문.

박용규(2004), 「안재홍의 언론활동과 언론관」, 민주사회와 정책연구 6, 210~235쪽.

박용규(2012), 『조선어학회 항일투쟁사』, 서울: 한글학회.

박용규(2013), 「광복 이후 안재홍의 언론관과 언론활동」, 민세안재홍선생기념사업회 편, 『민세학술연구총서 3: 안재홍 언론사상 심층연구』, 서울: 선인.

박준영(2005), 「다산 교육관의 현대적 의의」, 교육사상연구 16, 23~37쪽.

박찬승(2002), 「1930년대 안재홍의 민세주의론」, 정윤재·박찬승·김인식·조맹기·박한용 공저, 『민족에서 세계로: 민세 안재홍의 신민족주의론』, 서울: 봉명

박찬승(2008), 『민족주의의 시대』, 서울: 경인문화사.

박한용(2002), 「안재홍의 민족주의론: 근대를 넘어선 근대」, 정윤재·박찬승·김인식·조맹기·박한용 공저, 『민족에서 세계로: 민세 안재홍의 신민족 주의론』, 서울: 봉명.

배을규(2006), 『성인교육의 실천적 기초: 이론과 방법』, 서울: 학지사.

서울YMCA(2004), 『서울YMCA운동 100년사(1903~2003)』, 서울: 서울YMCA.

서정주(1991), 『민세선생에 부쳐』, 민세안재홍선집간행위원회, 민세안재홍선집 3, 서울: 지식산업사.

서중석(2005), 『한국 현대사』, 서울: 경인문화사.

손승남(2001), 『교육해석학』, 서울: 교육과학사.

송건호(2009), 『송건호의 인물론: 역사에 민족의 길을 걷다』, 서울: 한길사.

송지영(1991), 「산하와 겨레에 얽힌 한」, 민세안재홍선집간행위원회, 민세안재홍선집 3, 서울: 지식산업사.

신경림·조명옥·양진향(2008), 『질적연구방법론』, 서울: 이화여대 출판부, 481~514쪽.

신기현(1999), 「교육분야에서의 전기적 방법의 가능성 탐색」, 교육원리연구 4(1), 89~110쪽.

신승인(2018), 「중등학교장의 온정적 합리주의 리더십, 조직 내 의사소통, 학습조직문화, 교사의 교수역량 및 교사학습공동체 활성화 수준 간의 구조적 관계」, 숭실대학교 대학원 박사학위논문.

신용하(2017), 『신간회의 민족운동』, 서울: 지식산업사.

신주백(2015), 「조선학운동에 관한 연구동향과 새로운 시론적 탐색」, 민세안재홍선생기념사업회 편, 『1930년대 조선학운동 심층연구』, 서울: 선인.

신주백(2016), 『한국역사학의 기원』, 서울: 휴머니스트.

안경식(2013), 「교육사상 연구방법으로서 사상가 연구에 대하여」, 교육사상연구 27(1), 121~146쪽.

안미현(2002), 「해방 직후 안재홍의 통일민족국가 건설운동」, 한국교원대학교 석사학위논문.

안병택(2019), 2918년 10월 안재홍 부산 마산 강연 증언, 민세안재홍기념사 업회 증언 녹취 자료.

안재창(2018), 안재홍 증언, 2018년 3월 15일, 민세안재홍기념사업회.

안재홍(1916), 강도일지. 등록번호 0275, 서울: 고대 박물관.

안재홍(1935), 중국의 금일과 극동의 장래, 서울: 삼천리사.

안재홍(1945), 신민족주의와 신민주주의, 서울: 민우사.

안재홍(1950), 지각을 찾자, 게재지 미상.

안재홍(2007), 고원의 밤. 구중서편, 서울: 범우사.

안재홍(2014), 김인희 역주, 조선상고사감, 서울: 우리역사연구재단.

안재홍(2017), 안재홍 수필선집, 유성호 엮음, 서울: 지식을 만드는 지식.

안재홍선집간행위원회(1981), 『민세안재홍선집』 1, 서울: 지식산업사.

안재홍선집간행위원회(1983), 『민세안재홍선집』 2, 서울: 지식산업사.

안재홍선집간행위원회(1990), 『민세안재홍선집』 3, 서울: 지식산업사.

안재홍선집간행위원회(1993), 『민세안재홍선집』 4, 서울: 지식산업사.

안재홍선집간행위원회(1999), 『민세안재홍선집』 5, 서울: 지식산업사.

안정용(1992), 「아버지와 나」, 『안재홍선집』 4, 서울: 지식산업사.

안혜초(2019), 『안재홍 영상증언 녹취자료』, 민세안재홍기념사업회.

안호상(1981), 「간행사」, 『민세안재홍선집』 1, 서울: 지식산업사.

엄기형(2011), 『안재홍 증언녹취 영상자료』, 민세안재홍기념사업회.

여성자(1992), 「민세 안재홍의 교육사상 연구」, 한국교원대 대학원 석사논문.

연지연(2016), 「기독교 목회자의 온정적 합리주의 리더십과 교수 역량, 교회의
　　　　학습조직문화, 성도의 신앙성숙도와 서번트 리더십 간의 구조적 관
　　　　계」, 숭실대학교 대학원 박사논문.

오혁진(2008), 「그룬트비히 교육사상에 기초한 한국사회교육의 전개과정과 그
　　　　의의」, 平生敎育學硏究 14(3), 1~28쪽.

오혁진(2015), 『지역공동체와 평생교육』, 서울: 집문당.

오혁진(2016), 『한국사회교육사상사』, 서울: 학지사.

오혁진(2016a), 「이상재의 사회교육사상의 내용과 성격」, 오혁진, 『한국사회교
　　　　육사상사』, 서울: 학지사.

오혁진(2016b), 「안창호의 사회교육사상의 의의」, 오혁진, 『한국사회교육사상
　　　　사』, 서울: 학지사.

오혁진(2016c), 「이승훈의 사회교육사상의 내용과 성격」, 오혁진, 『한국사회교
　　　　육사상사』, 서울: 학지사.

오혁진·김미향(2010), 「한국 사회교육사의 연구동향 및 성과 검토」, 平生敎育
　　　　學硏究 16(3), 191~221쪽.

오혁진·김미향(2014), 「배민수의 사회교육사상에 관한 연구」, 平生敎育學硏
　　　　究 20(4), 31~53쪽.

유광렬(1932), 「안재홍론」, 동광 4권 7호 통권 35호, 1932년 7월호.

유광렬(1981), 「곧은 필봉, 빛나는 절개」, 『민세선집』 1권, 서울: 지식산업사.

유기웅·정종원·김영석·김한별(2015), 『질적 연구방법의 이해』, 서울: 박영사.

유병용(1982), 「민세 안재홍의 인물과 사상」, 강원대학교 인문학연구 16, 121~
　　　　139쪽.

유병용(1986), 「안재홍의 정치사상에 대한 재검토」, 한국민족운동사연구 1,
　　　　177~205쪽.

유병용(1995), 「안재홍의 신민족주의 국가상」, 한국사시민강좌 제17집, 일조
　　　　각, 25~41쪽.

유병용(1996), 「민세와 남창의 신민족주의론」, 강원대학교 사회과학연구 35,

143~158쪽.

유병용·김인식·남광규(2007),「해방 전후 중간파의 민족주의 성격」, 한국정치외교사논총 29(1), 5~40쪽.

유엽(2008),「곡 민세 선생」, 고려대 박물관 편,『민세안재홍선집』7권, 서울: 지식산업사.

유지아(2018),「1910-20년대 일본 다이쇼 데모크라시와 제국주의 변용」, 정윤재·유지아·조규태·김인식·윤덕영·김기승·조맹기,『신간회와 신간회운동의 재조명』, 서울: 선인.

윤대식(1992),「안재홍의 정치사상과 정치노선에 관한 연구」, 한국외국어대학교 대학원 석사학위논문.

윤대식(2005),「안재홍에 있어서 정치적 의무」, 한국학중앙연구원 편,『민세안재홍 심층연구』, 서울: 황금알.

윤대식(2010),『안재홍의 정합적 삶: 신간회 참여와 해소 과정을 중심으로, 안재홍의 항일과 건국사상』, 서울: 백산서당.

윤대식(2012),「안재홍과 신간회」, 민세안재홍선생기념사업회 편,『안재홍과 신간회의 민족운동』, 서울: 선인.

윤대식(2018),『건국을 위한 변명, 안재홍 전통과 근대 그리고 민족과 이념의 경계인: 안재홍』, 서울: 신서원.

윤복남(2001),「해방 전 우리나라 문해교육운동」, 한국문해교육연구 38-40, 서울: 교육과학사.

윤상길(2013),「민세 안재홍 집필 신문기사 및 논설에 대한 내용 분석」, 민세안재홍선생기념사업회 편, 민세학술연구총서 3, 안재홍 언론사상 심층연구, 서울: 선인.

이계형·전병무(2014),『숫자로 본 조선』, 서울: 역사공간.

이관구(1981),「민세선생 이십주기에 즈음하여」, 안재홍선집간행위원회 편,『민세안재홍선집』1, 서울: 지식산업사, 570~574쪽.

이광수(1936), 그의 자서전,『조선일보』1936.12.22~1937.5.1자.

이균영(1994),『신간회연구』, 서울: 역사비평사.

이기연(2018),『서울중앙농림대학 시절 회고 인터뷰 자료』, 민세안재홍기념사업회.

이만규(2010), 『조선교육사』, 서울: 살림터.

이명주(2016), 「일제강점기 사회교육자 최용신의 교육이념과 실천연구」, 아주
대학교 대학원 석사학위논문.

이문영(2008), 『겁많은 자의 용기』, 서울: 삼인.

이문원(2019), 안재홍 영상 녹취 증언, 민세안재홍기념사업회.

이병호(2009), 「지역사회발전을 위한 평생교육정책 추이 분석」, 숭실대학교
대학원 박사학위논문.

이상오(2000), 「김용기의 성인교육사상」, 한준상 외, 『근대한국성인교육사상』,
서울: 원미사, 227~350쪽.

이상오(2008a), 『교육해석학: 이론과 적용』, 서울: 학지사.

이상오(2008b), 『리더십: 역사와 전망』, 서울: 연세대 출판부.

이소영(2017), 「학교장의 온정적 합리주의 리더십, 교사의 공유리더십, 학습조
직문화 및 긍정심리자본과 학교조직효과성 간의 구조적 관계」, 숭실
대학교 대학원 박사학위논문.

이숙종(2006), 『코메니우스의 교육사상』, 서울: 교육과학사.

이신철(2008), 『북한민족주의 운동연구』, 서울: 역사비평사.

이신철(2010), 「전쟁이후 안재홍의 통일국가 수립운동」, 민세안재홍선생기념
사업회 편, 『안재홍의 항일과 건국사상』, 서울: 백산서당.

이윤상(2009), 『한국독립운동의 역사 18: 3.1운동의 배경과 독립선언』, 독립기
념관 한국독립운동사 편찬위원회.

이정상(2008), 「근엄하신 민족주의자」, 민세안재홍선집 7권, 서울: 지식산업사.

이정식(1976), 민세 안재홍의 자서전, 동아일보사, 신동아 147, 290~305쪽.

이지원(1991), 「일제하 안재홍의 현실인식과 민족해방운동론」, 역사와 현실 6,
역사비평사, 23~64쪽.

이지원(2007), 『한국 근대문화사상사연구』, 서울: 혜안.

이지혜(2005), 「학습자 중심의 연구에 있어서 전기적 접근의 시사」, 김신일·
박부권 편, 『학습사회의 교육학』, 서울: 학지사, 419~438쪽.

이진한(2005), 「민세 안재홍의 신민족주의 사관에 대한 일고찰」, 한국학중앙
연구원 편, 『민세 안재홍 심층연구』, 서울: 황금알.

이진한(2010), 「민세의 한국 중세사 인식과 유물사관 비판」, 민세안재홍선생
　　　기념사업회 편, 『안재홍의 항일과 건국사상』, 서울: 백산서당.

이해숙(2009), 『미군정기의 지배구조와 한국사회』, 서울: 선인.

이희수(2000), 「고황경의 성인교육사상」, 한준상 외, 『근대한국성인교육사상』,
　　　서울: 원미사, 189~225쪽.

이희승(1991), 「민세선생을 추모함」, 『민세안재홍선집』 3, 서울: 지식산업사.

이희승(1996), 『딸깍발이 선비의 일생』, 서울: 창작과 비평사.

인촌기념회(1976), 『인촌 김성수전』, 서울: 인촌기념회.

임형진(2004), 「안재홍의 민족통일노선과 신민족주의」, 정신문화연구 27(4) 39
　　　~72쪽.

임형진(2005), 「단군학과 한국정치학: 근대 정치사상을 중심으로」, 민족사상연
　　　구 13, 265~291쪽.

장규식(1997), 「해방전국기 중간파 노선과 한국민족주의: 신민족주의·신형민
　　　주주의·새자유주의이념을 중심으로」, 전농사론 3, 39~100쪽.

장규식(2009), 『민중과 함께 한 조선의 간디 조만식의 민족운동』, 서울: 역사공간.

장용준(2006), 안재홍 증언 녹취 자료, 민세안재홍기념사업회.

전진성(2005), 『역사가 기억을 말하다』, 서울: 휴머니스트.

정미현(1998), 「해방후 안재홍의 정치활동」, 전남대학교 교육대학원 석사학위
　　　논문.

정병준(2010), 『독도 1947』, 서울: 돌베개.

정영수(2000), 「김성수의 성인교육사상」, 한준상 외, 『근대한국성인교육사상』,
　　　서울: 원미사.

정영훈(1992), 「안재홍의 신민족주의이론」, 한국정신문화연구원 정신문화연구
　　　48, 163~183쪽.

정영훈(2004), 「통일지향의 민족주의의 정치사상: 해방 후 중도우파 세력의 통
　　　일국가 수립 노선을 중심으로」, 한국정신문화연구원 정신문화연구
　　　27(4), 3~37쪽.

정윤재(1983), 「안재홍의 정치사상 연구」, 서울대학교 대학원 석사학위논문.

정윤재(1984), 「민세 안재홍의 신민족주의론 연구」, 신용하 편, 한국현대사회

사상 253, 서울: 지식산업사.

정윤재(1990), 「해방직후 신민족주의 정치사상 연구: 안재홍의 민족투쟁론과 통일국가건설론을 중심으로」, 충북대학교 사회과학연구소 사회과학연구 7(2), 129~168쪽.

정윤재(1992), 「해방직후 한국정치사상의 분석적 이해: 안재홍·백남운 정치사상의비교분석」, 한국정치학회보 26(1), 7~55쪽.

정윤재(1993), 「한민족 이상국가와 다사리민주주의론」, 국제관계연구 6, 101~125쪽.

정윤재(1997), 「열린 나의 정치사상: 최제우, 안재홍, 김지하를 중심으로」, 한국정치연구 7, 서울대학교 한국정치연구소, 281~300쪽.

정윤재(2002a), 『다사리공동체를 향하여』, 서울: 도서출판 한울.

정윤재(2002b), 「안재홍의 조선정치철학과 다사리 이념」, 정윤재·박찬승·김인식·조맹기·박한용 공저, 『민족에서 세계로: 민세 안재홍의 신민족주의론』, 서울: 봉명.

정윤재(2005a), 「1930년대 안재홍의 문화건설론」, 한국학중앙연구원 정신문화연구 28(2), 241~265쪽.

정윤재(2005b), 「일제강점기 민족생존의 정치사상: 민족개조론과 민족문화건설론」, 한국·동양정치사상사학회 한국동양정치사상사연구 4(1), 35~45쪽.

정윤재(2018), 「안재홍의 신민족주의 역사인식과 평화통일의 과제」, 한국동양정치사상연구 17(1), 221~257쪽.

정윤재(2018a), 『민족안재홍 평전』, 서울: 민음사.

정윤재(2018b), 『민족자주연맹 박한주 회고, 안재홍 평전』, 서울: 민음사.

정진석(1993), 「언론인 수난: 필화 정치문제 명예훼손이 주요인 일제하 최대 옥고 언론인은 안재홍」, 신문과 방송 270호, 65~73쪽.

정진석(1999), 『문자보급운동 교재: 조선일보·동아일보 1929~1935』, 서울: LG상남언론재단.

조광(1936), 「나의 경구집. 안재홍」, 2권 4호 1936년 4월호.

조규태(2018), 「1920년대 민족주의 세력의 자치운동의 전개양상」, 정윤재·유지아 · 조규태 · 김인식 · 윤덕영 · 김기승 · 조맹기, 『신간회와 신간회 운동의 재조명』, 서울: 선인.

조동걸 · 한영우 · 박찬승 편(1994), 『한국의 역사가와 역사학』, 서울: 창작과 비평사.

조맹기(2002), 『안재홍의 신민족주의 언론사상. 민족에서 세계로』, 서울: 봉명.

조맹기(2006), 『한국언론인물사상사』, 서울: 나남출판.

조맹기(2012), 『민주공화주의와 언론: 언론자유의 사상적 고찰』, 서울: 나남.

조맹기(2017), 『제헌헌법의 정신과 공영방송』, 서울: 패러다임.

중앙교우회(2009), 『인물로 본 중앙 100년』, 서울: 창미.

진덕규(2011), 『권력과 지식인』, 서울: 지식산업사.

천관우(1978), 「민세 안재홍연보」, 창작과 비평 통권 50호, 1978년 겨울호, 서울: 창작과 비평사.

천관우(1979), 『근세 조선사연구』, 서울: 일조각.

천관우(1981), 해제1. 민세안재홍선집 1, 서울: 지식산업사.

최광식(2015), 「1930년대 조선학운동의 의의와 21세기 한국학의 과제」, 민세안재홍선생기념사업회 편, 『1930년대 조선학운동 심층연구』, 서울: 선인.

최남선(1909), 『소년』 제2년 제7권.

최영성(2007), 「민세 안재홍의 신민족주의와 민족적 자유주의: 광복이후 정치역정을 중심으로」, 동양고전연구 27(1), 5~40쪽.

최은수(2006), 「성인교육 리더십과 리더십 개발 연구를 위한 이슈의 개념화와 이론적 틀」, Andragogy, Today 9(3), 107~143쪽.

최은수(2011), 「성인교육 리더십의 새로운 패러다임으로서의 '온정적 합리 주의'에 대한 개념화」, Andragogy Today 14(3), 61~85쪽.

최은수(2014), 「평생교육에서의 온정적 합리주의 리더십의 측정도구 개발 연구」, Andragogy Today 17(3), 205~229쪽.

최은수 · 강찬석 · 진규동 · 한우섭 · 권기술 · 신승원 · 박재진 · 김민서 · 이종원 (2018), 『세상을 움직이는 리더의 비밀』, 서울: 미래와 경영.

최은수 · 김미자 · 최연희 · 윤한수(2017), 『평생교육론』, 경기: 공동체.

최은수 · 김정일 · 권기술 · 신승원 · 김민서 · 진규동 · 김진혁 · 박재진 · 이미섭 ·

강찬석 · 강영환 · 이희 · 신용국 · 한우섭 · 이종원(2014), 『리더십 클래식』, 서울: 학지사.

최은희(1991), 「교우반세기」, 안재홍선집 간행위원회 편, 『민세안재홍선집』 3, 서울: 지식산업사, 448~457쪽.

최진경(2010), 「평생교육학의 선구자 코메니우스의 'Pampaedia'(범교육학)에 나타난 평생 교육 이해와 시사점」, 평생교육학연구 16, 113~132쪽.

평주이승복선생망구송수기념회(1974), 서울: 인물연구소.

하영선(2011), 『역사속의 젊은 그들』, 서울: 을유문화사.

한겨레신문사(1999), 『한겨레 21』 1999년 4월호.

한상권(2008), 『차미리사 평전』, 서울: 푸른역사.

한상길(2017), 「문해의 개념과 문해교육의 실천 방향」, Andragogy, Today 20(2), 29~50쪽.

한상도(2017), 『독립운동시기 김원봉의 통합 · 연대 활동, 민족운동가들의 교류와 협동』, 서울: 선인.

한영우(1987), 「안재홍의 신민족주의와 사학」, 독립기념관: 한국독립운동사연구 제2집, 257~281쪽.

한영우(2010), 『한국선비지성사』, 서울: 지식산업사.

한영우선생정년기념논총간행위원회(2003), 『한국사인물열전』 3, 안재홍 편, 서울: 돌베개.

한준상(1999), 『호모에루디티오』, 서울: 학지사.

한준상 · 기영화 · 김대용 · 김복영 · 이상오 · 이희수 · 정영수 · 최병익(2000), 『근대한국성인교육사상』, 서울: 원미사.

허대녕(2009), 『오천석과 미군정기 교육정책』, 서울: 한국학술정보.

허대녕(2009), 『오천석과 미군정기 교육정책』, 서울: 한국학술정보.

허도산(2006), 『연설 100년사』, 서울: 매봉.

홍웅선(1992), 『광복후의 신교육운동』, 서울: 대한교과서.

홍유희(2013), 「린드만 성인교육론의 사회과학 방법적 검토」, 평생교육학연구, 19(2), 133~166쪽.

황석우(1932), 「나의 八人觀, 안재홍」, 삼천리 25호.

황우갑(2010), 「안재홍의 백두산등척기에 대한 고찰」, 민세안재홍선생기념사업회 편, 『안재홍의 항일과 건국사상』, 서울: 백산서당.

황우갑(2016), 『민세 안재홍기념사업의 성과와 과제, 안재홍 자료집성과 기념사업』, 서울: 선인.

황우갑(2018), 「성인교육자 조만식의 변혁적 리더십」, 숭실대 CR글로벌리더십연구소 인문사회과학연구 2(1), 147~167쪽.

황우갑 · 최은수(2018), 「안재홍의 성인교육활동과 사상 탐색」, 한국성인교육학회 Andragogy Today 21(4), 49~74쪽.

Bloch, M.(2008), 『역사를 위한 변명』, 고봉만 역, 서울: 한길사(원저 1961년 출판).

Breton, D. L.(2007), 『걷기 예찬: 다비드 르 브르통 산문집』, 김화영 역, 서울: 현대문학(원저 2000년 출판).

Carr, E. H.(2018), 『역사란 무엇인가』, 김택현 역, 서울: 까치(원저 1991년 출판).

Clandinin, D.J., & Connelly. F.M.(2016), 『내러티브 탐구: 교육에서의 질적 연구의 경험과 사례』, 소경희 · 강현석 · 조덕주 · 박민정 역, 서울: 교육과학사(원저 2016 출판).

Creswell, J. W., & Poth, C. N.(2017), 『Qualitative inquiry and research design: Choosing among five approaches』, Thousand Oaks: SAGE Publications.

Elias, J. L., & Merriam, S.(2012), 『성인교육의 철학적 기초』, 기영화 역, 서울: 학지사(원저 1994년 출판).

Freire, P., & Macedo, D.(2014), 『문해교육: 파울로 프레이리의 글읽기와 세계읽기』, 허준 역, 서울: 학이시습(원저 1987년 출판).

Hogwood, B. W., & Gunn, L. A.(1984), 『Policy analysis for the real world』, UK: Oxford University Press.

Huizinga, J.(2013), 『역사의 매력: 새로운 문화와 역사를 위해』, 이광주 역, 서울: 길(원저 1942년 출판).

Jarvis, P.(2005), 『ADULT EDUCATION AND THE STATE』, the Taylor & Francis Group.

Jarvis, P.(2011), 『20세기 성인교육철학』, 강선보 · 노경란 · 김희선 · 변정현 옮김), 서울: 동문사(원저 2001년 출판).

Kund Illeris.(2013),『현대학습이론』, 전주성, 강찬석, 김태훈 옮김, 서울: 학지
　　사(원저 2009 출판).

Kund Illeris.(2016),『우리는 어떻게 학습하는가』, 김경희 옮김, 부산: 경남대 출
　　판부(원저 2007년 출판).

Lindeman, E. C.(2013),『성인교육의 의미』, 김동진, 강대중 역, 서울: 학이시습
　　(원저 1961년 출판).

Merriam, S. B.(2009),『Qualitative Research: A guide to design and implementation』,
　　San Francisco: Jossey-Bass.

Merrill, B.,&West, L.(2018),『사회과학 연구에서의 전기적 연구방법의 이해와
　　활용』, 전주성 · 임경미 역, 서울: 아카데미 프레스(원저 2009년 출판).

Mintzberg, H.(1990),「The design school, reconsidering the basic premises of
　　strategic management」, *Strategic Management Journal* 11, pp.171~195.

Niebuhr, R.(2017),『도덕적 인간과 비도덕적 사회』, 이한우 역, 서울: 문예출판
　　사(원저 1962년 출판).

Northhouse, P. G.(2013),『Leadership: Theory and Practice (3thed.)』, SAGE Publication.

Ollivie B.(2007),『나는 걷는다 1』, 임수현 역, 서울: 효형출판(원저 2000년 출판).

Senge, P. M.(2015),『학습조직』, 강혜정 역, 서울: 에이지(원저 2006년 출판).

Startt, J. D., & Sloan, W.D.(2005),『커뮤니케이션의 역사연구방법』, 권종록 역,
　　서울: 커뮤니케이션북스(원저 1989년 출판).

Underwood, L.G.(2008),「*Compassionate love: A framework for research, In B.
　　Fehr, S. Sprecher, & L. G. Under. (Eds.)*」, *The science of compassionate
　　love: Theory, research and applications*(pp.3~25), Malden, MA: Wiley-
　　Blackwell, pp.3~25.

Uwe, F.(2009),『질적연구방법』, 임은미 역, 서울: 한울(원저 1995년 출판).

Yukl, G.(2014),『현대조직의 리더십 이론』, 강정애 역, 서울: 시그마프레스(원
　　저 2011년 출판).

Zwillick,D.(2004),「Solipsism, compassionism and freedom」, *International Journal
　　of Humanities and Peace* 20(1), pp.51~55.

『개벽』(1934), 「백인백화」, 신간 1호, 1934년 11월호.

『개벽』(1934), 「신문사장의 참회록, 신석우」, 신간 2호, 1934년 12월호.

『개벽』(1935), 「조선신문발달사, 차상찬」, 신간 4호, 1935년 3월호.

『동광』(1927), 1927년 6월호.

『동광』(1931), 딸뻔기, 나는 소년 시절에 어떤 야심을 가졌었나, 조선의 사마천, 조선일보 안재홍, 1931년 9월호.

『동광』(1931), 예언 제2차 세계대전!! 전쟁은 1934년, 주역은 일중미로, 조선일보사장 안재홍, 1931년 11월호.

『동광』(1931), 조선신문발달사: 사상변천을 중심으로, 이종수, 3권 12호, 1931년 12월호.

『동광』(1931), 철창에 잠 못 든 수인, 조선일보 안재홍, 3권 5호 통권 24호, 1931년 5월호.

『동광』(1932), 신문구문(新聞舊聞), 안재홍 씨와 책임감, 1932년 9월호.

『동광』(1932), 신문전선총동원: 대합동일보의 간부공선, 제29호, 1932년 1월호.

『동광』(1932), 안재홍론, 유광렬, 4권 7호 통권 35호, 1932년 7월호.

『동광』(1932), 제6관 안재홍 보석출옥, 1932년 8월호.

『동명』(1931), 협동조합이 가장 긴요, 1931년 4월호.

『민주조선』(1949), 1948년 4월호.

『별건곤』(1927), 경성명물남녀신춘지상대회, 1927년 2월호.

『별건곤』(1929), 경성에 와서 무엇을 배울 것인가. 오즉 변하는 것을 잘 살피라, 1929년 9월호.

『별건곤』(1930), 명사기벽전람회, 1930년 5월호.

『별건곤』(1931), 호외의 호외, 1931년 8월.

『부인』(1949), 한국여성의 진로, 1949년 11월호.

『삼천리』(1930), 1930년 제4호.

『삼천리』(1930), 과거 십년에 한 일 장래 십년에 할 일, 1930년 1월호

『삼천리』(1930), 민립대학 재흥의 봉화, 1930년 4월.

『삼천리』(1930), 아호의 유래. 민세 안재홍, 1930년 1월호.

『삼천리』(1930), 우리운동과 역량집중 문제 2권 3호, 1930년 7월호.

『삼천리』(1930), 인재순례. 제2편 사회단체 조선물산장려회본부, 1930년 4월호.

『삼천리』(1931), 1931년 제9호.

『삼천리』(1931), 교차점, 1931년 7월호.

『삼천리』(1931), 교차점. 안재홍, 1931년 10월호.

『삼천리』(1931), 끽연실. 안재홍 씨의 의장인연 17호, 1931년 7월, 3권 7호.

『삼천리』(1931), 삼차의 실망과 그의 회고 안재홍, 1931년 7월호

『삼천리』(1931), 조선일보 동아일보 사장 공천 결과 발표, 1931년 10월호.

『삼천리』(1932), 나의 팔인관 안재홍: 황석우, 1932년 4월호.

『삼천리』(1932), 벽신문, 1932년 1월호.

『삼천리』(1932), 정말체조법(丁抹體操法): 조선체육연구회 주사 경성보성고고
　　　　교수 김보영 저 본서에 기한 제씨 서문 조선일보 사장 안재홍, 1932년
　　　　4월호.

『삼천리』(1933), 반도재계의 십걸(1) 박흥식 씨, 1933년 10월호.

『삼천리』(1934), 三千里 色刷版. 安在鴻氏와 반지, 7권 1호 통권 58호, 1934년
　　　　1월 1일.

『삼천리』(1934), 신사연구(1), 천문학 뒤지는 안재홍 씨, 제53호.

『삼천리』(1935), 교우록. 송진우, 제63호, 1935년 6월.

『삼천리』(1935), 令夫人 學力 等級記-令夫人에 三等級잇다, 63호, 1935년 6월.

『삼천리』(1935), 先驅者를 우러러 한 偉大 史上의 큰어룬들. 剛勇한 李舜臣.
　　　　安在鴻, 60호, 1935년 3월.

『삼천리』(1935), 朝鮮民衆의 指導者 總觀數十年來半島江山에 今日가치 人材
　　　　모힌적이 업다. 政論家로의 雄 安在鴻氏. 洪陽明, 60호, 1935년 3월.

『삼천리』(1935a), 三千里社交室, 64호, 1935년 7월.

『삼천리』(1935b), 구문명의 붕괴, 신문명의 건설. 이십년만에 동경을 보고 와
　　　　서, 제64호, 1935년 7월호.

『삼천리』(1936), 三千里機密室, 70호, 1936년 2월.

『삼천리』(1936), 愛煙記 金炳魯, 제76호 1936년 8월호.

『삼천리』(1936), 우리의 第一主義는? 敎育 第一主義 安在鴻, 8권 2호, 1936년
　　　　2월.

『삼천리』(1936), 轍環天下한다면, 安在鴻 제70호, 1936년 2월호.

『삼천리』(1948), 今後・數年後에 出現 豫想되는 單獨內閣 또는 聯立內閣. 都下
新聞幹部等 言論界 諸氏의 假想案, 6호, 1948년 12월.

『삼천리』(1949), 1949년 제4호.

『삼천리』(1949), 髑體哲學의 使徒로 되었다, 안재홍, 1949년 2월호.

『새교육』(1948), 새교육에의 提言. 젊은 학도에게 보내는 글월. 새교육은 어떻
게 安民世, 1호, 1948년 7월.

『새교육』(1949), 現下의 文化政策의 構想 安民世, 4호, 1949년 2월.

『신경향』(1949), 韓國과 韓國人, 안재홍, 1949년 12월.

『신동아』(1934), 朝鮮民의 運命을 反映하는 丁茶山 先生과 그 生涯의 回顧. 安
在鴻 36호, 1934년 10월호.

『신동아』(1935), 送舊迎新의 感懷. 안재홍, 39호, 1935년 1월.

『신동아』(1935), 現在 朝鮮敎育 問題를 論함. 安在鴻, 41호, 1935년 3월호.

『신동아』(1936), 나의 人生觀 安在鴻, 6권 6호, 1936년 6월호.

『신동아』(1936), 안재홍, 학생시대의 회고, 제55호, 1936년 5월호.

『신민』(1929), 農村指導에 對한 問題. 힘의 根源을 써나지말어라, 安在鴻, 50호,
1929년 6월호.

『신조선』(1934), 朝鮮學의 問題. 卷頭言을 代함. 樗山, 7호, 1934년 12월호.

『신조선』(1935), 朝鮮과 文化運動- 卷頭言에 代함 樗山. 8호, 1935년 1월호.

『신천지』(1946), 안재홍. 비분! 일한합병당시의 회고, 1946년 8월호.

『신천지』(1946), 人物素描 安在鴻. 申楸 1호, 1946년 2월호.

『신천지』(1950), 담배와 亡國恨 安民世, 제42호, 1950년 1월호.

『신태양』(1949), 白凡 政治鬪爭史 臨政歸還부터 平和統一運動까지, 안재홍, 1949년
8월호.

『조선농민』(1926), 朝鮮靑年은 農閑期를 如何히 移用할가. 一週 三日間의 講
習. 朝鮮日報社 安在鴻. 12호, 1926년 11월호.

『조선농민』(1930), 朝鮮사람에게 준 儒敎의功罪와 그 特例 세가지 큰 병통 朝
鮮日報 社安在鴻 43호, 1930년 5월호.

『조선지광』(1927), 所謂 地方熱 團體問題. 안재홍, 1927년 10월호.

『조선지광』(1929), 敎養的 結成運動. 안재홍, 1929년 9월호.

『주간서울』(1949), 翻身死鬪는 要請되것만 安民世 제58호.

『청년』(1931), 現代 朝鮮人과 基督敎 및 그 靑年의 地位. 安在鴻 제106호, 1931년
    2월호.

『태양』(1949), 統一의 要請과 現實. 안재홍, 1949년 11월 26일자.

『평화와 자유』(1935), 過法의 先驅者와 將來의 先驅者, 安在鴻, 1935년 1월호.

『학등』(1935), 讀書開進論 一生을 일하고 一生을 읽으라. 安在鴻. 제20호, 1935년
    11월호.

『학등』(1936), 卒業生에게 보내는 글, 安在鴻, 제23호.

2. 신문자료와 기고문

『경향신문』(1947), 민정장관 취임. 1947년 2월 11일 2면 1단.

『동아일보』(1925), 개인자격으로 참가시켜 교육 정치등 토의. 1925년 11월 30일
    자 2면 3단.

『동아일보』(1925), 1925년 2월 1일자, 모임 신춘대강연회, 2면 6단.

『동아일보』(1925), 1925년 6월 22일자, 문우수양강연, 3면 9단.

『동아일보』(1926), 1926년 4월 24일자, 통영서 삼씨(三氏) 강연, 4면 1단.

『동아일보』(1926), 1926년 4월 28일자, 영호 양남기자대회, 4면 1단.

『동아일보』(1927), 1927년 4월 27일자, 관서기자대회, 4면 6단.

『동아일보』(1927), 1927년 6월 24일자, 개성 양씨 강연, 4면 4단.

『동아일보』(1927), 1927년 9월 8일자, 상주의 양씨 강연, 4면 9단.

『동아일보』(1927), 1927년 12월 1일자, 곽산 강연 성황, 4면 10단.

『동아일보』(1927), 1927년 12월 3일자, 용암포 강연회, 4면 12단.

『동아일보』(1927), 1927년 12월 6일자, 신간회 강연회 팔일 밤에 연다, 4면 8단.

『동아일보』(1929), 조선일보주최 경성평양대항축구 제일회전, 1929년 10월 10일자.

『동아일보』(1931), 조선농구협회 회장에 안재홍 씨. 十五日에 正式 就任, 1931년
    4월 17일 7면 4단.

『동아일보』(1931), 충무공 유적보존회 창립-당연한 순서, 1931년 5월 25일자 1면.

『동아일보』(1931), 1931년 9월 26일자.

『동아일보』(1934), 1934년 9월 5일자. 다산선생 기념강연회. 2면 11단.

『동아일보』(1934), 여의전 발기회에서 고계재단을 교섭. 2면 9단.

『동아일보』(1945), 1945년 12월 25일자. 교육이념을 재수정. 2면 7단.

『동아일보』(1946), 국민전문대학으로 준비.1946년 5월 29일자. 2면 3단.

『동아일보』(1946), 국민후생협회 사일에 결성식. 1946년 6월 3일자. 2면 4단.

『동아일보』(1946), 1946년 5월 29일자. 국민전문대학으로 준비. 2면 3단.

『동아일보』(1946), 1946년 5월 30일자. 청년지도자 훈련강습. 2면 1단.

『동아일보』(1946), 1948년 12월 12일자. 이동강좌. 2면 11단.

『동아일보』(1946), 1949년 4월 27일자. 거창읍에서 안재홍 씨 강연. 2면 8단.

『매일신보』(1917), 안재홍 씨 외난(外難). 1917년 5월 30일 2면 7단.

『매일신보』(1919), 이승만에 건의서를 발송. 1919년 12월 19일 3면 4단.

『매일신보』(1925), 1925년 1월 30일자. 모임. 2면 9단.

『매일신보』(1934), 조선표준어 사정위원회. 1934년 12월 30일자 2면 6단.

『매일신보』(1945), 호애(互愛)의 정신으로 결합. 우리 광명의 날 맞자. 1945년
        8월 17일 1면 1단.

『매일신보』(1945), 조선국민당을 결성, 1945년 9월 2일 1면 7단.

『새한민보』(1949), 反民者 處斷에의 要望 安在鴻, 1949년 2월.

『시대일보』(1925), 1925년 11월 30일자.

『신한민보』(1929), 사회 각계 유지 망라-조선국어사전편찬회 조직, 1929년 11월
        28일자, 2면 2단.

『조선일보』(1924), 戰鼓를 울리면서 四面楚歌를 듣는 中에. 안재홍, 1924년 6월
        8일자.

『조선일보』(1924), 三氏는退社, 시대일보 속간 뒤에는 관계하기가 실타하야,
        1924년 9월 5일 3면 3단.

『조선일보』(1924), 朝鮮日報의 新使命. 天下民衆에게 申明함, 안재홍, 11월 1일
        1면 2단.

『조선일보』(1925), 朝鮮人의 政治的 分野-旗幟를 鮮明히 하라, 안재홍, 1925년

1월 21일 1면 1단.

『조선일보』(1925), 觀念旅行. 안재홍. 1925년 2월 15일 2면 6단.

『조선일보』(1925), 朝鮮人과 國語問題 教育用語 改正의 要. 안재홍, 1925년 5월
　　　29일 1면 1단 석간.

『조선일보』(1926), 春風千里(一). 東萊에서 安民世, 1926년 4월 20일 2면 6단.

『조선일보』(1926), 和風櫻雨春悽悽. 鎭海에서 安民世, 1926년 4월 30일 1면 5단.

『조선일보』(1926), 재등만 배타면서. 鎭海에서 安民世, 1926년 5월 1일 1면 4단.

『조선일보』(1926), 閑山島 봄바람에 (下) 統營에서 安民世. 1926년 5월 6일 1면
　　　5단.

『조선일보』(1926), 晋陽城外水東流(下). 촉석루상에서 安民世. 1926년 5월 10일
　　　1면 5단.

『조선일보』(1926). 木蓮花 그늘에서(下). 4월 21일 지리산 쌍계사 安民世. 1926년
　　　5월 15일 1면 5단.

『조선일보』(1926), 頭流山千萬疊(一). 四月 二十 三日 智異山 七佛菴. 安民世.
　　　1926년 5월 20일 1면 4단.

『조선일보』(1926), 荒山大捷의 戰跡에서. 安民世 1926년 5월 26일 1면 5단.

『조선일보』(1926). 烏鵲橋 잘 있거라. 四月廿六日 南原途中 安 民 世. 1926년
　　　5월 30일 1면 4단.

『조선일보』(1926). 發李峯 지는 해에(二). 1926년 6월 1일 1면 5단.

『조선일보』(1926). 尋春巡禮를.讀함(一).安民世. 1926 년 6월 6일 1면 5단.

『조선일보』(1926). 時評. 螟蛉教育 方針. 1926년 7월 4일 1면 1단.

『조선일보』(1926). 評壇漫筆(九) 百年大計와 目前問題. 1926년 8월 25일 1면 1단.

『조선일보』(1926). 磨劍乎讀書乎.新秋에 臨하여 靑年讀者에게. 안재홍. 1926년
　　　9월 17일자.

『조선일보』(1926). 自立精神의 第一步 意味深長한「가갸날」. 안재홍. 1926년
　　　11월 04일자.

『조선일보』(1926). 農民道의 高調. 안재홍.1926년 12월 5일 1면 1단.

『조선일보』(1927). 海西紀行(一) 안민세. 1927년 3월 21일 1면 4단.

『조선일보』(1927). 現實 鬪爭의 第一聲. 醫專謝恩會場의 風波. 안재홍. 1927년

3월 21일 1면 1단.

『조선일보』(1927). 海西紀行(四) 信川溫泉에서 安民世. 1927년 3월 30일 2면 1단.

『조선일보』(1927). 月南紀念集 編輯委員決定. 십오인을 결뎡 하얏다고. 1927년
4월 14일 2면 7단.

『조선일보』(1927). 海州城 나그내로. 海州에서 安民世. 1927년 7월 8일.

『조선일보』(1927). 碧瀾渡건너와서.安民世. 1927년 7월 23일 1면 4단.

『조선일보』(1927). 1927년 8월 9일 1면 4단.

『조선일보』(1927). 尙州新幹支會 大盛況裡에發會. 정사북경관엄계리에. 尙州
初有의 壯擧 1927년 9월 7일 5면 1단.

『조선일보』(1927). 今年의 民衆敎養運動. 無名指導者의 輩出을 促함. 안재홍.
1927년 10월 9일 1면 1단.

『조선일보』(1927). 崔六堂의 白頭山觀參記를 읽음(下). 安民世. 1927년 10월 18일
석간 1면 5단.

『조선일보』(1927). 1927년 11월 11일자.

『조선일보』(1927). 新幹會各地消息. 郭山支會設立. 12월 2일 4면 6단.

『조선일보』(1927). 龍岩浦에서 講演會開催 1927년 12월 3일 4면 12단.

『조선일보』(1928). 兩氏 突然 收監. 주필 안재홍 씨와 백관수 씨. 押收된 社說
問題로 1928년 1월 27일 2면 6단.

『조선일보』(1928). 1928년 3월 25일 1면 1단.

『조선일보』(1928). 實際運動의 當面問題(一) 新幹會는무엇을할가? 안재홍.
1928년 3월 27일 1면 1단.

『조선일보』(1929). 生活改新을 高調함. 峻烈한 實踐意志의 高調. 안재홍. 1929년
5월 2일 1면 1단.

『조선일보』(1929). 1929년 6월 16일 1면 1단.

『조선일보』(1929). 歸鄕學生 文字普及班. 本社 主催의 奉仕 事業. 안재홍. 1929년
7월 14일 1면 1단.

『조선일보』(1929). 근화여학교 졸업식. 1929년 10월 1일.

『조선일보』(1929). 塔山園의展望. 光州는湖南雄藩 安民世) 1929년 10월 6일 4면
1단.

『조선일보』(1929). 所謂 精神的 倂合 問題. 1929년 10월 16일 1면 1단.

『조선일보』(1930). 數道竝進의 新一年. 各 길로서 한 곳에.1930년 1월 1일 1면 3단.

『조선일보』(1930). 안재홍. 조선상고사관견(2). 사회진화의 재단계. 1930년 1월 29일 4면 1단.

『조선일보』(1930). 白頭山登陟記(18). 噫! 莊嚴한 大白頭(一). 通澈無碍의 神秘境. 天池가에서 安民世. 1930년 8월 30일 4면 3단.

『조선일보』(1930). 農民學校와 家庭學校. 民衆敎養의 一面의 方策. 안재홍. 1930년 9월 3일 1면 1단.

『조선일보』(1930). 근화학교 창립 근속기념식. 1930년 9월 30일.

『조선일보』(1930). 就職難과 優先權 反對. 안재홍. 1930년 12월 6일 1면 1단.

『조선일보』(1930). 解消論冷眼觀. 非國際延長主義. 안재홍.1930년 12월 26일 1면 1단.

『조선일보』(1931). 入學生과 意識問題 學生과學父兄에게. 안재홍. 1931년 3월 27일 1면 1단.

『조선일보』(1931). 社長就任에 際하야. 安在鴻. 1931년 5월 12일 1면 1단.

『조선일보』(1931). 第三 回歸鄉學生 文字普及班. 學界支持를 구함. 안재홍. 1931년 6월 19일 1면 1단.

『조선일보』(1931). 丁抹의 靑年들을 보음. 朝鮮人은 무엇을 배울가? 안재홍. 1931년 9월 7일 1면 1단.

『조선일보』(1932). 數多한 未解決의 問題. 32年이 繼承 諸問題 안재홍. 1932년 1월 5일 1면 1단.

『조선일보』(1932).再覺醒. 안재홍. 1932년 2월 2일 1면 1단.

『조선일보』(1934). 忠武遺跡(一). 古英雄 新認識. 朝鮮心의 理想的 具現者. 麗水에서 安在鴻. 1934년 9월 11일자 1면 2단.

『조선일보』(1934). 忠武遺跡(六). 古今島月黑夜 悽愴不堪의 當時少年. 天龍丸中 安在鴻. 1934년 9월 16일 1면 2단.

『조선일보』(1934). 忠武遺跡(十).蒙古亂壬辰役! 血淚에 어린 西南海島. 天龍丸中安在鴻 1934년 9월 21일 1면 2단.

『조선일보』(1935). 民世筆談(四). 民衆 深化過程(再). 自然과 歷史와 現實. 安在鴻. 1935년 5월 8일 석간 1면 5단.

『조선일보』(1935). 民世筆談(五). 民衆深化過程(三). 우리의 歷史와 現實 安在鴻. 1935년 5월 9일 석간 1면 4단.

『조선일보』(1935). 民世筆談(十三). 民衆深化過程(十一). 絶大한 新生의 陣痛 安在鴻. 1935년 5월 18일 석간 1면 1단.

『조선일보』(1935). 文化建設 私議(一). 世界로부터 朝鮮에! 安在鴻. 1935년 6월 6일 석간 1면 1단.

『조선일보』(1935). 文化建設私議(二) 未來를지나今日에 安在鴻. 1935년 6월 7일 석간 1면 1단.

『조선일보』(1935). 文化私議(三). 第三次 向學熱. 安在鴻. 1935년 6월 8일 석간 1면 1단.

『조선일보』(1935). 文化私議(四) 民衆化와 生活化(一). 義務敎育과 新學制. 安在鴻. 1935년 6월 9일 석간 1면 1단.

『조선일보』(1935). 文化私議(七). 科學·技術·幹能(二). 工業化 途程과 朝鮮人 安在鴻. 1935년 6월 13일 석간 1면 4단.

『조선일보』(1935). 文化私議(八). 母性救族論(一). 黎明은 家庭서부터. 安在鴻. 1935년 6월 14일 석간 1면 1단.

『조선일보』(1935). 文化私議(九). 母性救族論(二). 家政婦人校 廣設議. 安在鴻). 1935년 6월 15일 석간 1면 1단.

『조선일보』(1935). 文化私議(十) 母性救族論(三). 有閑識者總力員議. 安在鴻. 1935년 6월 16일 석간 1면 1단.

『조선일보』(1935). 文化私議(十二). 文化協…會의 小議(上). 百萬財團이 있다면은?. 安在鴻.1935년 6월 19일 석간 1면 1단.

『조선일보』(1935). 茶山先生 歿後百年祭 特輯 (一). 우리文化의 大河流 現代에 빗나는 偉業. 茶山先生의 大經綸. 朝鮮建設의 總計畫者. 지금도 後輩가 依據할 朝鮮의 太陽. 1935년 7월 16일 3면 1단.

『조선일보』(1935). 閑題非閑 (二).山河登臨과觀感. 鄕土自然에志氣鍛鍊. 安在鴻. 1935년 8월 1일 1면 4단.

『조선일보』(1935). 賤待되는 朝鮮. 文化擁護와 如是我觀. 安在鴻. 1935년 10월
    3일 4면 1단.

『조선일보』(1935). 檀君과 開天節. "弘益人間"의 新高調 安在鴻. 1935년 10월
    29일 1면 2단 조간.

『조선일보』(1936). 國際連帶性에서 본 文化特殊過程論. 安在鴻. 1936년 1월 1일
    1면 1단.

『조선일보』(1936). 1936년 1월 11일자.

『조선일보』(1936). 女子醫專旣成論. 人命弘濟의黃金塔. 安在鴻. 1936년 4월 5일
    1면 1단.

『조선일보』(1936). 時題小議. 朝語辭典完成論. 篤志有力者에 寄하는 書(一) 安
    在鴻). 1936년 3월 26일 1면 1단.

『조선일보』(1936). 時題小議. 朝鮮文化賞金論. 篤志有力者에 寄하는 書(二) 安
    在鴻). 1936년 3월27일 1면 1단.

『조선일보』(1936). 時題小議. 優良文獻刊行論.篤志有力者에 寄하는 書(三) 安
    在鴻). 1936년 3월 28일 1면 1단.

『조선일보』(1936). 時題小議 地方學校 廣設論. 篤志有力者에 寄하는 書 (四)
    安在鴻. 1936년 3월 29일 1면 4단.

『조선일보』(1936). 時題小議. 入學均等保障論(上). 學父兄과 當面課題(六). 安
    在鴻. 1936년 4월 1일 1면 5단.

『조선일보』(1937). 安民世保釋. 十日振威鄕第로. 1937년 5월 11일 2면 3단.

『조선일보』(1938). 安在鴻에게 二年役言渡. 昨日覆審公判. 1938년 5월 5일 2면
    7단.

『조선일보』(1947). 安氏 民政長官就任. 公報部에서 正式發表. 1947년 2월 6일
    1면 2단.

『조선일보』(1948). 廢娼延期運動에 無關 七百萬圓事件에 安長官 辯白. 1948년
    3월 9일 2면 6단.

『조선일보』(1948). 名譽會長에 徐載弼博士와. 安在鴻氏推戴. 1948년 6월 26일
    2면 6단.

『중앙일보』(2007). 24인의 독립투사 남북이 함께 기린다. 2007년 7월 29일자.

https://news.joins.com/article/2808456. 2018년 12월 9일 검색.

『중외일보』(1927). 1927년 11월 13일자.

『한성일보』(1946). 三均主義와 新民主主義③. 安在鴻.1946년 12월 11일 1면 4단.

『한성일보』(1948). 信念·互助·作爲―新生救國의 三目標(下). 1948년 9월 24일
    1면 1단.

『한성일보』(1946). 血淚로 記錄된 民族의 抗爭史①. 安民世 1948년 11월 23일
    1면 2단.

『한성일보』(1946). 三均主義와 新民主主義. 安在鴻 .1946년 12월 8일 2면 1단.

『한성일보』(1948). 偉大한 反撥力 强靭한 民族性④. 安民世. 1948년 11월 26일자.

『한성일보』(1948). 孤立無援의 國民的 危險性. 安民世. 1948년 11월 28일 1면
    2단.

『한성일보』(1948). 朝鮮의 現段階와 新民族主義의 要請(1). 安民世. 1948년 12월
    15일 1면 2단.

『한성일보』(1949). 信念·互助·作爲―新生救國의 三目標). 1949년 9월 23일 1면
    1단.

『한성일보』(1949). 信念·互助·作爲―新生救國의 三目標(下). 1949년 9월 24일
    1면 1단.

『한성일보』(1949). 한글文化와 民族精神.말即 經典,글即 敎訓. 한글문화보급
    회명예위원장 安在鴻. 1949년 10월 9일 2면 1단.

『한성일보』(1949). 産兒 調整 問題. 1949년 10월 21일 1면 1단.

『한성일보』(1949), 아아! 民族의 英雄. 가신지 351週期, 안재홍, 1949년 12월 20일
    1면 1단.

『한성일보』(1949), 再建祖國과 基督敎精神. 안재홍, 1949년 12월 27일 1면 1단.

───찾아보기

황 우 갑

　고려대 국어국문학과를 졸업하고 성공회대 문화대학원에서 문화예술경영학 석사, 숭실대 대학원에서 교육학 박사학위(평생교육 전공)를 받았으며 숭실대CR글로벌리더십연구소 선임연구원, CR리더십연구원 이사로 활동하고 있다.

　고향 경기도 평택에서 성인문해교육에 힘쓰고 있으며 한국문해교육협회 이사, 전국성인문해기초교육협의회 총무를 지냈다. 현재 평택시민아카데미 회장, 경기도성인문해교육협의회 부회장으로 일하고 있다.

　민세안재홍선생기념사업회 사무국장, 신간회기념사업회 사무국장으로 독립운동 정신 선양에 노력하고 있으며, 알파문화예술공원추진위원회 사무국장으로 평택 반환미군 알파탄약고 공간문화재생에도 힘쓰고 있다. 논문으로「반환미군기지의 문화적 재생방안 연구」,「성인교육자 조만식의 변혁적 리더십」,「민세 안재홍의 성인교육 활동과 사상 탐색」등이 있으며, 저서로는『안재홍의 항일과 건국사상(공저)』,『안재홍 자료집성과 기념사업(공저)』등이 있다.